The Latin Text of the Ancrene Riwle

EARLY ENGLISH TEXT SOCIETY

No. 216

1944 (for 1941, reprinted 1957)
PRICE 31s. 6d.

ut me mecc̄ excludat. Jn Anglico bn̄ diatt̄ ↄ ie theilles. qͥ
inͥseitt eil · v · nihͥl dep̄ctū feceruͭ nihͥl̄s. ↄ ea eaꝉ septa a ꝯo
dm̄ suadet ocuꝉoꝛ · ſ. ꝯuͭe octos meos ne videat uanitutem.
Job · xxxj · ꝑcͥp101 fedͥ aͣ oculͥ meis ne cogitaro de ꝟgⷣe · ez ꝗ
ez gͭd diͭt ne cogitare · nuͣꝗ oculͥ cogitat. Serce ſignater
diͭt · qͣ aſſiͭ octͥ · ſoɢt cogitatio a poſt moͭdͣ opero · ꝗd
inͣte fereū · tͥeu · nͥ · ꝗ auͭ me depͣt ↄ nͣam mea · Sr ꝗ
ꝑphͭa dm̄ ꝗ ↄ cogͥrͭ de octͥ · ſntͥ malͥt · ſeu depͣu ꝑueͣntͭ hoͥ
bɞ ſeu nisͥbͥ er coͥ octͥs · cͣe · xxxj · b · queſ · ꝙ cͥus octͥ ꝗd
creatū eſt · ſeͣo ab otͥ feͭe ſua latͥnabat · ꝉer ſufficͥat ad
ꝑſeͣus de ſenſu vͥɞ de ꝗ inſra dicet̄.

§ Jtͭ viſus Tocͥ · ꝗ guſtↄ logla m oͥe · De logla
nūc diceͣdū eſt·ſunt·z auditu · ꝗ̄ ad locutoͥu ac
cedͥt religios iͣt religioſa · ꝑus iͣgͥredͥt · ↄu quo ſarͥdͥle
at · qͣ talͥs ꝑ eͭ ꝑſona · qͥ ſe inͣg erpedͥt ercuſare ·
ꝗ̄ ūo ꝑredͥt oꝑrebͥt · ſignͣdi ſꝝ dilͥgeͭ · os · aures.
octͥꝗ ſͥtͥus·z ꝑredeͣdū ↄu dei tͥmoͥe. Audͥeͣdi ſꝝ ſmo
aes loꝗ ꝟlentͥs·z ꝗ ꝑre reſꝑdͣeͣdū · ut loquens audͥeͣ
to vͥtuꝑare neſciat·ſeuꝝ comedͣt · ꝗ̄ · n · aliͥ qͥ
ita ꝟboteͥ vidͥeͣt deſideraͭ ſapientes ut velit qͥ lo
ꝗns ↄu eis hoͥ Adͥtͭat·z ꝟbn̄ reddͣt · ad ūbͥu·z ſiͭ maͭ
gͭu illͣoꝛ ꝗͣ debeͣt ↄe diſiapͭ·z ſͥ vellent ↄu ſapͥetͥbɞ
repuͥtarͥ z tales agnoſtͥaͭ putͣutes repuͥtarͥ ſapͥeͣ
tes·ſtulͭti hͥtͭur·venͭatͭur ſuͣcoedatͣoͥ·z ipͣu adꝗͥtͭ
ꝗͭ·n·receſſeͥ ijs ꝗ neuͭ diͭt·ꝗͭe ut iſta·verbͥs·eſt
ſeu ꝟboſa · Sua longͣu ſeͥt ꝗ moͣe ↄu ꝗ ꝑeͣte·uar
raͭs ei ꝑceptū ſͭ z ade dͥtū a deo de ꝓmo retͥto·z adͣ
tit tͥmueͥ eͥ iͣſuͥmitͭuͭte z ꝑutͭitͭe ad lapſū ꝑ ei ſmo

The Latin Text of the Ancrene Riwle

EDITED FROM
MERTON COLLEGE MS. 44 AND
BRITISH MUSEUM MS.
COTTON VITELLIUS E vii

BY

CHARLOTTE D'EVELYN

MOUNT HOLYOKE COLLEGE, SOUTH HADLEY
MASSACHUSETTS, U.S.A.

Published for
THE EARLY ENGLISH TEXT SOCIETY
by the
OXFORD UNIVERSITY PRESS
LONDON   NEW YORK   TORONTO
1944 (reprinted 1957)

OXFORD
UNIVERSITY PRESS

Great Clarendon Street, Oxford OX2 6DP
United Kingdom

Oxford University Press is a department of the University of Oxford.
It furthers the University's objective of excellence in research, scholarship,
and education by publishing worldwide. Oxford is a registered trade mark of
Oxford University Press in the UK and in certain other countries

Database right Oxford University Press (maker)

First Edition published in 1944

Published in the United States of America by Oxford University Press
198 Madison Avenue, New York, NY 10016, United States of America

British Library Cataloguing in Publication Data
Data available

Library of Congress Cataloging in Publication Data
Data available

Original Series, 216

ISBN 978-0-19-722216-4

To

HOPE EMILY ALLEN

CONTENTS

PREFACE

THIS edition of the Latin text of the *Ancrene Riwle* was begun some time ago as part of a joint undertaking to publish all surviving manuscripts of that treatise. Once the extant texts are available the problems with which the *Ancrene Riwle* has been hedged about can be referred back at least to a common body of information and a common system of reference. The present edition attempts to supply that information only as far as the extant Latin MSS. are concerned. To go beyond that point at the present time would be to defeat the purpose of the original undertaking.

In preparing this edition the editor has been under obligation to numerous individuals and institutions for those opportunities and courtesies of research which are now in many cases in abeyance. They are acknowledged with the deeper appreciation. Special thanks must be given to the Librarian and Fellows of Merton College for the use both in Oxford and in the British Museum of Merton MS. 44; and to the Modern Language Association of America, the Library of Congress, and the Library of Mount Holyoke College for making the rotograph of Merton 44 available at South Hadley. To Dr. Mabel Day the editor is indebted not only for general supervision over this edition but specifically for the side-notes added to the text. Without the able assistance of Mr. C. E. Wright of the British Museum, Department of Manuscripts, many of the charred lines of the Cotton MS. must have remained undeciphered. All students of the *Ancrene Riwle* are indebted to those gifts for research and for the interpretation of the results of research which Miss Hope Emily Allen has devoted to this study, and has shared so generously with other students. With the assent of the Early English Text Society the editor acknowledges, though inadequately, that debt by the dedication of this edition to Miss Allen.

C. D'E.

SOUTH HADLEY, MASSACHUSETTS
June, 1941

INTRODUCTION

I. THE MSS. OF THE LATIN TEXT

The Latin text of the *Ancrene Riwle* survives incompletely in four MSS.:

(1) *Merton College, Oxford, MS. C.1.5; Coxe 44 (Me).*

The Latin *Ancrene Riwle* is Item 6 in this volume of miscellaneous religious pieces and occupies ff. 90 a[1]–165 b. It is described in Coxe's *Catalogus* (Oxford, 1852, i, p. 30) as follows:

> 6. Regula Anachoritarum, in octo partes distincta, praeviis capitulis et praefatione. fol. 89.
>
> Incip. praef. 'Recti diligunt te; Cant. i. Verba sunt sponse ad sponsum. Est rectum grammaticum, rectum geometricum, rectum theologicum.'
>
> Incip. cap. i. 'Omni custodia serva cor tuum, &c. Custodes cordis sunt quinque sensus.'
>
> Desin. abrupte in lib. vii. verbis, 'ideo non debetis Eukaristiam sumere nisi quindecies in anno'.

In 1919 Miss Hope Emily Allen[2] identified this item as a Latin version of the *Ancrene Riwle*, and noted its importance in preserving a part, at least, of Book VIII of the text.[3] It is listed among other MSS. of the *Ancrene Riwle* by Professor R. W. Chambers[4] and is described briefly as No. 1220 in Professor F. M. Powicke's list of Merton MSS.[5] A rotograph of the complete MS., No. 258 in the collection of the Modern Language Association of America, is now on deposit in the Library of Congress, Washington, D.C.

An examination of the binding of Merton 44 makes it clear

---

[1] Two successive folios are numbered 89, as Miss H. E. Allen has pointed out privately. The pagination of the MS. is modern and extends only as far as f. 93 (= f. 94). The corrected numbering is used throughout this edition.

[2] *The Mod. Lang. Rev.* xiv. 209 f.

[3] Lib. vii of Coxe's description, as Miss Allen noted, is obviously an error for lib. viii.

[4] *The Rev. of Eng. St.* i (1925), 5.

[5] *The Medieval Books of Merton College* (Oxford, 1931), 238.

that Item 6 is separate from the material which precedes and follows it, but what its earlier association may have been has not come to light. The whole MS. is listed by Professor Powicke among those acquired by Merton College 'in circumstances now unknown or acquired in modern times' (loc. cit.).

Merton 44, including Item 6, is dated 'fourteenth century' by Coxe (loc. cit.) and by Professor Powicke (loc. cit.). Professor Chambers (loc. cit.) qualifies the date as 'early Fourteenth Century'. Mr. J. A. Herbert, who courteously undertook to examine the MS. when it was on loan at the British Museum in 1936, gave his opinion of the date as first half of the fourteenth century. Leaving aside the fragmentary Cotton Vitellius E vii, Merton 44, therefore, may be accepted as the earliest extant Latin version of the *Ancrene Riwle*.

As to content, this text is incomplete at beginning and end. A table of contents which begins at the top of f. 90 a starts with Liber II and finishes on f. 91 b with Liber VII, the rest of that page being left blank. The text proper begins on f. 92 a with the familiar opening, *Recti diligunt te*, and continues through seven parts of the *Ancrene Riwle*. Of the eighth part only nine lines are preserved. The text breaks off in the middle of f. 165 b, the remaining half-page and the entire folio following being left blank.

The text is written throughout in one hand, plain and legible. The ink varies from dark to light brown and the capital letters within the text are untidily smudged in the lighter shade. Space for larger capitals marking chapter and section divisions has been left but never filled in. Marginal notes and *nota* are written in the same hand as the text.

While the writing is clear, the copying, apparently, is none too careful. The same hand, usually with the lighter shade of ink, has made numerous corrections, writing in above the line a dropped letter or word, correcting single letters, adding in the margin longer phrases marked for inclusion within the text.

In addition to this first hand and ink, a second hand and ink appear in a few places. This second hand is fine and delicate, and uses a black ink with a greenish tinge. It has drawn index-fingers at various points in the margins, and has supplied an

occasional rubric, and an occasional guide-letter for the
capitals. Some suprascript letters, as in q*ui* and q*uid*, and some
marks of punctuation are also added by this second scribe.
Frequently the notations in this hand and ink are superfluous;
a caret is added to the mark of insertion already given by the
original scribe, or a roman numeral is used in Biblical references
such as 3rd *Regum* in addition to the three dots which serve the
same purpose in the first scribe's usage. On the other hand the
second hand may supply the numeral where the original scribe
had given no indication of first, second, or third. Occasionally
a correction in the first hand has been reinforced by the second
hand. Significant corrections in the second hand will be dis-
cussed later in evaluating the Latin MSS.

(2) *Magdalen College, Oxford, Latin MS. 67 (Ma).*

The Latin text of the *Ancrene Riwle* is the first of two items
in this MS. and occupies ff. 1 a–95 a. Coxe, *Catalogus* (Oxford,
1852, ii. 39) describes it as follows:

1. Simonis Gandavi, sive de Gandavo. Regula Anachoritarum, sive de vita solitaria libri septem, cum proemio. fol. 1.

Tit. 'Hic incipit prohemium venerabilis patris magistri
Simonis de Gandavo, episcopi Sarum, in librum de
vita solitaria, quem scripsit sororibus suis anachoritis
apud Tarente; [in comitatu Dorsetiensi, apud Anglos.]'
Incip. 'Recti diligunt te Cant. i. Verba sunt sponse ad
sponsum.'
Incip. lib. i. 'De officio divino et oratione. Liber iste divi-
ditur in partes octo; prima pars tractat de servicio
divino quam ad horas.'
Desin. 'habeatis tamen illas breviter in octava parte.'
In calce, 'Explicit liber septimus de vita solitaria. Octavus
omnino taceatur.'

This text has long been known to scholars. In fact, until
Miss Allen's rediscoveries, it has been the only usable Latin
version and as such has formed the basis for Morton's,[1] Bramlette's,[2] and Macaulay's[3] discussions on the original language

[1] *The Ancren Riwle*, Camden Soc. lvii (London, 1853), p. vii f.
[2] *Anglia*, xv (Halle, 1893), 478 f.
[3] *The Mod. Lang. Rev.* ix (Cambridge, 1914), 70 f.

of the *Ancrene Riwle*. Moreover, its ascription of the work to Simon of Ghent, Bishop of Salisbury (d. 1315), has furnished the only clue, right or wrong, to the authorship of any version of the *Ancrene Riwle*. This MS., therefore, has hitherto held a strategic position in any discussion of that treatise.

In date Magdalen 67 appears to be on the borderline between the fourteenth and fifteenth centuries. Coxe (loc. cit.) dates it fifteenth century. In Macaulay's judgement 'the Magdalen College book can hardly have been written much earlier than 1400' (op. cit., p. 71). Professor R. W. Chambers (loc. cit.) lists the MS. as 'late Fourteenth Century'. Mr. J. A. Herbert, who did the editor the favour of examining the MS. in 1936, puts its date as about 1400.

Magdalen 67, unlike Merton 44, has no table of contents. Whether it ever had one is a matter of conjecture. Folio 1 of the MS. was once fol. 45 and there is an obvious gap between the first loose fly-leaf and the first page of this text. However, the formal *Hic incipit prohemium*, together with the illumination on top, bottom, and left margin of this page, makes it practically certain that this is the original first page.

This text contains seven parts of the *Ancrene Riwle*, the seventh ending with the statement, *Habeatis tamen illas breuiter in octaua parte*. That the omission of the eighth part may have been deliberate is suggested by the subjunctive mood of the colophon: *Explicit liber septimus de vita solitaria: Octavus omnino taceatur*. At least the copier knew an eighth book should follow, whether or not he had a whole or fragmentary section of it before him. This missed opportunity seems to be pointed out by that later reader of the text who has written in a scroll at this point, *eterna taciturnitate*.[1]

Capital letters of the text are illuminated in blue and red; and the first page, as already noted, has a more elaborate illumination on three sides. The text has been corrected throughout in yellowish ink. In some cases the correction consists in changing the style of abbreviation used rather than the word itself. The same corrector has added marginal notes and

[1] See Hall, *Selections from Early Middle English* (Oxford, 1920), ii. 356.

has put in pagination, giving the number of the book and the folio, in the upper right-hand corner. This pagination, in Mr. Herbert's judgement, is later than the hand of the text.

(3) *British Museum, Cotton Vitellius E. vii (V^1)*.

This MS. consists at present of some 40 mutilated and charred fragments. Earlier students of the *Ancrene Riwle*, such as Morton (op. cit., p. vii) and Bramlette (op. cit., p. 478) passed it by as hopelessly damaged. It remained for G. C. Macaulay (op. cit., p. 64 and p. 70 f.) to re-examine the restored fragments and to identify 34 of them with corresponding portions of the complete text. Since Macaulay worked on the MS. improvement in the use of ultra-violet rays has made it possible to decipher a good many of the charred portions. Inasmuch as MS. V^1 is the only Latin MS. giving any considerable part of the eighth book of the *Ancrene Riwle*, even its fragmentary readings are of importance in a study of the text.[1]

In Smith's Catalogue (1696) the *Ancrene Riwle* text is Art. 6 and is described as follows: 'Regulae vitae Anachoretarum utriusque sexus scriptae per Simonem de Gandavo, Episcopum Sarum, in usum sororum.'[2] From a manuscript note in a copy of Smith's Catalogue owned by the British Museum Department of MSS. Macaulay gathered further information that Art. 6 extended from f. 61 to f. 133 and was followed by another rule for recluses. The remaining fragments come from both rules: 34 from the *Ancrene Riwle* and 5 from the second, unidentified, rule. One fragment, f. 13, Macaulay was unable to identify. A comparison of this fragment with the text of Merton 44 has also proved unsuccessful in identifying it. As Macaulay noted, two of the fragments, 33 and 34, really belong to one leaf and most of them have not been bound in the proper sequence.[3] The proper order, with consecutive fragments grouped together and referred to corresponding folios of Merton 44, is as follows:

---

[1] Readings from this MS., marked L, are given by Hall in his notes on a selection from Part VIII of the English *Ancrene Riwle*, op. cit. ii. 391 f.

[2] Quoted by Macaulay, op. cit., p. 70.

[3] Macaulay, op. cit., p. 70, note 2 and p. 71.

V^1	Me
1. f. 41	ff. 96, 97
2. f. 14	ff. 100, 101
3. f. 25	ff. 102, 103
4. ff. 32, 33 and 34, 31	ff. 108, 109, 110, 111
5. ff. 38, 39, 40	ff. 112, 113, 114, 115
6. ff. 27, 28, 29, 30	ff. 116, 117, 118, 119, 120, 121
7. f. 24	ff. 123, 124 a
8. ff. 35, 36, 37	ff. 125, 126, 127, 128
9. ff. 17, 18, 19, 20, 21, 22	ff. 129, 132, 133, 130, 131, 134[1], 135, 136, 137
10. ff. 15, 16	ff. 143, 144, 145
11. f. 23	ff. 146, 147
12. f. 42	ff. 155, 156
13. ff. 43, 44, 45 (in part)	ff. 162, 163, 164, 165
14. ff. 45 (in part), 46, 47, 48	material from Part Eight missing in Me and other Latin texts

There can be no doubt, judging by the range of these fragments, that Cotton Vitellius E vii was once a complete text of the *Ancrene Riwle*, and Macaulay's assumption (op. cit., p. 71) that it also contained the ascription to Simon of Ghent which Smith gives in his catalogue, may very well be allowed. As to its date, Macaulay writes (loc. cit.), 'The Cotton MS. seems to be of the former half of the fourteenth century. . . .' Professor Chambers also lists it as 'early Fourteenth Century' (loc. cit.).

Hall (op. cit. ii, 356) quotes a further statement from Smith's Catalogue (1696), which is not accessible to the present editor, as follows: 'Hunc librum Frater Robertus de Thorneton, quondam prior, dedit claustralibus de Bardenay.' On medieval MSS. of Bardney Abbey see the list, 'generally attributed to Leland', printed by J. R. Liddell, *The English Historical Review*, liv (1939), 92. *Vita Anachoritarum Utriusque sexus* is one of the items starred for Henry VIII.[2]

(4) *British Museum, Royal 7 C.X (R)*.

The Latin text of the *Ancrene Riwle* is Art. 4 in this MS. and occupies ff. 69 b–124 b. It is described in the catalogue of Royal MSS.[3] as follows:

---

[1] ff. 129–34 of Me are bound out of order.

[2] I owe this reference to Miss H. E. Allen.

[3] Sir George F. Warner and Julius P. Gilson, *Catalogue of Western MSS. in the Old Royal and King's Collections, British Museum* (London, 1921), i. 180.

4. Treatise in eight parts (the last is incomplete), without
title, on the 'regula interior' for anchorites. A copy is at
Oxford, Merton Coll. MS. xliv, ending at the same point.
Beg. '*Recti diligunt te.* Canticorum primo: Verba sunt
sponse ad sponsum, vnde notandum est quod est rectum
grammaticum.' 69 b.

The catalogue further notes that this is a paper MS.[1] and
dates it, 'Beginning of XVI cent.'

Miss Hope Emily Allen[2] called attention to the fact that from
the catalogue description just quoted this article would prove
to be a fourth MS. of the Latin *Ancrene Riwle.*

In the Royal MS. Art. 4, the *Ancrene Riwle* follows the pre-
ceding article after a space sufficient for two lines of text.
There is no title, as the Catalogue notes, and no table of contents. The upper right hand part of f. 74 has been slightly
damaged, with injury to the text. Between ff. 99 and 100 there
has been lost a section of text in Part IV corresponding to the
material in Merton 44 from p. 89, l. 13 to p. 100, l. 12 of the
present edition. MS. R carries the text through the first lines of
Part VIII, stopping at the same word as Merton 44 and adding
Telos at the foot of the page.

The text is written in a cursive and none too legible hand and
is without any ornamentation.

II. THE RELATIVE VALUE OF THE MSS. OF THE LATIN TEXT

The problem of choosing among the four surviving MSS. the
text which will best represent the Latin version of the *Ancrene
Riwle* is simplified by the fact that two of them are obviously
to be eliminated: Cotton Vitellius E vii, because of its damaged
condition; Royal 7 C.X., because of its late date and its loss of a
large section of text. The choice lies, then, between Merton 44
and Magdalen 67. The decision in favour of Merton 44 has been
made on three counts: its earlier date, its relatively greater

---

[1] It may be of interest to note that the paper carries as water-mark a
gloved left hand with five-petalled flower rising above the middle finger,
with or without the letters P A on the wrist. For similar marks, but
without these particular initials, see C. M. Briquet, *Les Filigranes*
(Leipzig, 1923), iii. 573.

[2] *The Mod. Lang. Rev.* xvii (1922), 403.

completeness, and its relatively better readings. The first point need not be argued. Other conditions being equal, the earlier version of a text has a natural right of way. On the second count Merton 44 has only a slight advantage over Magdalen 67. It preserves a table of contents, not quite complete, and the opening lines of Part VIII. It must be admitted that neither of these survivals of text is as interesting for the history of the Latin version as the heading preserved only in Magdalen 67 which ascribes the work to Simon of Ghent. However, they are more authentic text.

The third count, relatively better readings, calls for proof. On the whole, the readings of Merton 44 are better than those of Magdalen 67, whether one compares Latin with Latin, or Latin with English. Typical examples of the first sort, where no reference to the English text need be made, are as follows:

1. Isti dicuntur boni anthonomatice] anachorite Ma (p. 5, l. 17 f.)

2. In ore *etiam* aliquociens fortasse percussus cum conspuebatur] spernabatur Ma (p. 31, l. 27 f.)

3. Dilectus meus est inpinguatus] inpugnatus Ma (p. 43, l. 20 f.)

4. femina sic prius adusta] ad ista Ma (p. 121, l. 20)

5. Qui dormitat super crepidinem inferni] super turpitudinem Ma (p. 124, l. 22 f.)

Granting that the third and fourth examples given above may represent merely careless copying on the part of the scribe of Ma, the fact remains that such readings and others like them result in a less reliable text.

Of more interest are those variants between Me and Ma which involve comparison with the English text. The following examples may be cited:

1. p. 32, l. 1: pro eius amore et sua propria vtilitate] uoluntate *for* vtilitate Ma; uor þe luue of him & for þin owene muchele biheue (Mort., p. 106)

2. p. 45, l. 24 f: Ideo quasi Anchora[ta] est sub ecclesia sicut anchora sub naui] anachorita *for* Anchora[ta] Ma; & under chirche iancred, ase ancre under schipes borde (Mort., p. 142). The final -ta in the text of Me has been

partially erased but is undoubtedly the original reading. MSS. R and V¹ agree with Me.

3. p. 76, l. 5 f.: Iracu*ndus* . . . est p*r*oiector cultellor*um*] p*r*otector Ma; knif-worpare (Mort., p. 212). Hall (op. cit., p. 384, 64) conjectured that the original of Ma probably had *projector*.

4. p. 83, l. 32 f.: ita fetebat porcis q*uo*d maluer*unt* s*u*bm*er*gi q*uam* ip*su*m portare] faciebat *for* fetebat Ma; heo stunken (Mort., p. 230, *with variants* he stanc. T. he stong. C.). The reading *fetebat* is undoubtedly correct, but apparently it did not stand in the copy used by Me. The letters -*et* are written over an erasure sufficiently large for three letters, the unused space being filled by an extra long stroke to the -*t*. This correction, moreover, is made in the second ink used in Me. Since, however, the letters them- selves are very closely similar to the usual writing in Me— in fact, the correction passes unnoticed in the rotograph copy—it may be that the second ink is merely enforcing a correction already made by the first scribe. This sort of double correction, as noted above, occurs in other places in the MS. This much is clear, that the word originally written was probably *faciebat*, as in Ma and also in R and V¹, and was corrected either by the original scribe of Me or the second hand to *fetebant*. The ghost of a lost—and better—copy of the Latin text hovers tantalizingly over the word.

5. p. 110, l. 5 f.: sua p*reciosa* morte in cara cruce] in ara crucis Ma; oþe deore rode (Mort., p. 290). Neither expres- s´on is preferable in its own right, but the reading of Me accords with the English text.

Finally, Merton 44 gives correctly that play on English words of which Magdalen 67 makes nonsense:

p. 15, l. 19 f.: In Anglico b*e*ne dicu*ntur* 'Eye therlles' q*uia* m*u*ltum 'eil', *id est*, m*u*ltum dampnum fecer*unt* m*u*ltis] In ang-lico b*e*ne d*ici*tu*r*. Eyӡe et herdes. *id est*. scheuen q*uia* multu*m*. *id est*. multum dampnum multis fecer*unt* Ma; & mid gode riht muwen eiþurles beon ihoten eilþurles, vor heo habbeþ idon muchel eil to moni on ancre. (Mort.,

p. 62). In this case it is the poor reading of Ma that is unique among the Latin texts. Both R and V^1 agree closely with Me, with the exception that R reads *Gallico* for *Anglico* and V^1, *eal* for *eil*.

In addition to these and similar less correct readings, it should be noted that Magdalen 67 shows a succession of apparently careless omissions throughout the text. Examples of the sort may be seen in the variant readings for p. 29, l. 7 f., p. 32, l. 24 f., p. 159, ll. 24–8, and elsewhere. The only additions of any length which are to be found exclusively in Ma (see variant readings for p. 10, l. 22 and p. 36, l. 1) consist chiefly of quotation and conventional example.[1]

However, Merton 44 itself had by no means a perfect copy behind it nor a perfect copyist as its scribe, as the number of corrections made in the text clearly shows. In several places its reading can be further corrected or clarified by reference to the text in Ma. Examples in which the reading of Ma is also supported by the English text are as follows:

1. p. 37, l. 22: Idem fla*tus* venti] ue*r*bi Ma; þe ilke puf of his muþ (Mort., p. 122)

2. p. 66, l. 17 f.: Con*tra* h*uiusmodi* temptati*ones* sitis caute, care sorores, ad temptandum cum delectati*one* . . .] . . . sorores q*uicqu*id accidat exte*r*ius ad temptandu*m* Ma; Aʒean þeos fondunges beoþ iwarre, leoue sustren, hwat se cume wiþuten to uonden ou, mid licunge . . . (Mort., p. 194)

3. p. 89, l. 20 f.: Chr*istum* . . . te in*ter*rogante*m* q*ui*d maxi*me* in*ter*rogares] desiderares Ma; him asken þe hwat te were leouest (Mort., p. 242)

4. p. 94, l. 30: Si me no*n* dilexiss*et*, me no*n* premuniss*et*] p*r*emonuiss*et* Ma; Gif heo ne luuede me nolde heo nout warnen me . . . (Mort., p. 256)

---

[1] Macaulay, op. cit., p. 75 f. has studied the additions found in Ma in comparison with English texts of the *Ancrene Riwle*. He characterizes them as follows: 'On the whole the passages in the Latin which do not appear in the existing English manuscripts are such as a translator with a taste for quotation might naturally add to his text.'

In spite of such instances of poor readings—and there are others—the text of Me remains the best, as it is the earliest, surviving Latin version.

III. The Present Edition

The text is that of Merton 44 with Part VIII supplied in fragments, from Cotton Vitellius E vii. In printing Me, abbreviations have been expanded in italics. Punctuation, capitalization, and paragraphing have been supplied by the editor, except that the capitalization of the word Anachorita has been retained and the divisions of subject-matter indicated in the MS. have been followed, but added to. Any normalizations of the spelling are noted in the variant readings. The error of repeating 89 on two successive folios has been corrected in the printed text, making all folio numbers one higher than those in the MS. and the rotograph.

The corrections made apparently by the first scribe in the ink of the text have usually been accepted. Text written in the margin but marked for insertion in the page has been set in place as indicated, and the fact recorded in the variants. Obvious corrections of obvious mistakes are accepted without record. Such are *cor*, originally written *con* or *com*, with the *-n* sign erased and *-r* written in (p. 18, l. 14) or *potest*, originally written *postest* with the first *s* marked for deletion (p. 20, l. 25). Where either the first form or the corrected form might be right, the correction is accepted and recorded. Any additions made by the editor are set in brackets.

Corrections and additions made in the second hand and ink have usually not been accepted. For instance, this hand has added rubrics in various places. These are recorded only in the variants. When the correction made by the second hand is necessary or when it has entirely replaced the original reading, it is, obviously, to be accepted, but the fact that different ink has been used is recorded. For example, in *mortuus* (p. 136, l. 21) the *-r* has been written above the line in different ink and this fact is noted in the variant readings. In the word *fetebat* (p. 83, l. 32), where *-et* appears to be a correction in different ink, the original reading is no longer legible.

The marginal notes of Me are printed in heavy-faced type. Wherever possible Biblical and patristic references have been checked and corrected when necessary. Page references to Morton's text are added in parentheses and side-notes are supplied. The variant readings are selective rather than exhaustive.

In printing the fragments of Cotton Vitellius E. vii the alinement of the original has been kept as one means of indicating the amount of damage on each page. A special notation indicates the particular kind of damage in each case. Punctuation, capitalization, and paragraphing of the MS. have been retained. Conjectured letters are set in brackets. Many of these are not destroyed but are covered by the opaque paper used in resetting the fragments. They could be read, no doubt, if this paper were removed. Some of the charred lines also might with patience and improved apparatus be made to yield more of the text, but in such times as these one small ruin has perhaps received its due share of attention.

[ANCRENE RIWLE. LATIN VERSION]

Merton College, MS. C. i. 5; Coxe 44 (Me) with variant
readings from British Museum, Cotton Vitellius E. vii
(V¹), Royal MS. 7 C. x (R), and Magdalen College,
Latin MS. 67 (Ma).

[Table of Contents]*

* *The Table of Contents for Book I is missing in* Me; *no table
survives in* Ma V¹; *there is no space for one in* R. *Ma has the
following heading*: Hic incipit prohemium venerabilis patris
magistri Simonis de Gandauo episcopi sarisburiensis in librum
de vita solitaria quem scripsit sororibus suis Anachoritis apud
tarente.

16 mac[r]ior] macior Me   19 sa[n]guinis] saguinis Me

B

6 [pp. 31–35] DE humilitate, benignitate, paciencia *et* m[a]nsue-
iij [pp. 35– tudin*e* interius obseruandum.   De ira p*er* quam
  59]
necantur opera bona *et* confessione ea resuscitante ad
modu*m* pellicani: i*n* fine 6 fol*ii* ij libri.   Quare peccatu*m*
signatur p*er* sangu*i*nem *et* precipue ira q*ue* magna e*st*. 5
De remedijs *contra* iram.   De similitudin*e* pellicani
rati*one* solitudin*is*.   De Anachorita praua assimu*lata*
jºfo. [pp. 35– volucri: jº fol*io*.   Quod Anachorita sit Iudith *et* quod
  39] habeat sal.   Quod propter animam deferendu*m* sit corpori *et* de eoru*m* vnione.   Quod anime alligat*ur* corp*us* 10
ne efferat*ur et* quod corp*us* fiet sp*irit*uale si bene mereatur.
Quod Anachorita assimulat*ur* nicticoraci q*uia* habitat i*n*
domicilio eccles*ie* eam *contra* temptationes sicut Anchora
tene[n]s.   Et q*uod* assimulatur nicticoraci q*uia* de nocte |
cibu*m* querit sp*irit*ualem.   Quod octo nos ad uigilandu*m* f. 90 b
inducunt.   De bono celandi *et* malo iactandi opera bona: 16
2º f. [pp. 39– 2º fol*io*.   De bono solitudin*is* per exempla veter*is et* noui
  47] testamenti.   Et de bono solitudin*is* per ration*es* exem-
3 [pp. 47–58]
[4 pp. 58–59] plares: 3 fol*io*.   De morbo caduco passeris: 4 fol*io*.
iiij [pp. 59– DE temptation*ibus et* quod sancti no*n* sine tempta- 20
  113] tion*ibus*.   Quod duo su*n*t status infirmor*um et* sunt
ualde p*er*iculosi.   De m*u*ltiplici gen*er*e temptationu*m*
exterior[um] *et* interior[um].   Infirmitas a Deo missa sex
bona facit.   De remedio *contra* temptation*es* tribulationu*m*.
De remedio memorie passionis Dom*i*ni.   De disciplina *et* 25
j fo. [pp. 59– dupplici termino *contra*rio *et* nuncio recipiendo: j fol*io*.
  66] De temptation*e* interiori i*n* delectando.   De m*u*ltiplici
gen*er*e temptationis interioris.   Quod sancti sepi*us* temp-
tant*ur* a diabolo, carne *et* mundo *et* a uicijs tanqua*m* a
bestijs i*n* deserto.   De superbia siue leone superbie *et* 30
ei*us* catulis.   De serpente inuidie *et* ei*us* catulis.   De
2º fo. [pp. vnicorni ire *et* ei*us* catulis: 2º fol*io*.   De wlpe, cupiditate,
  66–71] *et* ei*us* catulis.   De sue gule *et* ei*us* catul*is*.   De scorpione
luxurie *et* ei*us* catul*is*.   Quod luxuria assimulatur scor-

1 m[a]nsuetudine] -a *originally written but partially erased to
form* -e Me   14 tene[n]s] tenes Me   20 non] viuu*n*t *added
above line in different hand and ink* Me   23 exterior[um], interior[um]] -um *sign om.* Me

pione. Quod omne genus peccati ad predictorum aliquid
reducatur. Quod dicti criminosi ministrant diabolo in
officijs diuersis: 3 folio.   Exemplum quod temptatio 3 [pp. 71–77]
maior non semper est in inicio. De vxore. De tempta-
5 tionibus populi Israelitici in deserto. De quatuor generibus temptationum, scilicet facili occulta, leui manifesta,
graui occulta, graui manifesta. De grauissima temptatione sub specie boni: 4 folio. De remedijs multis contra 4 [pp. 77–82]
temptationes in generale. De sex causis quare Deus ad
10 tempus se subtrahit a temptatis. Quod diabolus grauatur
quando temptationi resistitur. Quod resistens temptationi in hoc Deo est similis: 5 folio. Quod meditaciones 5 [pp. 82–88]
f. 91 a sancte valent contra | temptationes carnis. Quod orationes
sunt remedia contra temptationes et [de] virtute orationis.
15 Quod lacrime prosint contra temptationes. De efficacia
fidei contra temptationes et contra omnia mortalia peccata.
De efficacia caritatis contra temptationes: 6 folio. Exem- 6 [pp. 88–93]
plum uulpium caudis colligatorum. De fraterna corre-
ptione. Quomodo fides de uita et passione Christi est
20 remedium contra accidiam, auariciam, gulam et luxuriam.
Quomodo fides de sacramento Christi prodest contra
temptationes: [7]. De confidencia in Deo et resistencia 7 f. [pp. 93–
diabolo. De temptationibus malis sub specie boni. De 98]
conualescencia temptationis per necgligentiam et muta-
25 tionem fidei. De wlneribus pedum et cordis: 8. Quod 8 [pp. 98–
humilitas valet contra superbiam. Per que habetur et de 102]
eius vtilitate et remedio contra odium et medicina contra
iram: 9 folio. De triplici gradu concupiscentie. De 9 [pp. 102–
remedio contra concupiscentiam. De resistendo primis 106]
30 motibus et de scuto.

D E sex efficacijs confessionis et quod confessio debet V [pp. 113–
esse acusatoria. Quod confessio amara et integra. 134]
Confessio debet esse nuda et festina. Confessio debet esse
humilis et timorosa. Confessio debet esse discreta, vera,
35 voluntaria, non extorta, propria, stabilis, premeditata.
Et de varijs circumstancijs peccati confitentis.

---

14 [de]] om. Me   32–4 Space is left in MS. probably for
folio numbers after acusatoria, integra, festina, timorosa

VI [pp. 134–150] DE vtilitate peni*tentie*. De *tribus* gene*ribus* homi*num*: peregrinor*um*, *scilicet*, mortuor*um et* crucifixor*um*. De *con*dicionibus spiri*tu*alis peregrini. De *con*dicionib*us* mortui. De eminencia spi*rit*uali*ter* crucifixi. De vilitate *et* pena crucis. De vtilitate vilitatis 5 *et* pene q*ue* s*unt* rote *et* curr*us* Elye *et* gladi*us* versatilis. De dupplici correspo*n*dente vilitati *et* pene. De necessitate pacie*n*di. De quatuor obiectio*n*ib*us contra* penite*n*ciam. Quare magis medicine sp*iritus* sit indulgendu*m* q*uam* carnis. De t*ri*plici amaritudine | signata per tres Marias: f. 91 b Magd*alene*, Jacobi *et* Salome. Exempla q*uibus* doce*tur* 11 q*uod* dulcedo amaritudine*m* precedit.

VII [pp. 150–163] DE necessitate uel vtilitate caritatis *et* q*ue* est caritas. Quomo*do* De*us* multiplici*ter* q*uasi* extorquet caritate*m* a nob*is*. Paradigma de rege dilige*n*te pauperem 15 dom*in*am *et* Ch*ri*sto diligente a*n*imam. Quomo*do* Ch*ri*stus in cruce fuit scutum *et* quare sic nos voluit redimere, in . . . folio sexti libri q*u*oad primu*m* capitulum *et* . . . folio q*u*oad alia capit*u*la. Quod iiij*or* sunt amores precipui q*u*os tamen transcendit amor Ch*ri*sti. Quod t*ri*bus modis 20 att*ra*hit*ur* amor q*uibus et* Ch*ri*st*us* nos ad amore*m* att*ra*hit. Quod uer*us* sol igne*m* accendit de p*a*robola mul*i*eris Sarepte. Quod amor Dei signatur per igne*m* Grecum qui extingu*i*tur vrina, sabulo *et* aceto.

Quod simul haberi non possunt amor seu delecta*tio* 25 carnalis *et* sp*iri*tualis. De q*uibus* q*uasi* priuilegijs singularibus caritatis.

Explici*unt* capit*u*la libror*um* Anachoritar*um*.

REcti diligunt te: Cantici j. Verba sunt sponse ad sponsum. Est rectum gramaticum, rectum geometricum, rectum theologicum. Et sunt differencie totidem regularum. De recto theologico sermo nobis est; cuius
5 due sunt regule: vna circa cordis directionem, altera versatur circa exteriorum rectificationem.

Circa cordis rectificationem est illa que cor rectificat et complanat ut sit sine conuexo aut concauo oblique seu accusantis consciencie dicentis, 'hic peccas', aut 'hoc non
10 est correctum vt deberet'. Hec regula est semper interior et cor rectificat et est illa de qua apostolus, j ad Thimotheum j: Finis precepti est caritas de corde puro et consciencia bona et fide non ficta. Psalmista: Pretende misericordiam tuam scientibus te, scilicet, per fidem non
15 fictam, et iusticiam tuam, id est, vite rectitudinem, hijs qui recto sunt corde, qui, scilicet, omnes voluntates suas dirigunt ad regulam diuine voluntatis. Isti dicuntur boni anthonomatice. Psalmista: Benefac, | Domine, bonis et rectis corde. Istis dicitur ut glorientur testimonio,
20 videlicet, bone consciencie. Psalmista: Gloriamini, omnes recti corde, quos sibi rectificauit regula illa supprema rectificans omnia; de qua Augustinus: Nichil petendum nisi regula magisterij; et apostolus, Philippensium iij: Omnes in eadem regula permaneamus.

25 Alia est regula exterior regulans corpus et opera corporalia, docens quomodo homo debeat in exterioribus conuersari, quomodo commedere, bibere, vestiri, cantare, dormire, vigilare; et hec est excercitatio corporis que iuxta apostolum, j ad Thimotheum iiij°, ad modicum
30 valet et est quasi regula recti mechanici quod sub recto geometrico continetur; et hec regula non est nisi

There are two
rules of the re-
ligious life, the
inner and the
outer.

Aug.

Phil. 3°

Thim. 4

2 Est rectum] vnde notandum est quod est rectum R   4 regularum] rectorum Ma   6 exteriorum] exteriorem Ma   8 complanat] planat Ma   11 illa] ista Ma   18 anthonomatice] anachorite Ma

The outer rule
serves the inner,
which is or-
dained by God,
and never
changes.
vt subseruiat alteri. Altera quasi domina, hec quasi ancilla.
Quicquid enim fit per regulam exteriorem non fit nisi
propter regulationem cordis interius; que interior regu-
latio summa diligencia et nisu est seruanda, et exterior
propter eam seruari debet.   5

Interior est semper vniformis. Exterior variatur, quia
quilibet eam seruare debet quatenus per eam interiorem
poterit obseruare. Interiorem possunt omnes seruare
quantum ad puritatem cordis, circa quam uersatur tota
religio; et sic omnes vnam | regulam seruare possunt, f. 92 b
videlicet, quantum ad puram et mundam consienciam 11
sine labe peccati quod non fuerit per confessionem correctum, quia nichil obliquat cor nisi peccatum. Vnde
rectificare et complanare cor est cuiuslibet religionis per-
fectio. Hec regula | fit ex preceptis Domini, non hominis (M. 6)
adinuentione et ideo semper vniformis et semper seruanda. 16

The outer rule
is made by
man and may
be altered.
Omnes autem non possunt nec oportet eos regulam
exteriorem omnino seruare, quantum, scilicet, ad obseruan-
tias corporales, de quibus supra, quas quidam seruare
possunt et quidam non, quia quidam debiles et quidam 20
fortes; quidam senes et turpes, de quorum casu minus
timetur; quidam iuuenes et ad lasciuiam proni, quibus
opus est melior custodia. Ideo quilibet tenere debet
regulam exteriorem secundum sui consilium confessoris,
qui noticiam habens condicionum confessi, mutare potest 25
regulam exteriorem secundum rationem, prout viderit
quod regula interior melius poterit obseruari. Ideo non
An anchoress
shall vow only
three things:
obedience, chas-
tity and con-
stancy of abode.
consulo quod Anachorita voueat nisi obedienciam, castitatem et stabilitatem loci, videlicet, ne locum mutet nisi
pro necessitate, necessaria coactione seu mortis timore, 30
aut quod obediat episcopo seu suo superiori. Hoc ideo
consulo quia qui uouit ad uotum se astringit et mortaliter
peccat, si voluntarie votum violet. Si non voueat potest
nichilominus facere seu dimittere prout wlt, quantum ad 34
cibum | et potum, vestimentum et abstinencias consimiles (M. 8)

---

1 vt subseruiat] obseruiat Ma   5 seruari debet] est
seruanda Ma   8 possunt] om. R   12 peccati] ppeccati
Me   33 voluntarie] om. Ma

seu orationes et huiusmodi que in libero consistunt arbitrio. Nota bene
Sed caritas, humilitas, fidelitas, obseruancia decem man-
datorum, confessio, penitencia, hec et huiusmodi que non
sunt ex inuentione hominis nec ex regula humana sed
5 ex precepto diuino oportet quemlibet obseruare, quia hec
ipsum cor regulant.　Multa igitur sunt quoad regulam
exteriorem que non oportet uouere quia si quid illorum
infringeretur, conscienciam lederet et tantam forte formi-
dinem incuteret quod desperationem induceret,—quod
10 absit!　Et ideo huiusmodi habenda sunt pocius in proposito quam in uoto, et nichilominus tanquam vota
seruanda.

Si quis indoctus querat ab Anachoritis, cuius sit ordinis, If asked as to your Order, say it is that of St. James.
sicut quidam faciunt, colantes culicem et transglucientes
15 camelum, Matthei xxiijº, respondeat quod est ordinis
f. 93 ʙ sancti | Iacobi, fratris Domini.　Si de responso miretur,
queri potest ab eo, quid est ordo seu religio et vbi in sacra
scriptura ordo apertius describitur quam in canonica
Iacobi, jº. c: Religio munda et immaculata apud Deum Jaci. jº
(M. 10) et Patrem | hec est,—uisitare pupillos et viduas in neces- Nota bene
21 sitate et immaculatum se custodire ab hoc seculo.　Vltima
pars huius descriptionis ad Anachoritas pertinet, quia
due sunt partes in descriptione ad duo genera religio-
sorum pertinentes, quia quidam religiosi sunt in seculo,
25 presertim prelati et fideles predicatores pupillos et viduas
visitantes.　Anima carens sponso Christo per peccatum
mortale est vidua et pupillus carens Patre celesti.　Tales
visitare et iuuare pabulo sacre doctrine est religio secundum beatum Iacobum.　Secunda pars descriptionis,
30 immaculatum se custodire ab hoc seculo, spectat ad
Anachoritam.　Sic beatus Iacobus describit religionem;
non nominat album nec nigrum.　Sed multi colant culicem
multum de hijs curantes de quibus minus curandum esset.

3 hec] om. Ma　　　　13 Anachoritis] anachorita, the final -a
written over an erasure Ma　　　14 transglucientes] transgluciens
R　　　20-1 in necessitate] om. Ma; in necessitatibus eorum R
21 ab] in R　　24 quia] Set Ma; Nam R　　29 beatum] om.
Ma　　32 nec] necque Ma　　33 multum] om. Ma

Paulus primus heremita, Antonius, Arsenius, Macharius
et alij; similiter Sancta Sara, Sincletica et alie; numquid
religiosi et religiose fuerunt, vtentes cilicijs vel alijs

Do not say
whether you are
of the white or
the black. asperitatibus? Sed numquid albi uel nigri ordinis, sicut
quidam indocti querunt, putantes ordinem in tunica 5
consistere? Nichilominus certe tam albi quam nigri
fuerunt, non quantum ad vestes set sicut sponsa Christi

Cant. j° de se canit. Cantici j°: Nigra sum sed formosa. Nigra
exterius, formosa interius. Sic religio consistit in hoc,
vt | quis se immaculatum custodiat ab hoc seculo; non (M. 12)
in amplo capucio, non in nigra capa, nec in albo rocheto 11
neque in grisea cuculla. Vbi autem plures adunantur
propter vnitatem seruandam, curandum est de vnitate
vestium et de aliis quibusdam exterioribus vt vnitas

Vnitas exterior caritatis et voluntatis denotet vnitatem que 15
habitus
designat habenda est interius, et sic de alijs exterioribus. Clamat
vnitatem enim et insinuat vnitas exteriorum quod quilibet talem |
caritatis
habet caritatem et voluntatem qualem et alius. Videant f. 93 b
ipsi quod non mentiantur. Sic est in conuentu; sed vbi
uir solus heremita aut mulier sola Anachorita moratur, de 20
illis exterioribus de quibus non generatur scandalum non

Mich. 6 est multum curandum. Michee vj°: Indicabo tibi, o homo,
nota bene quid sit bonum et quid Deus requirat a te: Vtique facere
iudicium et iusticiam et sollicite ambulare cum Domino
Deo tuo. Vbi hec sunt est vera religio et si alia assint et 25
hec desint, non est nisi fraus et dolus. Matthei xx[iii]:

Mt. xx[iii°] hec desint, non est nisi fraus et dolus. Matthei xx[iii]:
Ve uobis, scribe et pharisei, ypocrite, qui mundatis quod
deforis est calicis et parapsidis, intus autem pleni estis
omni spurcicia similes sepulcris dealbatis, et cetera. Quicquid ergo religiosus facit exterius quantum ad regulam 30
exteriorem non est nisi propter regulam interiorem ut cor
reguletur; et seruit exterior regula interiori sicut ancilla
domine

1 Arsenius] -s changed from -c Me; -s Ma; -c R   2 Sancta]
beata R   3 vel] et Ma   11 first and second in] om. Ma
23 Deus] dominus Ma; deus R   24 sollicite] sollicitum Ma
Domino] om. Ma   25 est] ibi R   26 xx[iii]] xxvj° Me
33 domine] et cetera added R   After this line Ma has rubric:
Hic explicit prohemium.   Et incipit liber primus de officio diuino

(M. 14) LIber iste diuiditur in partes octo. | Prima pars tractat
de seruicio diuino quantum ad horas et huiusmodi.
Secunda de obseruancia sensuum per quam cor seruatur,
religio et vita anime. In hac sunt distinctiones quinque
5 secundum distin[c]tionem quinque sensuum. Tercia pars
loquitur de natura cuiusdam auis cui Dauid se simulat,
ac si esset heremita, et quomodo natura auis est heremite
similis. Quarta pars est de temptationibus carnalibus et
spiritualibus et remedijs contra eas. Quinta pars est de
10 confessione. Sexta pars est de penitencia. Septima de
serena consciencia et quare Christus est diligendus et quid
eius dilectionem impedit. Octaua est de exteriori regula.
Primo de cibo et potu et alijs ea contingentibus. Secundo
de rebus habendis licite uel seruandis. Tercio de vestibus
15 et de hijs que vestes contingunt. Quarto de operibus,
tonsura, fleobotomia, de doctrina ancillarum quomodo
debeant informari.

f. 94 a INter cetera que in prima parte continentur quoad
(M. 32) officium diuinum notandum | quod | in missa eleuato
20 corpore Christi dicendum est, 'Ecce salus mundi, verbum
patris, hostia vera, viua caro, deitas integra, verus homo';
et flectendo genua dicatur, 'Aue principium nostre
creationis. Aue precium nostre redemptionis. Aue
viaticum nostre peregrinationis. Aue premium nostre
25 expectationis. Tu esto nostrum ga[u]dium qui es futurus
premium. Sit nostra in te gloria per cuncta secula seculorum, amen. Gloria tibi, Domine, qui natus es de
uirgine. Sed quis est locus in me quo ueniat in me
Deus meus, quo ueniat in me aut maneat Deus qui fecit
30 celum et terram? Itane, Dominus Deus meus, est quicquam in me quod capiat te? Quis mihi dabit ut venias in
cor meum et inebries illud et v[i]num bonum meum

5 distin[c]tionem] -c om. Me 6 simulat] assimilauit Ma
9 eas] -a formed from -i Me 10 pars] om. MaR 14 licite]
om. R 19 notandum] notandum est R 23 creationis.
Aue precium] om. R 25 expectationis] After this word Aue
signaculum nostre defectionis added R ga[u]dium] gadium
Me 27 amen] om. Ma R 30 Deus] om. Ma 32 v[i]num]
vnum Me R ; vinum Ma

amplectar te ?   Quid mihi es ?   Miserere ut loquar.
Angusta est domus anime mee quo venias ad eam.
Dilatetur abs te.   Ruinosa est; refice eam.   Habet que
offendant oculos tuos, fateor et scio.   Sed quis mundabit
eam aut cui alteri preter te clamabo ?   Ab ocultis meis 5
munda me, Domine, et ab alienis parce seruo tuo,' uel
'famule tue.   Miserere, miserere, miserere mei, Deus,
secundum magnam misericordiam tuam,' et cetera. |
'Saluum fac seruum tuum,' uel 'ancillam tuam, Deus meus, (M. 34)
sperantem in te.   Doce me facere uoluntatem tuam, quia 10
Deus meus es tu.   Domine, exaudi orationem meam.   Et
clamor meus ad te veniat.' Oremus.   'Concede quesumus,
omnipotens Deus, ut quem enigmatice et sub aliena specie
cernimus, quo sacramentaliter cibamur in terris, facie ad
faciem eum videamus, eo sicuti est veraciter et realiter 15
frui mereamur in celis, per Dominum.'
    Post pacem datam dum sacerdos communicat, mundus
et mundana penitus obliuioni tradantur. Ibi esto penitus
extra corpus.   Tunc amore scintillante amplexandus est
sponsus et amicus qui in pectoris thalamum de celo 20
descendit ac firmiter est tenendus, donec annuerit omni
rei que optatur. |

    3 abs] ad R   4 tuos] *written above* meos *crossed out* Me
7 miserere] *third* miserere om. Ma   10 f. Doce . . . tu] om. R
22 optatur] *After this word* Ma *adds*: Intrantes ecclesiam meritorie
eam intrare debent cum cordis humilitate sicut publicanus dicens,
'Deus propicius esto mihi peccatori'; non sicut phariseus qui dixit,
'Non sum sicut ceteri homines', et cetera; cum caritate quia
offerens munus ad altare, et recordatus fuerit quia aliquid habet
aduersus fratrem suum debet ei prius reconsiliari; cum mundane
sollicitudinis exclusione ne de eo vere dici possit, id est, Ys. 29. e:
Populus hic labijs me honorat, cor eorum longe est a me.   Nemo
potest duobus dominis seruire, Mt. 6. d. Omittunt aliqui intrare
ecclesiam, sicut coruus in diluuio non intrauit archam. Ge. 8. b:
Columba non inuenit vbi requiesceret pes eius et ideo ad archam
reuersa est.   Sic gulosi, luxuriosi, cupidi cadaueribus carnalium
uel temporalium contenti non curant de ecclesia. Sed significati
per columbam in talibus pedem amoris non figunt.   Rubric:
Incipit secunda pars huius operis.   De obseruancia sensuum

f. 94 b
(M. 48)

OMni custudia serua cor tuum quoniam ex ipso vita procedit, Prouerbiorum iiij°, vita scilicet anime. Custodes cordis sunt quinque sensus, videlicet, visus, auditus, gustus, odoratus et cuiuslibet membri tactus.

The heart is guarded by the five senses; the first is sight.

5 Qui hos sensus custodit, custodit et cor et vitam anime. Cor est animal ferum, non domesticum. Gregorius: Nichil corde fugacius. Psalmista: Cor meum dereliquid me; et postmodum gaudens de cordis reuersione dicit, ij Regum vij°. f: Inuenit seruus tuus cor suum. Ex quo
10 tam sanctus, tam sapiens permisit cor auolare, multum habent alij de eius volatu timere. Sed vbi auolauit cor tam sancti regis, tam eximij prophete ab eo? Certe in apertura oculi quando vidit Bersabee se lauantem, ij°

(M. 50) Regum xj°. b. | Ideoque Anachorita minus frequentare
15 debet fenestram locutorij, in qua sit pannus niger cum cruce alba. Nigram significat vilitatem et abiecttionem exterius quoad mundum, quia ipsam decolorauit Sol iusticie radijs et calore sue gracie, Cantici j°. Crux alba spectat ad anachoritam, quia crux rubea spectat ad mar-
20 tires suo sanguine rubricatos; nigra ad penitentes in seculo de turpibus peccatis; alba ad uirgines et mundas, quia pena magna est mundiciam seruare. Per crucem autem pena significatur. 21 Moralium 2. e: Si temptationi in corde nascenti festine non resistitur. Custodien-
25 dus est igitur visus ne cor auolet sicut cor Dauid et ne anima infirmetur. Contra naturam et contra rationem mirabile est quod mortui cum viuis in mundo peccando ludant. |

Let your windows be small and well screened.

Nota de 3ᶜˡ cruce

(M. 52) Dicet forsan aliquis, 'Estne tam graue malum exterius
30 incaute respicere?' Certe sic propter malum inde proueniens. Malum est et nimis malum iuuenibus precipue necnon et senibus. Senibus quia malum iuueni- bus ministrant exemplum et scutum excusationis inique;

De incauto asspectu

---

1 ex] ab Ma   5 sensus] om. Ma   5 f. custodit, custodit . . . anime]
custodit et cor refrenat a concupiscencijs custodit et vitam anime
Ma   5 cor] suum crossed out after cor Me; om. Ma R   17
ipsam] ipsum R   23 f. 21 Moralium . . . resistitur] written in
margin Ma R; the quotation in Ma ends with nascenti

quia si corripiantur iuuenes, se excusant quia senes qui
meliores habentur sic faciunt. Sed aduertant iuuenes,
quia sapiens faber aliquociens cultellum fabricat nimis

Nota bene mollem. Sequere igitur sapientem in sapiencia, non | in f. 95 a
stulticia; et senex aliquociens potest bene facere quod non 5
iuuenis. Verum incaute respicere vterque potest.

Much evil comes of sight. Attende igitur quantum malum ex incauto aspectu
processit, nedum vnum malum aut duo sed omne malum
quod fuit, est aut erit; cuius probatio hec est. Lucifer
in se uidens suam formositatem, prosilijt in superbiam et 10

Eve sinned through sight. factus est ex angelo diabolus terribilis. De Eua matre
omnium scriptum est quomodo peccatum in eam ingres-

Gen. 3o sum habuit per aspectum. Genesis iijo: Vidit igitur mulier
quod bonum esset lignum ad uescendum et pulcrum oculis
aspectuque delectabile et tulit de fructu eius et comedit 15
deditque uiro suo. Ecce quomodo ex aspectu sequebatur
affectus et ex affectu effectus dampnabilis toti posteritati.
Hoc pomum significat omne delectabile in quo est peccatum. Si quis Eue dixisset cum primo pomum respexit,
'O Eua, auerte oculum quia mortem tuam respicis', quid 20
| respondisset ipsa? 'Domine, iniuste me reprehendis (M. 54)
quia, licet inhibitum sit ne pomum comedam, non tamen
ut illud aspiciam.' 21 Moralium [2]. c: Semel species
forme cordi alligata per oculos, et cetera; et post: Intueri
non debet quod non licet concupisci. O quot filias sui 25
sequaces habet hec mater que dicunt, 'Numquid prosiliam
in eum, licet eum aspiciam?'! Certe maius mirum accidit.
Cor Eue prosilijt ad oculum, ab oculo ad pomum, a pomo
in paradiso deorsum in mundum, a mundo in infernum.
Ibi detenti sunt in carcere iiij milibus annis et amplius, ipsa 30
et vir eius et tota posteritas eius; sic prosilierunt in mortem. Inicium et radix totius mali fuit leuis aspectus. Sic
ex modico creuit multum. Timeat ergo fragilis homo uel
mulier, ex quo illa que manibus Dei formata est, fuit

3 aliquociens] aliquando aliquociens Ma   4 non] et non R
6 vterque] neuter Ma   7 igitur] ergo Ma   10 suam] om.
Ma   23–5 21 Moralium . . . concupisci] written in margin Ma R;
the text in Ma is in a different hand   23 [2]] i Me   27 eum
aspiciam] aspiciam in eum Ma   30 in carcere] om. R

decepta per visum et in peccatum ducta quod se ad totum
mundum expandit.

Iterum, Genesis xxxiiij°. a: Egressa est Dyna, filia
Iacob, vt uideret mulieres alienigenas, et cetera. Non
5 dicit vt uideret viros sed mulieres. Et quid ex illo visu
f. 95 b accidit? Virginitatem amisit | et facta est meretrix. Ex
hoc etiam federa patriarcharum rupta sunt, vrbs com-
busta, rex, filius eius et ciues interfecti, mulieres abducte,
pater et fratres Dyne facti sunt exules. Sic processit eius
10 aspectus. Et hec a spiritu sancto scripta sunt ad pre-
muniendum mulieres. Et nota quod dicta mala non
processerunt ex eo quod Dyna uidit Sichen, filium Emor,
(M. 56) | cum quo peccauit, sed ex eo quod permisit se videri ab
eo, quia inuita et nolens corrupta est.

15 Iterum, ij° Regum xj°: Vidit mulieres, et cetera. Eo
quod Bersabee patuit visui Dauid, peccauit cum ea, licet
prius fuerat rex sanctus et propheta Domini. Sed nunc
ueniunt quidam fragiles, reputant se sanctos si magnum
capucium habeant uel capam clausam et videre uolunt
20 Anachoritas uel moniales, quomodo sibi placeant, que
solis calore non sunt denigrate, et dicunt quod mulieres
sancte possunt sanctos uidere uiros, ita tales qualis ipse
est propter amplam manticam. O presumptuose domine!
audis quod Dauid, Dei electus, de quo dicit, 'Inueni
25 uirum secundum cor meum', ex aspectu Bersabee se
lauantis cor perdidit, se sic oblitus est quod tria capitalia
[peccata] commisit: adulterium cum Bersabee, prodi-
tionem et homicidium sui fidelis militis, Vrie. Et tu ita
presumptuose audax es, ut stolido aspectu respicere
30 audeas iuuenem mulierem. Ideo mulier religiosa non
suspicetur bonum sed minus confidat de eo qui multum
affectat eam videre. Nec processerunt mala premissa
Dauid uel Dyne ex eo quod mulieres incaute respexerunt
(M. 58) viros sed ex eo quod | se incaute virorum aspectui ostende-

Dinah sinned
through sight.
Nota bene

Bathsheba
made David sin
through sight.

---

1 ducta] deducta Ma   4 alienigenas] alienas R   6 et]
om. Ma R, *but there is space at the end of a line for it in* Ma
8 filius] et filius Ma   9 facti] om. R   26 se] sui R
27 [peccata]] Ma; om. Me R

ru*n*t; *et* ho*c* fece*r*u*n*t *per* qu*od* in *peccatum* incidere
potuer*un*t.

Nota
If a man sins
through sight of
you, you are
responsible.

Iter*um, ideo in* lege *preceptum* erat, Exod*i* xxj°: Si
qu*is* aperuerit cisternam *et non* operuerit ea*m* cecideritqu*e*
bos aut asin*us in* ea*m, domin*us cisterne r*e*dder*e*t precium 5
iume*n*tor*um.* He*c* lex terribilis est m*u*l*i*eribu*s* se ostc*n*-
de*n*tib*us* aspectib*us* homin*um.* He*c enim* significatur p*er*
aperie*n*te*m* cisternam *et non* operie*n*tem. Cisterna *e*st
pul*c*ra facies aut aliu*d* delectabile q*uod* o*s*te*n*dit uerbo,
oculo a*ut* alio modo, *per* q*uod* posse*t* crimen excrescerc. 10
V*n*d*e* precipit h*ui*usmod*i* cisternam operiri ne iume*n*tum
aliqu*od* incidat i*n* peccat*um,* qui*a* iume*n*|tu*m* est pec- f. 96 a
cator; d*c* q*uo* in Ps*almo* homo *comparatus* e*st* iumentis
insipientib*us, et* cetera. Duru*m* a*utem* sequitur iudicium
contra aperie*n*te*m* cisternam, q*u*i*a* reddet *precium* iume*n*ti, 15
eo q*uod* re*u*s erit cora*m* Domino Deo de morte ho*m*in*i*s
bestialis *et* p*ro* ei*us* a*n*ima i*n* extremo iudicio respo*n*debit,
precium red[d]e*n*do, q*uod* n*on* poterit ni*s*i reddendo
se ip*su*m. Difficilis reddicio *et* ta*m*en diuinu*m* iudicium
est *contra* aperie*n*tem cisternam, i*d* est, *contra* eu*m* qui 20
aliqu*i*d facit *per* q*uod* ali*us* carnalit*er* temptat*ur, etiam*
si facie*n*s hoc ignorat si ali*us* peccet; *et* si no*n* actu cu*m*
discooperiente, ta*m*en affectu cu*m* illa uel cu*m* alia, | ni*s*i (M. 60)
peniteat, p*ro* alterius crimine punie*t*u*r.* Vulgariter
d*ic*itu*r,*—canis liberte*r* i*n*trat ubi ostiu*m* i*n*uenit a*p*ertu*m.* 25

Nota
The eyes are
the first wea-
pons lechery
uses against
chastity.

Aug*ust*in*us:* Inpudic*us* ocul*us* inpudici cordis e*st* nunci*us*
qui*a* quod os p*ro* pudore no*n* potest, ocul*us* vag*us* loquit*ur*
et e*st* quasi nu*n*ci*us* cordis vagi. Sed su*n*t multi *et* multe
qui uel que, lic*et* non *consentirent* in actum criminis, no*n*
ta*m*en curarent si alij uel alie de eis forsita*n* temptarent*ur.* 30
V*n*d*e* beat*us* Aug*ust*in*us* hec parificat dice*n*s: No*n* solum
appeter*e* se*d et* appeti velle criminosu*m* est. Oculi prima
tela su*n*t adulter*e.* Sicut *enim* homi*n*es pugna*n*t triplici

3 Iterum] *om.* R   4 quis] qui R   5 redderet] reddet R
7 Hec] Hoc Ma   14 *insipientibus*] insipientib*us et* similis Ma
16 Domino] *om.* Ma   18 red[d]endo] -d *om.* Me   20 est]
written in margin Me.; *om.* Ma   25 liberter] libenter Ma R V¹
26 cordis] pectoris Ma   29 *consentirent*] sentirent V¹   31 Vn*de*]
Veru*m* V¹   32 *et*] *om.* Ma R

genere armorum, videlicet, telis, lanceis et gladijs, sic fetens
luxuria sponsam Christi castam impugnat, primo mittens
tela oculorum impudicorum, que vt tela facile volant
et cordi infiguntur. Deinde appropinquans quasi lan-
5 ceam uibrat et verbo vibrante cor quasi lancea uulnerat.
Ictus gladij est tactus quia gladius de prope ferit et ictum
mortis infert. Sed heu! prope interitum sunt qui sic se
(M. 62) tactu approximant. Qui sapiens est et felix | se preseruet
a telis oculorum quia totum residuum malum procedit ab
10 illis. Nonne est nimis audax et stolidus qui extra menia
patencia capud audacter exponit dum castrum telis
exterius impugnatur? Seruandus est ergo oculus ne telum
diaboli oculo infigatur; quod si fiat et excecetur, de facili
ruet.

15 Bernardus: Sicut mors per peccatum in orbem, ita per
has fenestras intrat in mentem. Sed quam sedulo clauderet homo fenestram ut mortem excluderet, mortem
inquam corporalem, et homo non curat oculos claudere |
f. 96 b vt anime mortem excludat. In Anglico bene dicuntur
20 'Eye therlles' quia multum 'eil', id est, multum dampnum fecerunt multis. Tota sacra scriptura custodiam
suadet oculorum. Psalmista: Auerte oculos meos ne
videant vanitatem. Iob xxxjᵒ: Pepigi fedus cum oculis
meis ne cogitarem de virgine. Sed quid est quod dicit, ne
25 cogitarem? Numquid oculis cogitatur? Certe signanter
dicit, quia aspectum oculi sequitur cogitatio et postmodum,
(M. 64) operatio; quod | innuit Ieremias, Trenorum iijᵒ: Oculus
meus depredatus est animam meam. Ex quo propheta
Domini sic conqueritur de oculo, quantum malum seu
30 da[m]pnum prouenit hominibus seu mulieribus ex eorum

*Guard your
windows like
the battlements
of a castle.*

*Bernardus
Nota bene*

---

4 appropinquans] lingua *follows* Ma　　　5 uibrat] vibrans
Ma　　　7 mortis] corporis R　　　12 impugnatur] impungitur
Ma; impingitur R　　　telum] telo R　　　16 mentem] mentem.
Bernardus V¹　　19 Anglico] gallico R　　　19–21 In . . . multis]
In ang-lico (*the hyphen is written over an original* -e) *bene dicitur.*
Eyȝe et herdes. *id est.* scheuen quia multum. *id est.* multum
dampnum multis fecerunt Ma　　　20 eil] eal V¹　　　25 cogi-
tarem] cogitarem de uirgine Ma　　　　oculis] cum oculis Ma
30 da[m]pnum] dapnum Me

oculis? Ecclesiastici xxxj°. b queritur: Nequius oculo
quid creatum est? Ideo ab omni facie sua lacrimabatur.
Hec sufficiant ad presens de sensu visus, de quo infra
dicetur.

The second
sense is hearing;
under it I will
treat first of
speech.

SIcut visus in oculo, sic gustus et loquela in ore. De 5
loquela nunc dicendum est simul et auditu. Cum ad
locutorium accedit religiosus uel religiosa, prius inquiren-
dum cum quo fari debeat, quia talis potest esse persona
quod se magis expedit excusare. Quando uero procedere
oportebit, signanda sunt diligenter os, aures, oculi et 10
pectus et procedendum cum Dei timore. Audiendi sunt
sermones loqui volentis et sic parce respondendum ut
loquens audientem vituperare nesciat seu etiam comen-
dare. Sunt enim aliqui qui ita verbotenus videri desiderant sapientes vt velint quod loquens cum eis hoc 15
aduertat et verbum reddant ad uerbum et fiunt magistri
illorum quorum debent esse discipuli; et quasi vellent cum
sapientibus reputari et tales agnosci et putantes reputari
sapientes, | stulti habentur. Venantur commendationem (M. 66)
et improperium adquirunt. Cum enim recesserit is qui 20
uenit, dicit, 'Iste' uel ' ista verbosus est' seu 'verbosa.'
Eua longum fecit sermonem cum serpente, narrans ei
preceptum sibi et Ade datum a Deo de pomo vetito; et
aduertit inimicus eius infirmitatem et pronitatem ad lap-
sum per eius sermo|nem et sic viam sue dampnationis f. 97 a
inuenit. Beata Maria omnino fecit aliter. Sermonem 26
non fecit angelo sed quesiuit breuiter quod nesciuit.
Imitanda est beata .virgo et non [loquax] Eua et mulier
taceat, licet plura sciat; non teneat modum galline que
cum ouum posuerit, clamitare non cessat. Et quid de 30

Nota clamore lucratur? Venit garcio, rapit ouum et comedit,
de quo deberet pullum producere uiuum. Sic diabolus a

4 *After this line* Ma *has the rubric*: De taciturnitate et loquela;
in the margin of Me, *in a different hand*: de loquela et taciturnitate;
rubric as in Me *in* R   6 est] *om.* R V¹   7 inquirendum]
inquirendus est Ma   9 uero] *om.* Ma   14 enim] *om.* Ma
17 et] *om.* Ma   19 commendationem] commendaciones R
20 is] Ma R; ijs Me; *om.* V¹   25 eius] huiusmodi V¹   27
angelo] cum angelo V¹   28 [loquax]] Ma R V¹; *om.* Me

loquacibus *et* se iactantibus bonum aufert *et* deuorat
quod ipsos tanquam pulli eleuare deberet ad celum, si
non fuisset taliter proclamatum. Miser smigmarius
clamans smigma plus facit murmuris quam diues mer-
5 cator cum preciosis mersibus.

Spirituali tamen homini de quo potest homo religiosus
confidere,—cuiusmodi pauci sunt—licet loqui *et* consilium
ab eo querere *et* remedium contra temptationes *et* aliquociens confiteri, ut confessor intime roget *et* in memoria
10 crebro habeat confitentem. Sed multi sunt qui veniunt
in vestimentis ouium, intrinsecus autem sunt lupi rapaces,
(M. 68) *Matthei* vij°, a quibus cauendum. | Eua sine timore locuta
est cum serpente sed Maria cum timore est locuta cum
angelo.

15 Sine testimonio alicuius viri vel mulieris qui possit eos
audire non loquatur vir cum muliere sepe aut diu. Hec
duo pondero. Licet collocutio sit de confessione, semper
in illa domo uel vbi videri possint sedeat tercius qui possit
videre, si tercius possit haberi, non solum pro uita sed pro
20 fama seruanda, quia malum de facili creditur. Ideo testis
adhibendus est propter duo,—ut testis possit de falsitate
arguere detractorem *et* vt minus cautis tollatur occasio sic
loquendi *et* per consequens peccandi.

Speak to no man without a witness.

Silencium est in mensa seruandum, presertim a
(M. 70) religiosis | *et* precipue diebus ieiunij. Stultus esset qui
26 posset molere triticum, si moleret paleas. Triticum est,
secundum Anselmum, sermo sanctus. Paleas molit qui
cum maxillis tanquam cum molaribus molit verba vana.
f. 97 b Lingua est | quasi batellum molendini. Videat igitur
30 vnusquisque ne maxille eius quicquam molant nisi cibum
anime nec aures hauriant nisi medicinam anime; nec
solum claudende sunt aures sed *et* fenestre contra verba
ociosa. Ad vos non perueniat narratio nec rumor de
mundo. Vnde religiosi maxime vitare habent fabula-

Keep silence at meals.
Nota
Shun all idle talk.

2 pulli] pullos Ma   3 Miser] *om.* V[1]   4 clamans] clamat V[1]
12 cauendum] est cauendum Ma   18 possint] possit Ma R
22 cautis] cautus Ma   25 esset] foret R   29 igitur] ergo
Ma   30 molant] molent R

tiones *et* rumores mu*n*di nec debe*n*t quoquo modo quem-
quam maledicere nec iurare. Mulieres viros docere no*n*
debent. j ad Thimoth*eum* ij⁰: Docere autem mulieri non
permitto. |

Speak as little
as possible. Seneca: Ad su*m*mam, id *est*, finali*ter*, dico, volo uos (M. 72)
esse rariloquas tu*n*cq*ue* pa*u*ciloquas. Sed multi claudu*n*t 6
ver*ba* ad tempus ut amplius post affluant, sic*ut* aqua
clauditur i*n* mole*n*dinis. Sic fecer*un*t amici Iob tacentes
Nota per vij dies, Iob ij⁰. Sed postquam inceper*un*t loqui,
desistere nescier*un*t. Gregorius: Censura silencij nut*ri*- 10
Gregorius tura est ve*r*bi. Iter*um* Gregorius: Iuge sile*n*cium cogit
celestia meditari. Sic restagnatio aqu*e* eam cogit
ascendere. Ideo obturanda su*n*t verba necnon *et* cogita-
ti*ones* ut cor i*n* celum ascendat, no*n* ut fluat per mu*n*dana
deorsu*m*. Cum oportuerit, eleuande su*n*t value oris, sicut 15
sit iux*ta* mole*n*dinum. Sed su*n*t quantocius deprimende. |

Plures interficit lingua quam gladius. Prouerbiorum (M. 74)
Nota xviij⁰: Mors *et* vita i*n* manib*us* lingue. Prouerbiorum
[xiij⁰]: Q*ui* custodit os suu*m* custodit a*n*imam sua*m*; *et*
xxv⁰: Sic*ut* vrbs pate*n*s absq*ue* muror*um* ambitu, ita vir 20
q*ui* no*n* pot*est* in loquendo cohibere sp*iritu*m suu*m*. Q*ui*
muru*m* silencij no*n* h*a*bet, pat*et* inimici iaculis ciuitas
mentis. In Vitis Patr*um* dix*it* quida*m* de q*ui*busda*m*
q*uo*s alij commendaba*n*t, q*ui* tame*n* loquaces fuer*a*nt,
'Boni vtiq*ue* su*n*t sed eor*um* habitatio no*n* hab*et* ianua*m*. 25
Quicumq*ue* uult intrat *et* asinum soluit;' id *est*, animam
indiscreta*m*. Iacobi j. g: Si q*ui*s putat se religiosu*m* esse,
no*n* refrena*n*s linguam sua*m* sed seduce*n*s cor suu*m*, huiu*s*
uana e*st* religio. Nota q*uo*d dicit 'refrena*n*s'. Frenum
no*n* est ta*n*tu*m* i*n* ore sed pars eiu*s* super oculos *et* capud 30
ambit *et* aures, q*ui*a necesse est ut lingua, oc*u*li *et* aures
frenentur. Sed ferrum est | in ore s*u*per linguam, q*ui*a f. 98 a
ibi maxime e*s*t necessaria retencio postquam inceperit
currere seu moue*r*i. Sepe cum loqui incipimus, pro-
ponim*us* pauca loqui *et* verba disposita. Sed lingua est 35

9 inceperunt] ceperunt Ma   12 restagnatio] *written with*
stroke over first -a Me   18 Prouerbiorum] Item Ma   19
[xiij⁰]] xxj Me; 21 Ma R

lubrica natans in humido et labitur a paucis verbis in
multa et tunc verificatur illud, Prouerbiorum x: In multi-
loquio non deerit peccatum; quia a vero labitur in falsum,
a bono in aliquod malum, a mensura in inmensum, a stilla
5 seu gutta in fluuium qui submergit animam. Fluens
(M. 76) enim verbum | fluere facit cor, ita quod diu post se non
potest colligere; et os nostrum tantum est a Deo longin-
quum quanto mundo proximum. Gregorius in Dialogis:
Tanto minus exauditur in prece quanto amplius inqui-
10 natur in locutione. Ideo licet sepius clametur ad Dominum, se tamen auertit nec exaudit quia vox coram eo
fetet admixtione mundana et vaniloquio inquinata.
Volens igitur Dei auribus suam linguam approximare,
ipsam elonget a mundo. Alioquin diu clamare poterit
15 priusquam exaudiatur. Ysaye jᵒ: Cum extenderitis manus
vestras, auertam oculos meos a uobis, et cetera.

Beata Virgo Maria, que mulieribus omnibus esse debet
exemplar, fuit ita rariloqua quod nusquam in sacra
scriptura locuta fuisse legitur nisi quater. Sed propter
20 rariloquium eius verba fuerunt magni ponderis et virtutis.
Bernardus ad Mariam: In sempiterno Dei verbo facti
sumus omnes et ecce morimur. In tuo breui responso
reficiendi sumus vt ad uitam reuocemur. Responde verbum et suscipe verbum; profer tuum et concipe diuinum.
25 Primum verbum Marie de quo legitur in sacra scriptura
fuit responsio ad angelum: Ecce ancilla Domini; fiat mihi
secundum verbum tuum; quod tante fuit virtutis ut Dei
filius, verus Deus, fieret homo et vt quem totus non capit
orbis, in sua se clauderet viscera factus homo. Secundum
(M. 78) uerbum fuit cum salutaret Elizabeth et ita efficax | ut
31 exultaret infans in vtero matris. Tercium verbum fuit
in nupcijs, per quod aqua versa fuit in vinum. Quartum

Our lady spoke
seldom, but her
words had
power.

1 labitur] labet Ma   8 Gregorius in Dialogis] om. Ma R;
Gregorius in margin R   9 exauditur] om. Ma   17 Opposite
this line in a different hand is the rubric: De rariloquio beate Marie
virginis Me; Nota verba Marie in different hand and ink Ma; no
rubric R   22 In] et Ma   28 et] om. Ma   29 clauderet] clausit R
31 matris] eius with matris written above R   verbum] written after
fuit but marked for insertion before it Me

erat cum filium inuenisset in templo, Luce ij°. *Et cuius-*
modi mirum sequebatur hoc verbum ? Deus omnipotens
subditus est homini fabro et mulieri. Aduertat ergo
quilibet et discat quante | virtutis est rariloquium.　　　f. 98 b

From silence
springs hope.
Psalmista: Vir linguosus non· dirigetur in terra; et 5
iterum: Dixi custodiam vias meas ut non delinquam in
lingua mea; ac si dicat, 'si linguam custodiam, possum
viam custodire ad celum'. Ysaie xxxij°: Cultus iusticie
silencium; quia silencium preparat et colit iusticiam, que
culta profert sempiternum alimentum anime; quia ipsa 10
immortalis est; Sapientie j°. Ideo Ysayas spem et silencium coniungit. Ysaie xxx: In silentio et spe erit fortitudo vestra. Quam bene coniunguntur silencium et spes,
quia seruans silencium diuturnum certitudinaliter sperare
potest quod loquens a Deo exaudietur. Preterea spes est 15
quasi delectabilis species delectans cor contra | aduersa (M. 80)
illa que corpus patitur. Sed commedens species claudit
os ut fragrancia maneat interius. Multiloquax spem
euomit et delectationem eius ac fortitudinem contra
inimicum amittit. Quid enim roborat hominem in Dei 20
seruicio et in temptationibus vt sustineat aduersa et
luctetur fortiter contra insultus diaboli nisi spes magne
mercedis ? Vnde uulgariter dicitur: Nisi spes esset cor
frangeretur. Heu! igitur quo modo est eis qui in tormentis
sunt sine spe et cor frangi non potest. Ideo sicut desiderat 25
homo in se tenere dulcem odorem spei et anime fortitudinem,
ita ore clauso silencium teneat. Ieronimus: Non habeatis
linguam uel aures prurientes, videlicet, desiderantes loqui
uel audire mundana. Hec dicta sunt de silencio quia
de loquela prius dictum est et contrariorum eadem est 30
disciplina.

Listen to no
evil speech.
DE auditu nunc dicendum. Ab omni auditu malo
sunt aures obtur[a]nde et abhominandum est os ex-
puens venenum. Matthei xij°: De omni verbo ocioso

6 f. in ... mea] om. Ma　　7 lingua] via R　　15 exaudietur]
exauditor Me　Preterea] om. Ma　　18 fragrancia] flagrancia
Ma　maneat] maneant Me　　32 De auditu] *The same phrase
is written in a different hand in the margin* Me; *also as rubric* Ma R
dicendum] dicendum est Ma　　33 obtur[a]nde] obturende Me

quod locuti fuerint homines reddent rationem in die
(M. 82) iudicij.   Est autem verbum malum | triplex, videlicet,
ociosum, turpe, venenosum.   Ociosum est prauum, turpe
peius, venenosum est pessimum.   Ociosum est omne ver-
5 bum quod caret pia vtilitate et iusta necessitate; de quo
ut supra, Matthei xij°.   Et si de uerbo ocioso, quod est
minus malum quam turpe uel perniciosum seu venenosum,
f. 99 a redden|da est ratio, quare profertur et quare auditur,
quomodo erit de uerbo pernicioso et turpi ?   Non solum hoc
10 aduertat qui loquitur sed qui audit.   Turpe verbum est de
luxuria uel alia immundicia.   Os tale uerbum proferens est
obturandum saltem euidenti displicencia uel acri reprehen-
sione.   Verbum perniciosum seu venenosum est multiplex,
scilicet, hereticum, mendax, detractorium, adulatorium.
15 Hereticum per Dei graciam in hac terra non pululat.   Heresy not pre-
                                                            valent in Eng-
   Verbum mendax est tantum malum, secundum Augu-   land.
stinum, quod pro patre redimendo a morte non deberet   Augustinus
homo mentiri.   Iterum, Deus est veritas et quid tam
contrarium veritati sicut mendatium ?   Diabolus mendax
20 est et pater eius, Iohannis viij°.   Qui ergo mouet linguam Iohannis 8
ut menciatur, facit de lingua sua cunas filio diaboli et
eum mouet tanquam nutrix puerum in cunis.   Iterum,
Christus dicit, Iohannis xviij°. g: Ego in hoc natus sum Iohannis 18. g
et ad hoc veni in mundum, vt testimonium perhibeam
25 veritati.   Qui ergo ad comitatum, curiam uel alium locum Nota de
venit vt testimonium perhibeat falsitati, contra Christum veritate
venit et est quasi Antichristus uel eius membrum. j°
Iohannis ij°: Nunc Antichristi multi facti sunt.   Sicut Iohannis 2
veridici prophete precesserunt aduentum Christi, sic
30 uidetur quod abundancia mendacij seu virorum menda-
cium sit quasi presagium aduentus Antichristi; de quo ij°
Thessalonicensium: Cuius est aduentus secundum opera- Thes.
tionem Sathane in omni virtute et signis et prodigijs

1 fuerint] sunt written in text but crossed out; fuerint written in
margin Me; fuerunt Ma; fuerint R   rationem] de eo added R
4 second est] om. R   11 uerbum] om. R   15 pululat] written
pul-ulat, -l- a correction over an erasure Me; pululat Ma; pullulat
R   22 puerum] puerum suum Ma   26 falsitati] falsum
aut falsitati R   28 facti] om. Ma   33 second et] om. Ma

me*n*dacib*us* *et* om*n*i seductione i*n*iqu*i*tatis. Signa *enim et* prodigia mendacia *sunt* *verba* sa*n*cta cum factis iniquis, quesito colore iusticie *cum* op*er*ib*us* iniuriosis *et* h*uius-*

Nota modi. Hor*um* aliqui, lic*et* si*n*t mendacissimi, mendaces tame*n* v*er*botenus, maxi*m*e detestant*ur*, similes latroni- 5 b*us* cornua pulsa*n*tib*us* *et* clama*n*tib*us* *cum* fidelib*us* latrones p*er*sequ*e*ntib*us*.

Backbiting and flattery are inspired by the devil. Verba detra*c*toria *et* adulatoria necno*n* *et* ad mal*um* instiga*n*cia no*n* vident*ur* verba homin*um* s*ed* flat*us* diabolici *et* voces ips*ius*. Si h*ec* e*ss*e debent procul ab 10 om*n*i viro etia*m* seculari ne talia proferat aut audiat, qua*n*to magis a religioso ? Qui h*ec* loquitur no*n* videtur

Ecclesiaste 10 homo s*ed* serpe*n*s. Ecclesiaste xº: Si mordeat serpe*n*s i*n* silencio ni*h*il eo min*us* habet qui occulte detrahit. | 14 (M. 84) f. 99 b
Adulator homi*n*em | excecat adulat*um*. Gregori*us*: Adulator ei cu*m* quo sermone*m* *con*serit qua*s*i clauu*m* i*n*

Backbiters. ocu*l*o figit. Detractor carnes viue*n*cium comedit etiam dieb*us* Veneris *et* e*st* qua*s*i coruu*s* diaboli rostro suo nigro cada*u*era viue*n*cia lania*n*s. Prouerbior*um* xxiijº: Noli e*ss*e in co*n*uiuijs eor*um* qui carnes ad uescendum con- 20 feru*n*t, *et* cetera. Si isti vellent p*ar*cere uiuis *et* solum laniare cada*u*era mortuor*um*, id e*st*, si nollent detrahere ni*s*i p*er*u*er*sis *et* malis, min*us* mirum foret. S*ed* nimis edaces s*un*t *et* nimis audaces qui uiue*n*tib*us* i*n* Deo no*n*

Neem*ie* 3. c parcunt. Neem*ie* iijº. c: Melchias edificau*i*t portam 25 sterquilinij, *et* cetera. Detractores *et* adulatores edificant

Nota bene domu*m* stercoris diaboli. Adulator gump*h*um cooperit cum feditatem peccati adulatio*n*e tegit ne fetor senciatur. Detractor eco*n*tra discooperit *et* detegit ut fetor procul sentiatur. Isti qua*s*i mutuo *con*tendunt in hijs officijs *et* 30 ex eis fetent *et* fetore*m* afferunt quocumqu*e* vadu*n*t, aures intoxicantes *et* cor. |

1 omni] in omni Ma   6 clama*n*tib*us*] clamantes R   12 re-
ligioso] *probably originally* religiosis; *final -s is partially rubbed out and the* -o *written over an erasure* Me; religiosis Ma; religioso
R   hec] *om.* Ma   14 occulte] in absondito (*sic*) Ma
22 nollent] uellent Ma   26 Detractores] Dectractores Me
27 stercoris] stercor*um* Ma   29 f. Detractor . . . sentiatur] *om.*
Ma

(M. 86) Adulator*um* tria s*u*nt genera,—primi mali, secundi peiores, tercij pessimi. Ezec*hi*elis xiij°: Ve q*u*i *con*suunt puluillos sub *omn*i cubito man*us et* faciunt ceruicalia sub capite vniu*er*se etatis. Ysa*ye* v°: Ve q*u*i dicunt
5 bonu*m* malu*m et* malum bonu*m*, ponentes lucem tenebras *et* tenebras luc*em*. Hoc adulatorib*us et* detra[c]toribu*s* *con*uenit. Prim*um* gen*us* adulatio*n*is est cum bon*us* in sui p*re*sencia laudat*ur et* si bene q*u*id dix*er*it v*el* eg*er*it, plus debito extol[l]itur. Sec*undum* gen*us* est q*u*andocumq*ue*
10 peccator sic eg*er*it aut dix*er*it q*u*od certum sit eu*m* errasse, adulator tame*n* in p*re*sencia peccatoris diminu*er*e peccatu*m* u*el* anullare nitit*ur* dicens, 'Non est tantu*m* malu*m* qu*an*tum dic*it*ur. Non es tu prim*us* qui sic egit nec eris vltimus. Plures ha*b*es socios. No*n* cures,
15 bone ho*m*o, no*n* vadis solus. Multi multo pei*us* faciu*n*t.' Terciu*m* gen*us* est pessimu*m*, cum laudatur peccator eo q*u*od peccat; sicut aliq*u*ociens dicit*ur* impio militi rusticum qua*s*i excorianti, 'A, do*m*ine, benefacitis, q*u*ia
19 oportet rusticos deplumare, q*u*ia ita *est* de rustico sic*ut*
f. 100 a de salice, qui eo magis | crescit q*u*anto summitas ei*us* absci*n*ditur.' Ps*al*m*ista*: Laudatur peccator in desi*der*ijs anime sue *et* iniquis benedicit*ur*. Augu*stinus*: Adulancium lingue alligant ho*m*inem i*n* peccatis. Sic adulatores excecant adulatos *et* fetore*m* op*er*iunt ne ip*su*m senciant,
25 q*u*od est magnu*m* infortunium eis, q*u*ia si feditate*m* sentire*n*t, ip*s*am abho*m*inarentur, currere*n*t ad *con*fessionem *et* ibi euomere*n*t *et* postmodum vitare*nt*. Cleme*n*s: Homicidaru*m* tria esse genera, dixit Petr*us*, *et* eoru*m* pare*m* pena*m* esse voluit,—qui corp*or*alit*er* occidit
30 *et* qui detrahit fratri *et* qui inuidet.
Duo s*u*nt genera detractor*um*. Pr[i]mi ap*er*te malum (M. 88) dicu*n*t *et* vir*us* euomunt quantumcumq*ue* ad | os ex corde i*n*toxicato prosilit *et* totu*m* simul euomit quicquid uenenatu*m* cor transmittit ad lingu*a*m. Secu*n*di su*n*t

Tria s*u*nt genera adulator*um* Ezech. 13

Ysa*ye* 5

1

2

3

Ps.
Augu*stinus*

[Duo] s*u*nt genera detractor*um*

---

6 detra[c]toribu*s*] -c *om.* Me 8 vel] aut Ma 9 extol[l]itur]
-l *om.* Me 10 q*u*od] quia Ma 18 benefacitis] bene facis Ma
31 Duo .*in rubric*] Tria Me Pr[i]mi] -i *om.* Me 33 euomit]
euomu*n*t Ma

deteriores, simulantes amiciciam, capud declinantes, sus-
pirantes priusquam aliquid dicant, tristem wltum pretendunt, prologum premittunt et a longe inchoant et cum
totum fecerint, totum est atrox venenum. 'Heu!' dicit,
'doleo. Ve mihi pro eo quod talis aut talis sic diffamatur. 5
Satis laboraui sed non potui hoc corrigere. Dudum est
quod sciui sed per me numquam fuisset propalatum. Sed
nunc est sic diuulgatum per alios quod ego hoc negare non
possum. Malum est vt dicitur sed in veritate adhuc est
deterius. Anxius et dolens sum quod debeo hoc dicere sed 10
certe sic est et de hoc est dolor ingens quia in alijs est
multum comendandus sed non in hoc ; de quo valde doleo.
Non possum eum excusare.' Hij sunt serpentes diabolici,
de quibus Ecclesiaste x, supra, et in Psalmo : Venenum
aspidum sub labijs eorum. Dominus per graciam aures 15
claudat fidelium ne fetorem hunc senciant quem detractores discooperiunt. Si aperirent ipsis qui peccant et
operirent alijs, bene facerent. Nunc faciunt omnino econtra.

Et peccant qui audiunt, quia detractoribus in hoc con-
senciunt, quia nemo inuito auditore libenter refert. 20
Prouerbiorum xxv° : Ventus aquilo dissipat pluuias et
facies tristis linguam detrahentem. Econtra qui detra-
ctores libenter audiunt quasi salsam parant | comedentibus. f.100 b
Dum enim detrahentes uiuencium carnes rodunt et come-
dunt, alij verba detractionis libenter audientes ipsos 25
detractores faciunt delectari in detrahendo ; et sic libens
auditus audiencium fit detrahentibus seu alios comedenti-
bus quasi condimentum detractionis.

Carissime sorores, teneatis aures procul ab omni loquela
mala, que est triplex : ociosa, turpis et atrox. Dicitur de 30
Anachoritis quod fere quelibet habet auem ad fouendum
suas aures, garulam ad garulandum omnes narrationes
que sunt in terra, rikelotam ad fabulandum quicquid

Anchoresses are
accused of
gossip.

4 fecerint] fecerit Ma   7 sciui] written above sustinui crossed
out Me ; sciui Ma R V¹   12 non] non est Ma   18 omnino] om.
V¹ econtra] econtrario Ma   20 refert] proferret, -t over an
erasure Ma   24 detrahentes] detractores Ma   26 sic] om. R
31 auem] -e written over an erasure Me ; auem Ma ; auum R V¹
33 rikelotam] Rikelotam Me R V¹ ; Rykelotam Ma

uidit *et* audit,—ita q*uod* prouerbial*iter* d*i*ci*tur*: A molen-
dino, a mercato, ab officina fabri, a domo Anachorite
(M. 90) portantur rumores. | Heu! dom*us* Anachorite qu*e* deberet
e*ss*e loc*us* solitariu*s* equiparatur tribu*s* lócis in quibu*s*
5 maxima est loquacitas. Dictum est ia*m* singillatim de
oc*u*lo, ore, *et* aure. Nu*n*c de hij*s* tribu*s* communiter est
dic*e*ndum.

C ustodiendi su*n*t dicti sens*us*, primo, propter zelum
Dei omnia videntis *et* audientis. Zacharie viij°. a:
10 Zelat*us* sum Syon zelo magno. Attendat anima fidelis
cui*us* est sponsa *et* q*uod* sponsu*s* e*st* zelotipus. Exodi xx. a:
Ego su*m* Domin*us* Deus tuus fortis zelotes visita*n*s, *et* cetera.
Nota q*uod* dicit Zacharia*s*, 'zelo magno.' No*n* solum
dicit, 'zelatus su*m* Syon,' s*ed* addit, 'zelo magno'. Sapien-
15 tie j°: Auris zeli audit omnia; *et* uulgariter d*i*ci*tur*: Vbi
amor, ibi oc*u*lus. Custodiat ig*itur* anima diligenter se q*u*ia
auris *et* oc*u*lus Dei semp*er* e*st* erga ea*m* attendens vtrum
gestu*m* aut uultu*m* laxet ad vicia. Et bene significat*ur*
anima per Syon q*u*ia Syon interpretat*ur* 'speculum' aut
20 'speculacio', q*u*ia quasi Dei speculu*m* est. Cantici ij°:
Ostende mi*h*i faciem tua*m*; q*u*asi diceret, 'me singulariter
respice *et* no*n* alia'. Boec*ii* de *Consolatione* Philosophie
v° versu*s* fine*m*: Magna nobi*s* indicta est necessitas
probitatis cu*m* omnia agamu*s* an*te* oculos iudicis cuncta
25 cernentis. Hebre*orum* iiij°: Omnia nuda *et* aperta su*n*t
oc*u*lis ei*us*. Ps*a*l*m*ista: Seruaui mandata tu*a* *et* testi-
f. 101 a monia tu*a* | q*u*ia omne*s* vie mee i*n* co*n*spectu tu*o*.

Secundo, propter modu*m* Domini quasi sponsi pudorati
et ideo solitudinem diligentis. Osee ij°: Duca*m* ea*m*
30 i*n* solitudine*m* *et* loquar ad cor ei*us*. Tercio, propter

Sight, speech,
and hearing
considered to-
gether.

Zach. 8. a

Exod. 20. a

Boec*ii* de
Consolatione
Philosophie
v°

You are brides
of Christ, and
must renounce
all worldly
sights.

2 domo] dono Ma   5 loquacitas] loquacitatis *with* -ti *marked
for deletion* Me   iam] *om.* Ma   8 margin] *rubric in different
hand,* De visu, loquela *et* auditu in commu*n*i Me; Nota bene de
vis[u] *et* loquela *et* audit[u] in communi Ma; *same phrase as added
in* Me, *in margin* R; *in text after* dicendum (*l.* 7) V¹   11 sponsa]
-a *written above* -s *over an erasure, probably* -us *sign* Me;
sponsa Ma; sponsus R V¹   16 anima] *written after* se *but
marked for insertion before* diligenter Me; *om.* Ma   19 aut]
uel Ma

distract*ionem* cordis *per ip*sa sensata exteriora *per quam*
quidem distract*ionem* priuat*ur* delectat*ione* spirit*u*ali. |
A*nima* en*im* est thalam*us* Dei *et quanto* magis vacat (M. 92)
exteriorib*us*, tanto min*us* senciet interioris *c*onsolationis
lum*en*. G*r*egoriu*s*: Qui exteriori oculo negligent*er* vtitur, 5
iusto Dei iudicio interiori cecat*ur*; *et* ideo sic vt*entes*
limpida*m* Dei cognit*ionem* no*n hab*ent *et per c*onsequens
nec ei*us* sup*er omnia* dilect*ionem*, q*uia* secund*um* modum
cognit*ionis* est modus amoris *et c*onsequentis delecta-
t*ionis*; *et* ideo conet*ur* an*ima* ut om*ne*m mundan*am et* 10
terrena*m* presura*m* expellat a corde *et* fiat exterius q*uasi*
ceca, vt *in*teri*us* illustret*ur* lu*mine* clariore. Sic Iacob,
si*c* Thobias cecati *sunt* corporalit*er*, sp*iritualit*er illu*mi*nati
a Deo *et* in ei*us* dilect*ione per c*onsequens inflammati. Hec
int*er*ior lu*min*atio seu illus*ra*cio sic illustrat a*n*imam vt 15
tunc videat mu*n*du*m* q*uia* van*us* est *et* q*uasi* nichil; vt
uideat q*uod* fomentu*m* mu*n*di falsum est; vt videat

Look at your own sins and at the joys of heaven.

fraudes dia*b*oli q*uibus* miseros defraudat; vt uideat defect*us* proprios peccat*orum* quos corrigat; vt uideat penas
inferni t*e*rrentes *et* sic eas *et* peccata fugiat q*ue* ad eas 20
perducunt; vt videat sp*iritualit*er celestia gaudia q*ue*
cor ad ea p*er*quirenda excitet *et* incendat; vt videat
tanq*uam* in specu*l*o virginem beatam cum virginib*us*
gloriosis, excercitum angel*orum et* | chor*um* sanctorum (M. 94)
omniu*m* ac Deu*m* sup*er* omne*s* ipsos benedicentem *et* 25
coronan*tem*. Hec visio plus fouet *et c*omfortat a*n*imam
quam visio q*uecumque* mundana. Sancti hoc experti
sciu*n*t q*uod* q*ue*libet mundana leticia indigna e*st* huic
leticie *c*omparata. Apocalyps*is* ij°: Vincenti dabo manna
absco*n*ditum, *et c*etera, quod nemo s[c]it n*is*i qui accip*i*t. 30
Hoc scire est ex sp*irit*uali visione, auditu seu gustu q*ue*
h*a*bebunt q*ui* pro Dei amore se abstinent ab auditi-
b*us* mu*n*danis, a loquelis t*er*re|nis *et* visionib*us*. j ad 101 b

2 priuat*ur*] priuatus Ma   8 secund*um* modu*m*] modus Ma
15 lu*min*atio] illuminacio Ma R V¹   20 fugiat] fugeat V¹
25 omne*s*] omnia Ma   27 Sancti] Sancti quo*que* Ma   30 s[c]it]
sit Me   31 est] om. Ma   33 visionib*us*] uisionib*us* carnalib*us*
Ma R

Corin*thios* xiij⁰ : Videm*us* nunc *per* spec*ulum in* enigmate,
tunc aut*em, et cetera.*

Qu*arto, propter* ampliore*m* mercede*m* eterna*m.* S*ic*
enim disposuit Deus iust*us* iudex vt vn*us*qui*s*q*ue* propria*m*
5 mercede*m* accipiat secundu*m* suu*m* labore*m.* Ideo
co*n*ueniens videt*ur* ut illi *pre* ceteris claritatis dotem
ha*b*eant *et* agilitatis q*ui* hic *pro* Deo se obscuraru*n*t *et*
ampli*us* se incluseru*n*t nec uolu*n*t homi*n*es videre nec ab
homi*n*ib*us* uideri. Beati tunc eru*n*t agiles sic*ut* nunc
10 me*n*s huma*n*a, sicut radi*us* ab orie*n*te *p*rote*n*sus *in* occi-
dens, sicut aperitio oculi. S*ed* hic inclusi eru*n*t, si fieri
possit, adhuc leuiores *et* agiliores, ludentes sine co*m*-
pedi*bus* qu*orumcumque* impedime*n*to*rum in* amplis
celo*rum* pascuis, ita q*uod* corp*us* erit *in* mome*n*to vbi-
15 cumq*ue* volue*r*it sp*iritus.* Ista e*st* dos q*uam* dixi inclusas |
(M. 96) *pre* ceteris ha*b*ituras. Alia dos est ex visu, q*uia* beati
eru*n*t clari ut sol. Sa*p*ie*n*tie iij⁰ : Fulgebu*n*t iusti *et* tanqu*am* scintil*le, et cetera. Matthei* xiij : Tunc iusti fulgebu*n*t
sicut sol, *et cetera.* Eru*n*t *enim* tunc corpo*r*a sp*iri*tualia
20 agilia secundu*m* voluntatem sp*iritus.* Omnia in Deu*m*
videbu*n*t. *Gregorius*: Quid e*st* quod nesciu*n*t vbi scie*n*tem *Gregorius*
om*n*ia sciu*n*t ? Ha*n*c dupplice*m* dotem eminencius habe-
bu*n*t qui, ut di*c*tu*m* est, ab aspectib*us et* motib*us* ampli*us*
se co*n*stringu*n*t.

25 Si q*uis* igit*ur* multu*m* postulet Anachoritam uel sancti-
monialem videre, queratur ab eo cui*us*modi bonu*m* ex *Do[c]trina*
huiusmod*i* visione prodiret. Multa *enim* mala ex hoc *contra*
uideri possu*n*t *et* nullu*m* comodu*m.* Si *in* postulando *impudicos*
immode*ratus* existat, minor e*st* ei fides adhibenda. Si ita
30 deliret q*uod* manu*m* porrigat aut illecebrosa *verba* loqua-

---

1 *per*] quasi *per* R 5 accipiat] accipiet, *the* -et *over an*
erasure Ma 6 co*n*ueniens] consequens Ma *pre* ceteris] *written*
as one word Me. 10 occidens] occidentem Ma 11 aperitio]
first -i *inserted above line* Me; apercio Ma; apertio R 15 Ista . . .
dos] Iste sunt dotes R 25 postulet] postulat *with* -e *written above*
-a *marked for deletion* Me 26 ab eo] *om.* Ma 27 *marginal*
note] *written in text after* prodiret; -c *of* doctrina *om.*; *crossed out,*
written in margin in different hand Me; *om.* Ma; *in margin* R
huiusmodi] eius Ma prodiret] prouideret Ma

tur, nullaten*us* ei respon*dendum* est *sed* statim receden-
dum manifeste dicendo, 'Declinate a me, maligni, *et*
scrutabor ma*ndata* Dei m*ei*.   Narrau*erunt* m*ihi* iniqui
fabul*ationes* *sed* *non* vt lex tua'; *et* ad altare *est* acceden-
dum dicendo Psal*mum*: Miserere.   H*uiusmod*i impudici 5
non *sunt* al*iter* castigandi q*uia* i*n* ipsa castigat*ione* poss*et*
tal*iter* respon*dere* *et* forsita*n* sic sufflare q*uod* scintilla i*n*

Querela
proci
ign*em* excresceret.   Nulla proci procacitas est | atrocior f. 102 a
illa q*ue* fit *per* modu*m* querele, sic*ut* si dic*er*et, 'P*ro* morte
sustine*nda* nollem feditate*m* aliq*uam* cogitare erga te; *sed* 10
si iurasse*m*, op*ortet* me te dilig*ere*.   Quis ita anxiat*ur* ut
ego?   Crebru*m* sompnu*m* aufert a me.   Nu*n*c anxior q*uod*
hoc scis.   *Sed* indulgeas m*ihi* q*uod* hoc t*ibi* dixi *et* si furere
debere*m*, nu*m*quam scies a*m*plius q*uo*mo*do* mecu*m* stat.'
Et forsan tu*n*c diuertit ad alia verboten*us*, corde i*n* 15
primo p*ro*posito remane*n*te.   Iux*ta* ill*ud* Anglice: Euere
is þe eẏe to þe wode lẏe. | *Et* post*quam* recesserit, audita (M. 98)
verba mul*ier* in corde reuolu*i*t cu*m* deber*et* alijs i*n*tend*ere*.
Ip*se* alias hora*m* captat p*ro*positu*m* promoue*n*di, pactu*m*
ru*m*pit q*uod* sup*erius* promisit, iurat q*uod* op*ortet* neces- 20
sar*io* *et* sic crescit malu*m* semp*er* i*n* peiu*s*; q*uia* n*u*lla
peior inimicicia q*uam* que spem h*abet* amicicie.   Boec*ius*:
Nulla pestis peior q*uam* familiaris inimicus.   Ideo n*u*llus
eis pa*n*dend*us* adit*us* resp*ond*endo, q*uia* [i]j ad Tim*otheum*
ij⁰ dic*itur*: Sermo eor*um* ut cancer serpit.   Ideo, ut pre- 25
dic*itur*, est q*ua*ntoci*us* recede*n*dum.   Non e*n*im melius
procurat*ur* salus propria nec meli*us* conclud*itur* tempta-
tori.   Psal*mista*: Beatu*s* qui tenebit *et* al*lidet* p*aruulos*
suo*s* ad pe*tram*; *et* Boec*ii* de Disc*iplina* Scolar*ium*: Vt quid

5 Miserere] miserere mei Ma   6 f. quia ... sufflare] q*uia* ip*sa*
posset tal*iter* resp*ondere* *et* ip*se* loqu*i* *et* sic forcita*n* sic sufflare;
resp*ondere* ... forcita*n* *written over an erasure* Ma   8 *marginal note*] *written in text after* excresceret, *crossed out and written
in margin* Me; *om.* Ma; *in margin* R   Nulla proci] proci *om.* Ma
atrocior illa] *written also at foot of* f. 101 b Me   9 si] si quis Ma
16 Anglice] *om.* Ma R   16 f. Euere ... lẏe] Euere ẏs the ẏȝe to þe
wode lyȝhe Ma; euere ys ye eẏe to þe woode ly R   23 pestis
peior] *order reversed but marked for arrangement given above* Me;
peior pestis Ma R   24 [i]j] i *om.* Me   29 quid] qui Ma

primis motib*us* meis no*n* restitistis? No*t*a narrati*onem* No*t*a
de filio mordente nas*um* *p*at*r*is c*um* ducebat*ur* ad pati-
bul*um*.

　　Ad hoc a*utem* excitat*ur* sponsa i*n* Cant*ico* Canticor*um*
5 ij°: En dilectus m*e*us loquitur mi*h*i. Surge, *p*ropera,
amica mea, columba mea, formosa mea, *et* veni, ostende
mi*h*i faci*em* tuam, sonet vox tua i*n* aurib*us* meis; qua*s*i
diceret, 'Auerte te a mu*n*danis *et* terrenis *et* *con*uerte te
ad De*um*, spo*n*sum tuu*m*'. Hoc e*n*im mult*um* plac*et* Deo.
10 V*n*de subdit*ur*: Vox tua dulcis *et* facies tua decora. Ecce
(M. 100) q*uod* | tam vox q*uam* facies auert*j* debent a mu*n*danis *et*
carnalib*us* *et* *con*uerti ad spo*n*sum Chr*istu*m ut vox s*i*bi
dulcis *et* facies decora videat*ur* *et* *h*abeat*ur* amic*us* qui
millesies fulge*n*cior e*st* q*uam* sol.

15 　　Insup*er* aduertat a*n*ima, sponsa Chr*ist*i, quer*ens* Our Lord's
fome*n*ta carnalia seu mu*n*dana, q*uam* indigna*n*ter, deri- rebuke to the
sorie *et* iracu*n*die loq*ui*tur ei spo*n*s*us*. Cantici j°: Si anchoress who
does not guard
19 ignoras te, o *p*ulcherima i*n*ter mu*l*ieres, egredere *et* abi her senses.
f. 102 b *p*o*st* vestigia gregum tuor*um* *et* pasce edos tuos iuxta |
tabernacula pastor*um*; qua*s*i diceret, 'Si ignoras cui*us* es
spo*n*sa, q*uod* es facta regina celi, si spo*n*sa fidelis *p*er-
maneas, egredere a tanta excelle*n*cia *et* abi post gre*ges*
capr*arum*, i*d* est, *p*ost delectationes carnales q*ue* fetent ut
capre cor*am* Deo, *et* pasce edos tuos.' Isti edi s*unt*
25 qui*n*q*ue* sens*us* quos derisorie iubet in suis sensibilib*us*
pascere. Et bene dicu*n*tur sens*us* ed*i* q*ui*a sicut ex edo
(M. 102) fit ca*p*ra fetens, lic*et* edus carn*em* dulc*em* *h*abeat, sic | ex
suaui aspectu, auditu, tactu, gustu uel olfactu fit aliquociens fetens delectatio seu turpe *peccatum*. Num*quid*
30 aliquociens hoc experte s*unt* Anachorite uel *sancti*-
moniales exter*ius* rostrantes ad modu*m* auis i*n*discipli-
nate i*n* kagia exire nitentis? Num*quid* cat*us* inferni suis

---

　　1 meis] *crossed out* Ma　　4 Canticorum] *inserted above line* Me;
om. Ma; *in text* R　　8 terrenis] a carnalib*us* Ma　　8 f. te ad De*um*
. . . *conuerti (l.* 12)] *om.* Ma　　13 f. *second et* . . . sol] *om.* V[1]　　16
derisorie] irrisorie R　　17 *et* iracundie] *written after* loquitur
but marked for insertion as given above Me; *as corrected* Ma R
22 a] de Ma　　24 tuos] tu *in text crossed out;* tuos *written
in margin* Me; tuos Ma R　　30 hoc] hac R

vngulis cap*u*d cordis sic ros*tr*antis aliq*uo*ciens apprehendit? Sic certe! *et* p*ost*modum totum corp*us* extraxit
c*um* dirar*um* temptati*o*num vngulis ac fecit eam Deum
perd*er*e c*um* magna ignominia. Heu! quanta iactura *et*
ad q*uan*tum infortunium nisa e*st* sic ex*tr*a rostrare.   5
Indigna*n*t*er* ergo dicit: Abi post, *et* cetera; ac si diceret,
'Q*ue*re fome*n*ta carnalia q*ue* semp*er* in dolore *et* miseria
terminan*t*ur.   Illa accipe *et* me dimitte ex q*uo* hoc vis,
q*ui*a nullo mo*d*o simul habebis diuinum solacium *et* mundanum, gaudium sancti spiritus *et* leticiam carnalem. 10
Elige q*uo*d uolueris, q*ui*a simul non habebis vtrumque.'
'O pulc*r*a int*er* mulieres', inquid Dominus,—*etiam* nunc
hic adde, *etiam* in futuro pulc*r*a non solum int*er* homines
sed *etiam* inter angelos,—'numquid tu, cara sponsa mea,
seq*ui* debes greges caprar*um*? pulc*r*a sponsa Dei q*ue* ei*us* 15
osculum in cordis thalamo pet*er*e deberes, dicendo, Osculetur me osculo oris sui', Cant*ici* j°. Istud osculum e*st*
suauitas *et* delectatio cordis sic immense iocunda q*uod*
omn*is* sapor mundan*us* ei comparat*us* est amar*us*. Sed
isto osculo no*n* osculatur Deus a*n*imam alia a Deo sed non 20
in Deo diligentem, nisi illa propt*er* Deum q*ue* iuuant ad
habendum Deum.   Ecce q*uam* amicabil*iter* alloq*ui*tur
sponsus sponsam ut se c*on*uertat ad eum | *et* q*uam* terri-   (M. 104)
bil*iter* si se auertat.   Teneas te *in* tua camera, ne pascas
ext*erius* capriolas sed teneas *inter*ius tuum auditum, tuam 25
loq*ue*lam, tuum aspectum *et* claude fortit*er* portas oris, |
oculor*um* *et* aurium, q*ui*a frustra clauditur infra parietes   f. 103 a
uel muros q*ui* portas sensuum aperit, nisi pro diuino
munere suscipiendo seu a*n*ime fomento.   Vt *igitur in* prin-
cipi*o* dictum est, 'Omni custodia custodi cor tuum', q*uod* 30
quidem bene custoditur, si os, oculi *et* aures discrete
seruentur.   Sunt *en*im sens*us* qua*s*i vigiles cordis, q*uibus*
recede*n*tibus a custodia, cor male custoditur. Iam dictum
est de visu, auditu *et* loquela; n*un*c dicendum est de alijs
sensib*us*.   35

1 cap*u*d cordis] caput auis cordis V¹   apprehendit] reprehen-
dit V¹   5 ex*tr*a] om. R   13 *etiam*] *et* Ma   18 immense]
space left between i- *and* -m Me; in me*n*te Ma

ODor nasi est vnus quinque sensuum; de quo
Augustinus: De odoribus non satago nimis; cum
assunt non respuo; cum absunt non requiro. Dominus
tamen minatur illis qui in carnalibus odoribus delec-
5 tantur. Ysaie iij°: Erit pro suaui odore fetor. Econtra
celestes odores sencient illi qui de cilicio aut ferro aut
vestimento sudoroso seu odore spisso nunc sustinent
pro Christo fetorem. Verumptamen de hoc premunien-
(M. 106) tur fideles quam aliquando Sathan fetere facit | aliqua
10 quibus vti deberent ut ab illis se abstineant. Aliquociens
fraudator ex aliqua re occulta ascendere facit suauem
odorem quasi celestem ut fideles putant talia a Deo con-
cessa propter eminenciam vite et sic in superbiam
erigantur. Sed odor ex Deo proueniens magis confouet
15 cor quam nasum. Hec et huiusmodi fraudes orationibus
dominicis, aqua benedicta et sancte crucis signaculo
annullantur.

Si quis cogitaret quomodo Christus grauabatur hoc
sensu in monte Caluarie vbi pendebat in cruce, qui locus
20 erat trucidatorum vbi cadauera mortua fetencia plerumque iacebant, vbi fetorem cum penis alijs senciebat,
nocumentum odoris facile sustineret. Sic in alijs sensibus
grauabatur. In visu, videns matris et discipuli ac aliarum
sanctarum mulierum lacrimas et aliorum discipulorum
25 fugam, deserencium ipsum solum. Ipse ter lacrimatus est
qui se facie velari permisit ac etiam derideri, fidelibus
relinquens exemplum ut pro eius amore et in eius memoriam oculos velent quasi societatem ei ferentes. In ore
29 etiam aliquociens fortasse percussus cum conspuebatur,
f. 103 b deridebatur et alapis cedebatur; et fidelis | incipit pro leui
verbo furere quando Christus huiusmodi paciebatur. Et
cum Iudei os eius obtunderent pugnis funestis, Christianus

1 Ma has rubric: De odore et c.   9 quam] quod Ma
12 putant] putent Ma R   20 mortua] mortuorum Ma
25 Ipse] Iste R   28 velent] om. Ma   ferentes] after this word a
uanitate mundana compescant added Ma   29 conspuebatur]
spernabatur Ma   30 alapis] alipis R   31 furere] written
after incipit but marked for insertion after verbo Me; as corrected
Ma R

pro eius amore et sua propria vtilitate os suum claudere
labijs suis recusat.

De gustu   De gustu. Insuper fel gustauit ut nos doceret ne |
moleste feremus cibos aliquos uel potus. Ideo qui potest (M. 108
oblata commedere, comedat cum graciarum actione. Si 5
non potest, doleat quia necesse habet querere deliciosiora.
Priusquam tamen huiusmodi questus scandalum suscitet,
in sua moriatur erumpna. Licet enim mors sit quatenus
potest absque peccato pro uiribus fugienda, prius tamen
est sustinenda quam crimen committatur mortale. Et 10
nonne est graue peccatum si hoc fiat ut merito dicatur,
'Hec Anachorita est tediosa, querelosa et implacabilis;
si esset in medio mundi oporteret eam cum minori et
deteriori esse contentam'? Ridiculum videtur ad locum
religionis uenire, sponte Dei carcerem intrare, ad locum 15
inedie declinare et ibidem delicias et dominatum querere
ampliorem quam in mundo. Cogita igitur quid quesiuisti
cum mundo renunciasti, includendo te in claustro uel
domo deflere tua et aliena crimina et omni gaudio mundano carere ut sponsum gaudenter possis in celis am- 20
ple[c]ti celestem. Auribus sustinuit celorum Dominus
exprobrationes, derisiones et huiusmodi, qui tamen ad
nostram doctrinam dixit: Et factus sum sicut homo non
audiens et non habens in ore suo redargutiones. Hanc
doctrinam discere debet anima ab eo ut scire et discere 25
eam vere possit.

Iam dictum est de iiij^{or} sensibus; nunc dicendum de quin-
to, videlicet, tactu, cui adhibendum est maxime modera-
men | quia in eo tam pena quam delectatio maior existit. (M. 110)

The fifth sense **S**Ensus tactus est in alijs sensibus et in toto corpore et 30
is feeling. ideo custodia maiore indiget; quem Christus bene
custodiuit, in eo magis paciens ut nos comfortet, si pacia-

1 vtilitate] uoluntate Ma   3 De gustu] om. in text Ma R;
rubric, trimmed, reads: De Gust[u] nota bene Ma   8 enim]
om. Ma.   11 peccatum] ppeccatum Me   20 in celis]
om. R   ample[c]ti] ampleti Me   24-6 Hanc . . . possit] om.
Ma   27 dicendum] dicendum est Ma   30 second in] space
left in text after this word probably for rubric; de tactu written in
different hand in margin Me; De tactu Ma R

mur in eo, et ut nos auertat a carnalibus delectationibus
que maxime vigent in tactu. Quoad hunc sensum maxime
paciebatur Christus, nedum in una parte corporis sed in
toto et non solum in corpore verum etiam in anima. In

f. 104 a anima fuit | triplex dolor: vnus, in sue dulcissime matris
6 et aliarum sanctarum mulierum fletu; alius, in desercione
discipulorum et a fide discidencium, quia se ipsum non
adiuuarunt in pena; tercius, de eorum interitu seu dam-
pnatione qui eum i[n]terfecerunt, quantum ad quos omnem
10 suum laborem quem impendit in terra perpendit amissum.

In corpore quodlibet membrum secundum Augustinum
penam singulariter sustinebat. Bernardus: Quasi, inquid,
membris omnibus fleuisse videtur; quia ita anxius erat
(M. 112) sudor ille profluens a | suo corpore pro instante morte
15 anxia quam passurus erat, quod videbatur sanguis rubeus.
Luce xxijº: Erat sudor eius tanquam gutte sanguinis
decurrentis in terram. Insuper ita abunde et ita velociter
profluxit sudor ille sanguineus de ipsius benedicto corpore quod riuuli deorsum decurrebant in terram. Talem
20 horrorem habuit eius humana caro pro instantibus penis
horribilibus. Nec mirum, quia quanto caro viuatior,
tanto lesio sensibilior. Modica enim lesio plus grauat
oculum quam magna calcaneum. Caro uero cuiusque
quasi mortua censetur comparatione carnis Christi que
25 assu[m]pta fuit de virgine in qua nichil vnquam fuit quod
eam mortificaret et quam deitas inhabitauit; et ideo eius
pena maior penis illis quas mortales alij sustinebant.
Ecce exemplum. Homo infirmus sanguine non minuitur
ex illa parte vbi est infirmitas sed ex parte sana ut
30 infirma sanetur. Verum toto orbe peccatis infirmo, in
toto genere humano non potuit reperiri pars sana que
minui posset nisi solummodo corpus Christi, quod se
minui in cruce permisit, nedum in brachio sed quinque

The greatness of Christ's suffering.

pene in anima

pene in corpore

Nota

He was let blood for the sickness of mankind.

2 in] modo Ma   7 discidencium] decidencium *with first*
-e *marked for deletion and* -is *written above it* Me; decidencium
Ma; decedentium R   8 adiuuarunt] *second* -u *written above line*
Me; adiuuit Ma; adiuuarunt R   9 i[n]terfecerunt] -n *om.* Me
18 profluxit] profluit Ma   25 assu[m]pta] -m *om.* Me   de]
written above in *crossed out* Me; de Ma R

partite, ad sanandum genus humanum egrum infirmitate
quam quinque sensus ingesserunt. Sic pars sana partem
non sanam malo sanguine vacuauit et sanauit. Per
sanguinem enim in sacra scriptura significatur peccatum,
cuius ratio infra dicetur.   5

Sed notandum quod sponsus anime fidelis,—omnipotens
et saluator, Deus, Dei Filius,—sic minutus duram dietam
| in sua minutione passus est. Illi enim pro quibus est (M. 114)
passus conquerenti et dicenti, 'Sicio', non optulerunt
vinum, ceruisiam | aut aquam sed fel amarum. Vbi fuit f. 104 b
vnquam minuto tam misera pittancia oblata? Nec 11
tamen indignabatur sed humiliter gustando suscepit ut
nos instrueret. Quis ergo moleste feret si cibaria non
habeat delicata uel potus? Et certe qui pro hijs indi-
gnatur miseriorem pittanciam offert Christo quam fecerunt 15
Iudei sibi in sua siti fel offerentes. Sitis Christi est desiderium salutis animarum nostrarum. Indignatio seu
molestia cordis amari est nunc sibi acrior et amarior quam
fuit tunc fel. Non sit ergo anima, fidelis sponsa Christi,
socia Iudeorum vt fel offerat sed magis socia Christi ut 20
libenter gustet oblata quamuis amara corpori, sicut sunt
tribulationes, angustie seu defectus; et ipse retribuet in
regno celorum.

Let the
example of his
sufferings teach
the anchoress
to mortify her
senses.
Sic fuit Christus in quinque sensibus penis affectus et
precipue in tactu propter teneritudinem carnis ad instar 25
oculi; et ideo tactus est diligencius conseruandus. Manus
Christi cruci confixe fuerunt. Per illos clauos fideles
adiuro | ut manus suas contineant, quia manus extendere (M. 116)
non pro vtilitate sed pro delectatione est prouocatio ire
Dei. Quin immo manus respicere obest aliquociens 30

1 infirmitate] om. Ma   2 quam] quod Ma   Sic pars
sana] om. R   4 enim] om. Ma   8 first est] after this word
De gustu underlined and crossed through; de gustu Chr . . . written
in margin in different hand Me; om. in both text and margin Ma;
written only in margin R   9 optulerunt] followed by ei Ma
19 fuit] om. Ma   21 sunt] om. Ma   23 celorum]
After this word Ma adds: Seneca. Optima via viuendi eligenda est
quam consuetudo iocundam facit; same sentence in margin R
28 suas] suorum R   29 second pro] om. Ma

Anachoritis *que* propter ocium manu*s* optinen*t* delicatas.
Deberen*t* cotidie scalpere terram de nudo puteo in q*uo*
putrescent. Iste puteus prodest multis, q*uia* Ecc*lesiastici*   Eccl. 7
vij°: Memorare nouissima tua *et* in eternum non peccabis.

5 Si q*uis* cogitaret districti iudicij diem vbi tremebunt
angeli *et* terribilia at*que* sempiterna supplicia inferni ac
sup*er* omnia passionem Christi, quomo*do* paciebatur *in*
suis q*uinque* sensibus, vt predictum e*st*, non leuit*er*
sequeret*ur* delectationes carnales.

10   Hec sufficient de q*uinque* sensibus iam dicta, q*ui* sunt
quasi exteriores custodes cordis in q*uo* e*st* uita a*n*ime, ut
supra dictum est in pri*n*cipio huiu*s* partis: Omni custodia
custodi cor tuum q*uonia*m ex ipso vita procedit. Nunc
Dei gracia duas *par*tes transiuimu*s*; accedamu*s* ad ter-

15 ciam cum Dei adiutorio. |

(M. 118)
f. 105 a
MEe care sorores, sicut custoditis v*estr*os sensu*s* ex-
teriores, ita sup*er* omnia | videatis ut sitis i*n*terius
mites, benigni *et* humiles, dulces corde *et* pacientes co*n*tra
iniuriam verbi *et* operis, ne totum perdatis. Contra

20 Anachoritas amaras ait Dauid: Simil*is* factu*s* sum pelli-   Pellicanu*s*
cano solitudinis. Pellicanu*s* est auis ita iracunda q*uod*   Iracu[n]dia
iracundia pullos suos i*n*terficit q*uando* pellicanum prouo-
cant; *et* cito post ita co*n*tristatur *et* dolet *et* cum rostro
quo pullos i*n*terfecit se percutit *et* a pectore sang*u*inem

25 extr*a*hit *et* sanguine reuiuiscunt pulli i*n*terfecti. Pelicanu*s*
e*st* pecca*t*or iracundus; pulli, bona opera q*ue* necant*ur*
rostro iracundie. S*ed* cum sic fecerit, faciat sicut pellicanu*s*: cito doleat *et* suo rostro pectus percuciat; hoc est,
confessione oris q*uo* pullos occidit extrahat sa*n*guinem

30 peccati a pectore, hoc e*st*, a corde i*n* q*uo* e*st* vita a*n*ime;

---

2 nudo] *om.* Ma   4 tua] *om.* Ma   5 cogitaret]
recogitaret Ma R   10 q*ui* su*n*t] *om.* R   15 Dei]
Christi *after* adiutorio Ma R   16 *Space is left in the text at
the ends of the first two lines of this section* Me; *rubric*: Incipit
tercia pars huiu*s* operis Ma; *no heading* R   20 Simil*is*]
Simul*is* *with first stroke of* -m *marked for deletion* Me   21
margin Iracu[n]dia] -n *om.* Me   22 iracundia] ex iracundia R   25 Pelicanu*s*] Iste pellicanu*s* Ma   26 bona] vero
bona Ma

et sic reuiuiscent pulli qui sunt bona opera. Sanguis

Quare pec-
catum
significatur
per sangui-
nem significat peccatum, quia sicut sanguinolentus est horribilis *et* odibilis oculis hominis, ita peccator oculis Dei.
Iterum, quia sanguis iudicari non potest dum est calidus
antequam frigescat, sic nec peccatum dum cor bullit per 5
iram non recte iudicatur; vel dum appetitus feruet
erga peccatum, non potest homo iudicare de eo quod
appetit nec de eo quod ex ipso potest prouenire. Sed
transeat appetitus *et* post placebit. Permittatur cali-
dum tepescere sicut cum iudicatur sanguis *et* tunc 10
recte iudicabis peccatum turpe *et* detestabile quod
prius pulcrum videbatur, *et* tantum malum ex ipso pro-
cessisse si | commissum fuisset dum feruor durauit, quod (M. 120)
homo iudicabit se ipsum quasi amentem dum sic facere
cogitauit. 15

Sic est de quolibet peccato, propter quod per sanguinem

Versus
Ira est Maga significatur, *et* precipue de ira. Impedit ira animum ne
possit cernere uerum. Maga quedam est transformans
naturam humanam, que rapit ab homine intellectum,

Wrath changes
a man or
woman into a
wild beast. inmutat wltum, transformat eum ab homine in naturam 20
bestie. Femina jrata est lupa; homo, lupus uel leo aut
vnicornis. Dum ira est in corde, licet dicat horas, pater-
noster *et* aue, nichil agit nisi quod vlulat. Vocem lupinam
habet in auribus Dei *et* quasi transformatur in lupum in
oculis eius. Ira furor breuis | est. 5 Moralium 8. e: Cor f. 105 b
palpitat, corpus tremit, lingua prepeditur, facies ignescit, 26
exasperantur oculi *et* nequaquam cognoscuntur noti.
Iratus enim quomodo respicit? quomodo loquitur? quomodo se habet cor interius? quales sunt gestus [ex]teriores?
Neminem agnoscit. Quomodo est tunc homo? Est enim 30
homo animal mansuetum natura. Quam cito ergo

---

1 opera] *After this word* Ma *adds*: Cesset ira. sopiantur iurgia.
gregor. In cassum caro atteritur si a prauis suis voluptatibus
animus non refrenatur. Ecce in die iuiuii [*sic*] vestri inueni-
tur uoluntas vestra. ecce ad lites *et* contenciones ieiunatis *et*
percutitis pugno impie *et* omnes debitores vestros repetitis
7 erga] *contra* R   homo] *om.* R   20 inmutat] *et* mutat Ma
26 facies] facie Ma   27 *et*] *om.* Ma   cognoscuntur] noscunt R
29 [ex]teriores] R; interiores Ma Me

mansuetudinem amittit, *et* naturam humanam, *et* ira eum
transformat *in* bestiam, ut *predictum* est. Et *quid si*
sponsa Christi transformetur in lupam, nonne hoc dolor
ingens? Non restat nisi abicere pellem pilosam circa cor
5 *et cum* mansueta reconciliatione cor mollire *et* lenire sicut
naturaliter est pellis muliebris. Cum pelle enim lupina
nichil quod facit erit Deo acceptum.

Ecce contra iram multa remedia. Si maledicatur tibi,
(M. 122) cogita quia terra es. | Nonne terra conteritur? con-
10 spuitur? Licet sic tibi fieret, non fieret aliud quam quod
iustum est fieri terre. Si latres contra, canine nature es.
Si pungis contra verbis venenatis, tu es genimen vipere,
non sponsa Christi. Cogita, numquid sic fecit Christus?
Ysaie liij°: Qui tanquam ouis ad occisionem ductus et non
15 aperuit os suum. Post probrosas penas quas passus est in
nocte, ductus est mane ad suspendium et perforarunt eius
quatuor menbra clauis ferreis nec magis clamauit quam
ouis.

Iterum cogita, quid est verbum nisi uentus? Nimis
20 debilis est quem flatus venti prosternit in culpam.
Iterum cogita, nonne se ostendit esse puluerem et instabile
quid qui vento verbi excutitur? Idem flatus venti, si
tibi subiceretur, te eleuaret versus celi gaudia. Sed nunc
est mirum. Beatus Andreas pati potuit quod dura crux
25 eum versus celum leuaret et tamen eam amicabiliter
amplexatus est. Sic Laurencius passus est craticulam
cum ardentibus prunis eum eleuare. Beatus Stephanus,
quod lapides quibus lapidatus est eos gaudenter suscepit
et genibus flexis pro lapidantibus orauit. Et nos pati
30 non possumus vt ventus verbi nos eleuet versus celum sed
sumus amentes contra eos quibus regratiari deberemus
tanquam nobis seruientibus de magno seruicio, licet

3 transformetur] transformatur R   11 latres] latras R
13 non] et non Ma   numquid] -quid written over an erasure and
space before sic Me; num Ma R   sic . . . Christus] sic Christus
sic fecit Christus R   14 ouis] om. Ma   16 nocte] corrected
from morte Me; nocte Ma; morte R   22 venti] uerbi Ma
23 tibi] a te Ma   26 Sic] sicut Ma   28 est] erasure after
this word Me; est et Ma R

Marginal notes:

Remedium
contra iram
Nota bene

Against wrath,
think of the
patience of
Christ and the
saints.

The windy
puff of a word.

14. **Moralium** inuitis. *Gregorii* xx° Moralium, 5. f: Vtilitati | inno- f. 106 a
5. d: Hoc
habere solet cencium militat vita prauorum. Impius uiuit pio, velit
proprium nolit. Quicquid enim impius facit ad malum, totum cedit
mens piorum
quod cum pio in | bonum; totum incomodum et ad fabricam eri- (M. 124)
iniusta
patitur non gendam versus gaudium. Permittas ergo eum et gau- 5
tam ad iram
quam ad denter tuam parare coronam. Cogita quomodo in Vitis
preces Patrum sanctus osculatus est et benedixit manum illius
mouetur, et
cetera qui eum leserat et eam diligenter osculandam intime dixit:
'Benedicta sit semper ista manus quia parauit mihi
gaudium celeste'. Tu ergo similiter dicas de manu te 10
ledente et ore tibi maledicente, 'Care frater, cara soror,
benedictum sit os tuum quia ex eo facis instrumentum ad
fabricandam mihi coronam. Bene est mihi pro meo
commodo et male pro tuo dampno, quia mihi prodes et
tibi da[m]pnum infers.' Sic est dicendum maledicenti 15
uel ledenti. . Sed mirum est, si sanctos attendamus, quomodo wlnera passi sunt in suis corporibus et nos furimus
si ventus aliquis flet contra nos modicum. Ventus autem
non wlnerat nisi solum aerem. Ventus autem qui verbum
effatum est nec te wlnerare potest in carne nec fedare in 20
Bernardus anima, nisi tu hoc facias. Bernardus: Quid irritaris?
Quid inflammaris ad verbi flatum, qui nec carnem wlnerat
nec inquinat mentem? Satis videtur quod modicus fuit
ignis caritatis flammantis ex amore Dei quem vnus flatus
extinxit, quia vbi magnus est ignis, excitatur et crescit 25
feruenter.

Remember Contra nocens factum et maledictum ecce remedium,
what God has
forgiven you. discite exemplum. Incarceratus pro redemptione obliga-
tus, qui nullo modo posset a carcere liberari nisi per
suspendium uel solutionem plenariam aut redemptionem, 30
—nonne multum regraciaretur illi qui eum cum sacco
peccunie percuteret ad eum redimendum et liberandum a
pena? Licet eum dure contra cor percuteret, obliuioni

1 *marginal note*] vnde *and mark of insertion, both in different
ink, added before quotation; corresponding mark of insertion set
after* ledenti (*l.* 16) Me; *quotation included in text after* prauorum
(*l.* 2) Ma; *in margin* R　　3 ad] *om.* Ma　　15 da[m]pnum] -m
om. Me　　est] est idem Ma　　25 vbi] verbi R　　31 illi] ei Ma

(M. 126) cito lesio tradere*tur propter* | gaudiu*m* liberat*io*nis. Sic
om*n*es sum*us* hic *in* carcere Deo m*ul*tipl*iciter* obligati;
propter qu*od* dicim*us*, 'Dimi*tte* nob*is* debita n*ost*ra sic*ut*
et nos dimi*ttimus* debitoribu*s* nostris'. Iniùria nob*is* facta
5 ver*bo uel* opere est n*ost*ra redem*p*tio qua redimendi
sum*us et* qu*a* debita solu*e*nda p*ro* quibu*s* Deo tenem*ur*,
qu*e* sunt peccata n*ost*ra, q*uia* sine h*uius*modi soluti*o*ne
non libera*tur* quis a carcere nis*i* statim ad *sus*pendium
f. 106 b u*el in* pena | purgatoria *uel* in pena *in*fernali. *Et* Domin*us*
10 dicit, Luce vj°: Dimittite *et* dimi*tt*et*ur* vobi*s*; ac si
diceret, 'Debitor es m*ihi* pro peccato. Vis bonum pactu*m*
inire: q*ui*cqu*id* tib*i* maledi*ctum uel* malefa*ctum* fu*er*it a
q*uo*cumqu*e*, illu*d* uolo accipere *in* partem solutio*n*is debiti
qu*o* mi*hi* ten*er*is.' Nunc ergo, licet verb*um* durum te
15 percuciat *in* pectore p*ro*ut ab inicio tib*i* videtur, cogita
sicut cogitaret incarcerat*us* percussu*s* sacculo peccunie *et*
illu*d* suscipe libenter p*ro* liberatio*n*e tua; regraciare ei
q*uia* tib*i* p*ro*dest, si pati scias; q*uia* sicut Dauid dic*it*,
'Domin*us* reprobos ponit *in* suis thesauris quibu*s* con-
20 ducit electos pugnatores'. P*salmista*: Ponens *in* thesauris abissos; glo*s*a: crudeles quibu*s* domat milites
suos.

Insuper pellicanu*s* est auis solitaria seu sola. Sic
Anachorita sola debet esse. Iudith viij°: Sola *in* cubiculo **Iudith 8**
25 ieiunabat omnibu*s* diebu*s* vite sue *et* induebat*ur* cilicio.
Iudith significat Anachorita*m* inclusam que ducere tenetur
(M. 128) vita*m* asperam secundum possibilitatem suam, | non sicut
porc*us* ad impingue*n*dum *et* dilata*n*dum ut securi occidatur.

Duo sunt genera Anachoritarum, de quibu*s* Christus
30 loquitur, Matt*hei* [v]iij°: Vulpes foueas habent *et* volucres **Mt. [8]**
celi nidos. Vulpes dic*it* Anachoritas fallaces *et* ypocritas, A covetous
anchoress is
like a fox.

7 h*uius*modi] eius Ma 14 durum] *written after* te, *marked
for insertion before it* Me; *om.* Ma; *order as originally in* Me *in*
R 15 tib*i*] *om.* Ma 20 pugnatores] purgatores Ma 21 domat]
last two strokes of -m *and* -at *written over an erasure* Me; donat
Ma R 28 porc*us*] porcus inclusus Ma impinguendum] im-
written above line Me; impinguandum Ma R securi] -i *written
above line over an erasure, probably, of a flourish on the* -r Me;
secure Ma; secure R 30 [v]iij°]xiij° *and* 13 *in margin* Me

q*uia* vulpis e*st* a*n*imal fallacissimu*m* *et* h*a*bet foueas in
te*r*ra, hoc est, mores te*r*renos et carnales. Vulpes att*r*a-
hunt i*n* fouea*m* qu*i*cqu*i*d rape*r*e possu*n*t. S*i*c Anachorite
congregantes temporalia vulpib*us* compa*r*antur. Ite*r*u*m*,
vulpis est a*n*imal vorax *et* falsa Anachorita ta*n*qu*a*m vul- 5
pis aucas deuorat *et* gallinas. Ite*r*u*m*, vulpis simplice*m*
se simulat cu*m* tame*n* sit a*n*imal dolosu*m*. S*i*c Anachorita
ypoc*r*ita putat Deu*m* decipe*r*e sic*ut* decip*it* simplices
homi*n*es,—*et* maxim*e* decip*it* se ip*s*am. Ite*r*u*m*, vulpis
vlulat. S*i*c Anachorita .ypoc*r*ita se iactat vbi audet *et* 10
potest *et* de uanis garulat. Item, vulpis fetet vbi tra*n*sit.
S*i*c aliqu*e* anachorite ta*m* seculares efficiuntur q*uo*d fama
ea*r*u*m* fetet, qu*i*a *l*icet male aga*n*t, pei*us* de eis d*i*citur.

She is like   *Huius*modi intrant domu*m* anachoriticam sicut Saul,
Saul, and not
like David.   no*n* sic*ut* Dauid int*r*auit foueam. | Ambo foueam int*r*a- f. 107 a
Regum 24   ue*r*unt, R*e*gum xxiiij°; *sed* Saul int*r*auit ad feces ponen- 16
du*m* in˙ fouea. S*i*c infelix Anachorita domu*m* intrat
anachoritica*m* ad peccandu*m* secreci*us* *et* feces carnales
ponendu*m* mag*is* qu*a*m in medio mu*n*di. Que e*n*im
maiore*m* opo*r*tunitatem h*a*bet ad peccandu*m* quam falsa 20
Anachorita? | Sed Dauid int*r*auit foueam ut se absco*n*- (M. 130)
deret a Saul qui eu*m* oderat *et* persequebatur ad occi-
dendu*m*. S*i*c bona Anachorita quam Saul, *id* *est*, diabol*us*,
persequitur, abscondit se i*n* fouea a sec*u*larib*us* homi*n*ibus
et peccatis. Propter hoc signi*fi*catur per Dauid, qui 25
inte*r*p*r*etat*ur* 'manu fortis *et* vultu desiderabilis oc*u*lis
Dei', qu*i*a fortis est con*tr*a dia*b*olu*m* *et* vultu desiderata
a Ch*r*isto. Falsa uero Anachorita sp*ir*itualite*r* est Saul,
qui inte*r*p*r*etat*ur* 'abutens' seu 'abusio', qu*i*a ipsa abuti-
tur nomine *et* omn*i* opere Anachorite. · 30

The good   Item, sicut s*u*prad*i*ctu*m* est, bona Anachorita est
anchoress is
like Judith,   Iudith qu*i*a clausa sicut ip*s*a ieiunat, vigilat, laborat,
asperam veste*m* gerit. Hec est de nume*r*o auiu*m* de
quib*us* loquitur Saluator: volucres celi nidos; qu*i*a non
fodit deorsu*m* in te*r*ra sicut uulpis per carnalem concu- 35

8 decip*it*] ipsa decipit Ma   16 *Regum*] j *written above line*
before this word in different ink Me   23 bona] *om.* Ma
28 Falsa uero] Sed falsa R

piscenciam sed sursum ponit nidum, hoc est, quietem
dimittit terrenam, hoc est, amorem terrenorum, et per
cordis desiderium volat sursum et petit celestia. Item,
licet aues alte volent, volando tamen capud deprimunt.

or like a bird that flies up towards heaven.

5 Sic bona Anachorita per humilitatem paruificat sua bona
opera facta uel dicta, sicut docet Saluator, Luce xvijᵒ: **Luc. 17. b**
Cum omnia bona feceritis, dicite, serui inutiles sumus.
Volatis sursum et tamen capud deprimitis deorsum per
humilitatem. Ale leuantes sursum sunt boni mores
10 mouentes ad bona opera, sicut auis cum volare voluerit
(M. 132) mouet alas. | Iterum, sicut aues volando de se ipsis
faciunt crucem, sic bone Anachorite in corde contrito et
carne afflicta crucem Christi portant. Item, aues modicum carnis habentes et multas pennas, sicut pellicanus,
15 bene volant. Strucio et huiusmodi aues carnose simulant
f. 107 b volatum; alas percuciunt sed pedes non eleuantur | a
terra. Sic carnales Anachorite per mores carnales et
concupiscencias volatum amittunt et, licet volatum simu-
lent loquendo forte de sanctitate vite Anachorite ac si
20 sancte essent, diligenter tamen considerans eas deridet
quia pedes, hoc est, affectiones, semper tendunt ad
terram sicut pedes strucionum. Iste non sunt similes
macro pellicano nec uolant sursum sed sunt terestres et
in terra nidificant. Christus autem aues dicit celi. Item,
25 aues celi volant sursum et sedent super ramos virides
cantantes amene. Sic bone anachorite cogitantes de
supernis celi gaudijs que numquam marcescunt sed semper virescunt, et sedent tanquam super ramum viridem
cantantes amene, hoc est, quiescunt in contemplacione et
30 sicut cantantes leticiam habent in corde. Auis tamen
propter necessitatem corporis quandoque pro cibo querendo descendit ad terram. Sed dum sedet in terra non
est secura sed vertit se semper et circumspicit diligenter.

---

5 paruificat] paruiuifacit Ma   6 opera] om. Ma   7 bona]
bene Ma R   serui] om. R   8 Volatis] uolate Ma   deprimitis]
second -i seems to be part of an erased -a Me; deprimatis Ma R
9 Ale] Ale enim Ma   18 concupiscencias] concupias R   29
quiescunt] conquiescunt Ma

Sic bona Anachorita, quantumcumque per contemplacionem sursum volet, oportet eam quandoque descendere
ad terram sui corporis commedere, bibere, dormire,
operari, loqui, audire, que oportuna sunt, licet terrena.
Sed tunc sicut auis debet uidere et circumspicere circum- 5
quaque | ne peccet, ne capiatur aliquo laqueo diaboli uel (M. 134)
ledatur dum deorsum sedet.

As the bird's nest is hard without and soft within, so must the anchoress discipline her flesh, and keep her heart sweet.

Volucres celi nidos habent. Nidus est asper exterius
ex pungentibus spinis, interius suauis et lenis. Sic
anachorita pati debet aspera in carne,—sic tamen discrete 10
quod possit dicere cum psalmista: Fortitudinem meam ad
te custodiam. Ideo sit pena carnis secundum qualitatem
cuiusque pacientis. Sic nidus asper exterius in carne sed
suauis et lenis interius in corde. Asperi et amari in corde,
molles et lenes in carne, faciunt nidum modo contrario, 15
sicut iracundi et tamen deliciosi, asperi interius ubi
deberet esse lenitas et exterius delicati vbi asperitas esse
deberet. Isti quietem non habent dum bene se recogitant,
quia tarde pullos producent de tali nido, qui sunt opera
bona, ut sursum ad celum volant. Iob xxix°, tanquam | 20
Anachorita, dicit: In nidulo meo moriar. Hoc spectat ad f. 108 a
anachoritam, ut numquam desistat dum uiuit dura pati
exterius more nidi et suauitatem tenere interius.

As the eagle puts in his nest a precious stone, so keep Jesus Christ in your heart.

A muto animali disce sapientiam. Aquila ponit in nido
lapidem nomine Achathem, quia nichil venenosum potest 25
lapidem contingere nec dum est in nido pullos suos ledere.
Iste lapis preciosus est Christus Ihesus, lapis fidelis et
potestate plenus super omnes lapides preciosos, quem
venenum peccati numquam contigit. Pone illum in nidum
cordis; cogita qualem penam passus est in | carne exterius, (M. 136)
quam suauis erat in corde interius; et sic fugare poteris 31
omne venenum a corde et amaritudinem a corpore, quia
in tali cogitatione, quantacumque sit pena quam pateris
pro amore eius, ipse maiorem passus est pro te; et sic

---

12 sit] sic Ma   20 volant] volent R   25 Achathem]
achatem Ma; achathem *with second* -h *added above line* R
26 suos] *om.* Ma   29 contigit] contingit Ma   31 quam
. . . interius] *om.* Ma

pena dulcescit. H*abe*ns istu*m* lapidem i*n* pectore vbi
nid*us* est Dei no*n* h*abe*t timere venenatu*m* serpente*m*
inferni ; pulli, *id est*, bona opera, sec*u*ri s*un*t a veneno.
Q*u*i no*n* p*otest* hunc lapidem preciosu*m* in nido cordis
5 h*abe*re saltem in nido dom*us* h*abe*at ei*us* similitudi*n*em in
ymagine crucifixi, que*m* sepe respiciat *et* osculetur loca
vul*n*erum in dulci memor*i*a veror*um* vul*n*erum q*ue* in
uera cruce pacie*n*ter sustinuit.

Reverence the crucifix, and confess often.

Quantu*m* potest sit Iudith, hoc e*st*, viuat i*n* asperitate,
10 confiteatur Dei benignitatem erga se *et* suos defect*us* erga
Deu*m* *et* de eo q*uod* male reddit debitu*m*, venia*m* imploret
et Dei m*i*sericord*i*am *et* sepe confiteat*ur*. Tunc e*st* Iudith
q*ue* Olofernem occidit, q*ui*a Iudith i*n*terpretatur 'confessio', q*ue* occidit dia*bol*um i*n*ferni. Ideo cuil*ibe*t sacer-
15 doti dic*it* primit*us* Anachorita, 'confiteor', *et* sepi*us*
confitet*ur* *et* sic Olofernem interficit, q*ui*a Olofernes secun-
d*um* ethimologia*m* nom*in*is est ' olens in inferno', secundu*m*
interpretatio*n*em, '[infirma*n*s] vitulum saginatu*m*', q*ui*a
infirma*m* facit carnem saginata*m*. Incrassat*us* est dilect*us*
20 *et* recalcitrauit. Quasi dicat Domin*us*, 'Dilect*us* me*us* est
inpinguat*us* *et* calce me percussit'. Qua*m* cito en*im* |
(M. 138) caro h*abe*t q*uod* appetit, statim recalcitrat sicut iumen-
tu*m* crassum *et* ociosum. Hostis h*abe*t potestatem infirma*n*di istum crassum vitulum *et* inclinandi ad p*e*ccatum.
f. 108 b S*ic* enim i*n*terpretatur nomen | Olofernis. Sed Anachorita
26 d*e*b*e*t e*s*se Iudith per dura*m* vita*m* *et* vera*m* co*n*fessione*m*
et occidere d*e*b*e*t Olofernem sicut Iudith fecit, domare
bene carnem suam qua*m* cito sentit q*uod* nimis siluestr*it*
cum ieiunijs, vigilijs, cilicio, duro labore *et* diris
30 disciplinis. .

Judith and Holofernes.

Iudith. 2

Deut. 32

Tame the flesh with discipline.

Sapie*n*ter tame*n* et prude*n*ter d*e*b*e*t carnem domare.

6 sepe] *om.* Ma   10 *second* erga] *contra* R   12 *marginal
reference*] *marked in different ink for insertion before* q*ui*a Me ; *om.
in text and margin* Ma R   18 [infirma*n*s]] *om.* Me R; *given in*
Ma   19 *marginal reference*] *set opposite line* 13; *marked in
different ink for insertion before* Incrassatus Me; *om. in text and
margin* Ma R   21 inpinguat*us*] inpugnat*us* Ma   25 en*im*]
om. Ma   29 diris] duris Ma   31 carne*m*] carnem sua*m*
Ma

sal sapiencie Habete, inquid, sal in uobis. Iterum, in omni sacrificio
Leuit. 2 offeretis mihi sal: Leuitici ijⁿ. Sal significat sapienciam,
quia sal dat cibo saporem et sapiencia dat operibus nostris saporem sine qua opera nostra Deo sunt insipida.
Iterum, sine sale caro generat vermes. Iterum, sine sale 5
cito fetet et putrescit. Sic sine sapiencia caro tanquam
vermis corrodit et destruit se ipsam, corrumpit et tandem
occidit. Set tale sacrificium fetet coram Deo. Licet caro
sit nobis inimica, preceptum tamen est ut eam susti-
neamus. Punire eam oportet sicut meretur sed non penitus 10
occidere. Quantumcumque enim sit lubrica, ita tamen
copulatur anime preciose, ymagini Dei, quod possemus
Aug. cito ipsam animam occidere cum carne. Augustinus:
Natura mentis humane que ad ymaginem Dei creata et
The marvellous sine peccato est, solus Deus maior est. Et istud est de 15
connexion
between flesh maxime mirabilibus in terra quod summa res post Deum,
and spirit. que est anima, sicut Augustinus testatur, ita fortiter
vnitur cum carne, que non est nisi lutum et terra, et per
talem vnionem ita carnem diligit quod, ut ei placeat in
sua turpi natura, recedit a sua sullimi celesti natura et, 20
vt ei placeat, offendit Creatorem qui secundum se ipsum
ipsam formauit, qui est Rex et Dominus celi | et terre. (M. 140)
Mirabile et quam admirabile et deridendo mirabile quod
res ita yma, fere nichil secundum Augustinum, trahit in
peccatum rem tam sublimem .sicut est anima, quam 25
Augustinus vocat fere summum preter Deum solum. Sed
Deus noluit quod anima saltaret in superbiam nec ap-
Lucifer peteret ascendere et caderet sicut Lucifer, qui fuit sine
onere; et ideo alligauit anime glebam grauis terre, sicut
pondus alligari solet animali indomito, simie uel alteri 30
Iob 2[8] animali nimium discurrenti. Vnde Iob xxvi[i]jⁿ. d: Qui
Nota fecisti ventis, id est, spiritibus, pondus, id est, anime
carnem, que trahit eam deorsum. Verumptamen per
sullimitatem anime caro leuis fiet, leuior vento et clarior

---

9 nobis] om. Ma   13 animam] om. Ma   17 sicut . . .
testatur] secundum aug. Ma   20 et] om. Ma   22 formauit]
creauit Ma   26 preter . . . solum] propter deum V¹   31 2[8],
xxvi[i]jⁿ] 27, xxvijⁿ Me

f. 109 a sole, si in presenti | sequatur animam nec trahat eam ad
suam infimam naturam.

Carissime sorores, pro amore ipsius cuius anima est
ymago, honoretis eam nec sinatis carnem infimam ei
5 dominari nimis. Ipsa hic est in extraneo intrusa carcere
in domo mortis seu interfectionis nec apparet cuius est
dignitatis, quam sublimis est eius natura nec qualis adhuc
apparebit in suo proprio regno. Caro est hic domi tanquam terra in terra et ideo prudens et viuax, sicut dicitur
10 quod gallus est audax in proprio fimo. Prothdolor! nimis
dominatur in multis. Sed Anachorita debet esse spiritualis
volare tanquam auis habens parum de carne et multas
pennas; nec solum hoc sed etiam domat carnem male
morigeratam et honorat honorabilem animam.

15 Insuper anachoritam oportet suis exemplis et orationi-
(M. 142) bus roborare alios et sustinere ne cadant in | fecem peccati; Comparison
with the night
raven and the
ship's anchor.
et ideo Dauid, postquam assimulauit Anachoritam pellicano, comparat eam Nicticoraci in domicilio. Psalmista:
Similis factus sum pellicano solitudinis; factus sum sicut
20 nicticorax in domicilio. Nicticorax in domicilio significat *sicut*
Anachoritam sub domate ecclesie, ut intelligant se debere **nicticorax**
esse tam sancte vite quod tota sancta ecclesia, id est, totus
fidelis populus, imitetur eam et sustineatur sanctitate sue
vite et beatis orationibus ipsius. Ideo quasi Anchora[ta]
25 est sub ecclesia sicut anchora sub naui ad eam tenendam
ne tempestatibus et procellis obruatur. Ecclesia enim
nauis nominatur, que debet firmari per anachoritam tanquam per anchoram; itaque eam teneat ut temptationes
diaboli, que tempestates sunt, eam non obruant. An[a]-
30 chorita istud pactum inijt tam ex nomine quam ex

5 est] om. R   13 nec] non R   14 honorat] honoret Ma
16 cadant] cadat V¹   19 f. solitudinis . . . domicilio] et cetera
Ma V¹   21 domate] dogmate R   23 imitetur] -e apparently
formed from original -a Me; medetur Ma; innitatur R; imitatur
V¹ eam] -a apparently formed from original -i and crowded in
before et Me; om. Ma; ei R V¹   sustineatur] sustentetur Ma
24 Ideo quasi] Ideoque Ma V¹   Anchora[ta]] -ta partially erased
Me; anachorita Ma; anchorata R V¹   25 est] om. Ma   28 per]
om. Ma   29 eam] om. Ma   An[a]chorita] Anochorita Me
30 tam] tantum V¹

habitatione sub ecclesia, quod eam sustineat ne cadat.
Si pactum rumpat, consideret cui mentitur et quam continue, quia nomen et habitatio clamat pro pacto, etiam si
dormiat.

Insuper nicticorax de nocte volat et in tenebris ali- 5
menta perquirit. Sic Anachorita volat per contempla-
tionem et orationem ad celum et perquirit de nocte
Nota bene alimentum anime. Debet enim esse vigil et intenta
circa lucrum spirituale. Ideo postquam dixit psalmista:
Factus sum sicut nicticorax in domicilio, subdit: | Vigi- f. 109 b
laui et factus sum sicut passer solitarius in tecto. Debet 11
Ecci. 3[1]. a enim et tenetur esse vigil. Ec|clesiastici 3[1]: Vigilia (M. 144)
honestatis tabefaciet carnes. Nichil enim magis domat
carnem feram quam multa vigilia. Vigilia in sacra scri-
Mt. 26 ptura multum commendatur. Matthei xxvjº: Vigilate et 15
orate ne intretis in temptationem; quasi diceret, 'Sicut
non wltis cadere in temptationem, sic vigilate et orate;
Luce 12º hoc faciet vos stare'. Et Luce xijº: Beatus quem inuenerit
Nota bene de vigilantem; et ipse Christus pernoctauit in oratione, Luce
vigilia vjº. Sic nos docuit vigilare nedum verbo sed suo facto. 20
Eight reasons Octo sunt que nos excitant ad vigilandum in bono et
for watchful- operandum, scilicet, vite breuitas, vie difficultas, meri-
ness. torum paruitas, multitudo criminum, mortis incertitudo,
extremi iudicij districtio, in quo reddetur ratio de omni
Mt. [12] verbo ocioso et cogitatione hic non correctis. Matthei xijº: 25
De omni verbo ocioso, et cetera; et [Luce] xxjº: Capilli de
vestro capite non peribunt; id est, cogitatio non euadet
Anselmus inpunita. Anselmus: Quid facies in illa die quando
exigetur a te omne tempus impensum qualiter sit a te
expensum etiam vsque ad minimam cogitationem? Videas 30
nunc quid erit de malis affectionibus et criminosis operibus. Septimum quod nos mouet ad vigilandum est
inferni penalitas, vbi tria videnda sunt: innumerabilitas

1 sub] super Ma   3 clamat] clamant V¹   7 second et]
om. Ma   12 3[1]] 39, also in margin; xxxix written above
numeral Me   21 f. in ... operandum] om. Ma   23 in-
certitudo] excercitudo Ma   25 margin [12]] 21 Me   correctis]
correcto Ma   26 [Luce]] om. Me   32 Septimum] Septimum
est V¹

penar*um*, infinitas vni*us*cui*us*que *et immensa* amaritudo.
Octauu*m* est *premij immensitas*, vide*licet*, in gaudio
celesti sine fine q*uod* dabit*ur* ei q*ui* hic ad hora*m* bene
vigilat. Q*ui* ista viij*to* h*abet* bene in corde, excuciet a se
5 so*m*pnu*m* torporis. In silencio noctis q*uan*do ni*chil* de ora*ti*one
uidet*ur* nec auditur q*uod* impediat ora*ti*onem, cor e*st*
serenu*m*, ni*chil* testificatur op*us* tunc factum ni*si* |
(M. 146) ang*elus* Dei q*ui* tali hora solicit*us* est ut nos ad bonu*m*
sollicitet; tu*n*c nichi*l* deperdit*ur* sic*ut* sepe de die accidit.
10 Audite, sorores, q*uomo*do mala e*st* iactancia *et* q*uo*-
mo*do* bonu*m* est celare bonu*m* factum, volare de nocte
sic*ut* nictìcorax *et* colligere in tenebris, i*d* est, i*n* priuato
et secreto, alime*n*tum a*n*ime.
Oratio Hester placuit Regi Assuero. Hester interpre-
f. 110 a tat*ur* 'abscondita' *et* significat q*uod* oratio aut | aliud
16 bonu*m* in abscondito factu*m* place*t* Regi celesti, q*ui*a
Assuer*us* interpretat*ur* 'beat*us*', cui*us*modi e*st* De*us* super
omnia. Iterum, Dauid loquitur ei q*ui* sole*t* in abscondito
bene operari *et* postmodum aliqualite*r* se iactat *et* op*us*
20 ostendit: Vt q*uid* auertis manu*m* tua*m* *et* dextera*m* tua*m* De bono oc-
de medio i*n* sinu tuo i*n* finem? Hoc e*st*, bonu*m* op*us* cultandi *et* malo
factu*m* in priuato, vt q*uid* trahis illu*d* ita-in finem q*uod* iactandi
premium sìc cito finiat*ur*? Premium foret eternum, si bonum op*us*
factu*m* maneret secretum. Quare ergo illu*d* ostendis *et*
25 tam breuem mercedem accipis *et* tam transitoriam?
Matt*hei* v[*io*]: Ame*n* dico vob*is*, receperunt mercede*m* Mt. [6o]
sua*m*. Gregori*us*: Magna verecundia e*st* grandia agere *et* Gregori*us*
(M. 148) laudib*us* inhiare; vnde celum mereri potuit, nummum
transitorij q*ue*rit fauoris; vnde, vide*licet*, regnu*m* celor*um*
30 mercari posse*t*, vendere pro vento v*er*bi laudis. Ideo,
karissi*m*e, teneatis manu*m* dextera*m* infra sinu*m* ne
merces eterna breue*m* finem accipiat. Legimu*s*, Exodi Exodi 4
iiij*o*, q*uod* manu*s* Moysi, qua*m* cito extracta fuit a sinu,

---

1 infinitas] infirmitas Ma   4 vigilat] vigilauerit, *with*
-*ueri marked for deletion* Me   8 nos] *om.* Ma   9 sepe]
spe V[1]   de] in Ma R   accidit] *after this word* R *adds*: psalmista.
media nocte surgebam ad confitendum tibi   21 in sinu] sinu
Ma   22 priuato] secreto R   26 [6o], v[io]] 5o, vo Me
28 mereri] merere Ma   30 verbi laudis] uerbi non timebit Ma

aparuit leprosa; peṙ quod signatur quod bonum opus
ostensum non solum per iactanciam amittitur verum etiam
in oculis Dei videtur abhominabile, sicut lepra in oculis

Iob 19 hominum. Iob xix⁰: Reposita est hec spes mea in sinu
meo; ac si diceret, 'Bonum quod facio, si esset non cela- 5

30 Mora- tum sed per iactanciam ostensum, tota spes mea esset
lium 3. e: amissa; sed quia illud in sinu abscondo, spero mercedem'.
bona quippe
adhuc Ideo nemo se iactet nec opus bonum manifestare desi-
tenera deret, quia flatu verbi poterit exsufflari.
plerumque
humana
lingua dum   Dominus per Iohelem conqueritur de iactatoribus et sic 10
iam quasi consumentibus bonum quod habent; Iohel j: Decorti-
forcia laudat
extinguit; cauit ficum meam; nudans spoliauit eam et proiecit; albi
tanto enim, facti sunt rami eius. De hoc Gregorii viij⁰ Moralium. x.
et cetera
ca. a: Ficum Dei gens ista decorticat, et cetera. Verbum

A fig tree dies istud videtur obscurum sed clarificari potest. | Ficus est (M. 150)
if men strip its
bark; so does arbor ferens dulces fructus que decorticatur et nudata 16
a good deed
perish if it is spoliatur quando bonum opus iactatur. Tunc recedit
proclaimed.
vita quando decorticatur nec fert postea fructum nec

uiridescit sed arescunt frondes et albescunt, ad nichil
aptiores quam ad ignem. | Quando ramus mortificatur, f. 110 b
albescit exterius, arescit interius et corticem proicit. Sic 21
bonum opus volens mortificari, corticem proicit, quando
se iactando ostendit. Cortex conseruat arborem in vigore
et vita. Sic absconsio est boni operis vita et vigor. Sed
decorticatur postmodum per laudes humanas, siccatur 25
interius et amittit suauitatem gracie Dei per quam
apparuit viride, jd est, delectabile in conspectu Dei, quia
color viridis pre ceteris coloribus maxime fouet oculos.
Quando sic exsiccatur ficus, ad nichil ita valet sicut ad
ignem infernalem, quia prima decorticatio per quam est 30
hoc totum malum non est nisi ex superbia. Et nonne est
hoc dolendum quod ficus que suo dulci fructu, hoc est,
bono opere, spiritualiter pascere deberet Dominum celi,

6 *marginal quotation*] vnde *and mark of insertion, both in*
different ink, inserted before quotation; corresponding mark of inser-
tion set after exsufflari Me; *quotation written in text after et cetera*
(*l.* 14) Ma; *written in margin* R   21 arescit interius] *om.* Ma
24 est] *om.* Ma   30 prima] prima est Ma   31 nonne] nunc
Ma; maxime V¹

ita exsiccabit*ur* denudacione corticis q*uod* sine fine fiet
alime*ntum* ignis infernalis? Et no*n*ne *in*felix e*st* qui c*u*m
precio celi emit *in*fernu*m*?

Iter*um*, regnu*m* celor*um* comparatur thesauro quem
5 qui inuenit ho*mo* abscondit, Matt*h*ei xiij°. Thesaur*us* e*st* **Ma. 13**
bonu*m* op*us* quo regnu*m* celor*um* comparatur quia eo
emit*ur*; *et* ni*si* abscondatur, cito perditu*r*. Gregori*us*: *Gregorius*
Dep*r*edari desiderat q*ui* thesaurum i*n* via publice portat, He who carries a treasure con-
qu*ia* via plena e*st* latronibu*s* *et* raptoribu*s*. Via e*n*im ceals it.
10 mu*n*du*s* e*st* ad celum uel ad infernu*m* *et* obsidetu*r* latroni-
(M. 152) bu*s* *in*fernalibu*s* qui depredantu*r* thesaurum | quem viri
uel m*u*lieres i*n* via manifesta*n*t. Perinde e*n*im e*st* ac si
eu*n*do clamaret, 'Ego fero thesaurum, ego fero thes*au*ru*m*.
Ecce aurum obrisum, arge*n*tum electu*m* *et* lapides preciosi.'
15 Smigmari*us* smigma vel acus porta*n*s clamat quid portat.
Diues mercator sine tumultu p*r*ocedit. Nota quid accidit
Ezechie bono regi, Ysa*ie* xxxix°, q*ui* o*s*tendit cellas aro- **Ysa. 39**
matu*m* *et* alia preciosa. No*n* f*r*ustra sc*r*ibitu*r* q*uod* magi
p*r*ocidentes adorauer*unt* Chri*st*um *et* apertis thesauris
20 suis optulerunt ei munera, Matt*h*ei ij°. Que e*n*im volue- **Mt. 2**
ru*n*t offer*r*e, tenuerunt celata q*u*ousq*ue* coram Chri*st*o
venire*n*t. Tu*n*c p*r*imo aperuerunt exennium quod porta-
f. 111 a runt. Ideo, k*a*rissi*m*e soro|res, sicu*t* nicticorax cui Do good in private, as the
compar*a*tur anachorita, de nocte sitis vigiles. Noctem night-raven flies by night.
25 voco secretum. Talem noctem habere potestis q*u*alibet
hora diei, vt o*m*ne bonu*m* q*uod* operamini fiat tanq*uam*
in nocte *et* in tenebris extr*a* aspectum uel auditum homi-
nu*m*. S*i*c i*n* nocte sitis volantes *et* q*u*erentes celeste
pabulu*m* a*n*imarum vestrar*um*. S*i*c no*n* eritis solum-
30 mo*d*o pellicanu*s* solitudi*n*is sed etiam nicticorax in
domicilio.

Ideo sequitur: Vigilaui *et* fạctu*s* su*m* sicu*t* passer Be solitary, as the sparrow
solitari*us* in tecto. Anachorita comparatur s*i*c passeri on the house-top.
qu*ia* passer e*st* auis garula. Sed qu*ia* multe Anachorite
35 hab*e*nt hoc vicium Dauid no*n* comparat Anachoritam

2 nonne] maxi*m*e V¹   8 Depredari] Predari Ma   10
e*st* ad celum] e . . . *rest of line lost; next line begins* vel ad terr*a*m
vel ad infernu*m* V¹   18 No*n*] Nota V¹

E

passeri *ha*benti sociu*m* *se*d solitario, q*uia* Anachorita
garrire debet p*re*ces suas sola. Et intelligatis, sorores,
q*uod* scribo de uita solitaria ad foue*ndum* seu *com*for-
tandu*m* Anachoritas *et* vos p*re* ceteris. |

Nota bene   Q*uantum* bonu*m* sit e*ss*e solitariu*m* in ueter*i* [*et* nouo] (M. 154)
Examples of   testame*nto* manifestat*ur*, q*uia* in vt*ro*que reperit*ur* q*uod* 6
solitude.   Deus sua secreta celestia suis secretarijs no*n* in po*pulo*
*se*d vbi erant soli ostendebat ; *et* ip*si* q*uando* voluer*unt* de
Deo since*re* cogitare *et* deuote orare *et* cordit*er* ac sp*iritua*-
liter ad celestia eleuari, sempe*r* reperit*ur* q*uod* vitaru*nt* 10
turbat*ionem* *et* diuerteru*nt* soli ; *et* ibi Deus eos b*eatificauit*
et se eis o*s*tendit *et* eis peticiones suas *con*cessit. Ecce
exemplu*m* de vt*ro*que testame*nto*.

Gen. 24   Gen*esis* xxiiij°: Egressus e*st* Ysaac i*n* agru*m* ad medi-
Isaac.   tandu*m* ; q*uod* ei fuisse credit*ur* *con*suetudinariu*m*. Sic 15
patriarcha sol*us* ibat *et* locum solitariu*m* querebat *et* sic
obuiabat felici Rebecce, id est, gracie Dei. Rebecca *enim*
interp*retatu*r 'multu*m* dedit'.
    Et quicquit h*a*bet meriti preuentrix gracia donat ;
Versus   Nil De*us* in nobis p*re*ter sua dona coronat.   20
Gen. 32 Sic felix Iacob, Gen*esis* xxxij°, q*uando* ei D*ominus* faciem
Jacob. sua*m* o*s*tendit, quem *etiam* benedixit *et* nomen in meli*us*
mutauit, no*n* fuit in turba po*puli* *se*d sol*us* nec vnqua*m*
in t*ur*ba tale lucru*m* adq*u*isiuit. Per Moysen et p*er*
Helya*m*, amicos Dei, potest subtil*iter* *et* facilit*er* videri 25
quis tumult*us* *et* q*uantum* metuenda vita e*st* in pressura
homin*um* *et* quomo*do* Deus | sua secreta o*s*tendit illis qui f. 111 b
soli su*nt* *et* in secreto. Historie iste su*nt* vob*is* narrande,
q*uia* prolixe fore*nt* ut hic scriberent*ur*, *et* tunc clare hec
intelligetis. | 30
Iere. 15. d   Iterum, Ieremias solus sedit, Ieremie xv°, *et* addit (M. 156)
Jeremiah. ratione*m*: Q*uia* co*m*minat*ione* uel amaritudi*ne* tua re-
plesti me. Co*m*minat*io* Dei est pena *et* defect*us* in cor-
Quoniam pore *et* a*n*ima sine fine. Qui esset ista co*m*minat*ione*
amaritudine
repl*esti* sic*ut* ip*s*e fuit replet*us*, no*n* h*a*beret locum vacuum in 35

5 [*et* nouo]] R V¹ ; *et* in nouo Ma ; *om.* Me   8 ostendebat]
written in margin Me ; *om.* Ma R   quando] quum Ma   18 dedit]
dedisse Ma   22 suam] *om.* R   quem] cui R

corde quo reciperet carnales risus. Ideo orat, Ieremie ix⁰: **Iere. 9. a**
Quis dabit mihi fontem lacrimarum et plorabo die ac
nocte interfectos filie populi mei. Fontem dicit, ne
siccetur sicut nec fons, ad plorandum interfectos, cuius-
5 modi est maior pars mundi que interficitur peccato
mortali. Et ad istum fletum petit locum solitarium. Quis
dabit mihi diuersorium uiatorum in solitudine ut, et
cetera. Propheta sanctus ad ostendendum certitudinaliter
quod qui flere wlt sua et aliena peccata et qui wlt in di-
10 stricto iudicio inuenire misericordiam et graciam, maxime
eum impedit pressura hominum et quod maxime promouet
est solitudo, ut homo solus sit seu mulier sola. Iterum,
de vita solitaria loquitur Ieremias, iij⁰ Trenorum: Sedebit **Tren. 3**
solitarius et tacebit. Vnde ibidem: Sedebit solitarius et
15 tacebit. De hac taciturnitate premittit: Bonum est
prestolari cum silencio salutare Dei, id est, Dei graciam.
Beatus qui portauerit iugum Domini ab adolescencia sua;
et tunc sequitur: Sedebit solus et tacens, quia leuabit se
supra se, videlicet, per altam vitam leuare se versus celum
20 supra suam naturam. Insuper quale bonum prouenit ex
solitudine huiusmodi et silencio sequitur statim ibidem:
(M. 158) Dabit percucienti se maxillam et saturabitur | opprobrijs. **Tren. 3**
In hijs verbis notande sunt diligenter due beate virtutes
recte pertinentes ad Anachoritam,—paciencia in prima
25 parte, humilitas in altera,—quia paciens est qui pacienter
fert iniuriam sibi illatam, humilis, qui pacienter sustinet
opprobria. Superius nominati fuerunt in veteri testa-
mento. Veniamus nunc ad nouum. |
f. 112 a Beatus Iohannes Baptista, de quo Saluator ait,
30 Matthei xj⁰: Inter natos mulierum, et cetera, docet nos **Mt. 11**
suo proprio facto quod locus solitarius est securus et **St. John the**
congruus. Licet enim angelus Gabriel suam natiuitatem **Baptist.**
pronunciasset, licet repletus esset spiritu sancto ex vtero
matris sue, licet fuisset miraculose ex sterili natus et in
35 natiuitate linguam patris reserauit ad prophetandum,—

11 eum] om. R   13 loquitur] om. Ma   18 solus]
solitarius Ma   tacens] -cens written over an erasure Me; ta. Ma;
tab. R   31 f. et congruus] om. Ma

pro isto toto non audebat adhuc manere inter homines,
tam metuendam vitam videns in eis et si non de alio quam
de loquela. Et ideo quid fecit? Iuuenis secessit in solitudinem. Antra deserti teneris sub annis, et cetera. Videtur

Ysa. vj° audisse Ysaiam conquerentem, Ysaie 6: Ve mihi quia 5
homo pol[l]utus labijs ego sum; et dicit quare: Quia in medio
populi polluta labia habentis ego habito. Ecce quomodo
propheta se pollutum dicit ex | hominum cohabitatione. (M. 160)
Quantumcumque clarum sit metallum, aurum, argentum,
ferrum uel calibs, trahit tamen rubiginem ex alio metallo 10
rubiginato, si diu simul iaceant. Ideo beatus Iohannes
societatem fugit hominum fedatorum adhuc ad ostendendum nobis quod non possunt mali vitari nisi vitentur
et boni. Fugit cognationem suam a Deo electam et vadens
in solitudinem mansit in loco deserto. Et quid lucratus 15
est ibi? quod factus est baptista Domini. Ab ipso enim
baptizatus est claritatis Dominus mundum sustinens sua
propria potestate, vbi Trinitas se ostendit ei,—Pater in

Beatus
Iohannes in voce, Spiritus Sanctus in columbe specie, Filius in mani-
solitudine bus eius. In solitaria vita tres preeminencias adquisiuit: 20
triplicem
promeruit priuilegium predicatoris, meritum martiris, premium
aureolam
doctorum virginis. Ista tria genera hominum habent in celo
s. martirum aureolam super auream. Et beatus Iohannes vbi fuit in
virginum solitudine hec tria promeruit.

Our Lady. Iterum, beata virgo Maria, nonne solitariam vitam 25
duxit? Numquid angelus in solitario loco eam solam
Luc. 1 inuenit? Immo! Luce j°: Ingressus angelus ad eam dixit,
Aue, gracia plena. Intra ergo erat, non extra. Angelus
homini in presura hominum non se manifestauit. |
Preterea nusquam in sacra scriptura legitur de eius loquela f. 112 b
nisi quater, sicut superius dictum est libro ij°. Prudens 31
commendatio est quod fuit solitaria que sic tenuit
silencium.
Quid quero alia? In Christo satis foret exemplum

---

3 Et ideo] vero Ma   6 pol[l]utus] -l om. Me   9 clarum]
preclarum R   11 diu] corrected from duo Me   13 vitentur]
ubi vitantur Ma   20 preeminencias] eminentias R   21
priuilegium] scilicet priuilegium Ma   26 solam] om. Ma

omnibus, qui iuit in desertum et ieiunauit ibi vbi solus et
in deserto erat ad ostendendum per hoc quod in pressura
(M. 162) hominum nemo potest rectam agere | penitentiam. Ibi
esurijt ad remedium Anachoritarum inopum. Ibi per-
5 misit diabolum ipsum temptare multis modis et eum vicit;
similiter ad ostendendum quod hostis multum temptat
eos qui solitariam vitam ducunt quia eis inuidet. Sed ibi
vincitur quia ipsemet Dominus eis assistit in bello et eos
animat vt viriliter obsistant et dat eis de suo robore.
10 Ipse Christus quem nulla pressura hominum potuit ab
oratione impedire nec suum bonum perturbare, ipse tamen
nichilominus quando voluit orare non solum fugit alios
homines sed etiam suos karissimos apostolos et ascendit in
montem, vt daret nobis exemplum quod simus soli et
15 ascendamus cum eo, id est, cogitemus celestia et dimit-
tamus sub nobis omnes terestres cogitationes dum
oramus. Paulus, Antonius, Hillarius et Benedictus, The hermits.
Sincletica, Sara et alij sancti et sancte experti sunt certitudinaliter et comperierunt veraciter lucrum proueniens
20 ex vita solitaria tanquam illi qui fecerunt cum Deo quicquid voluerunt. Beatus etiam Ieronimus dicit: Quociens Ieronimus
inter homines fui, minor homo recessi, scilicet, quam prius
fui. Vnde Ecclesiastici xviij°: Ne oblecteris in turbis, Eccl. 18
assidua est enim commissio, id est, peccatum. Nonne vox
25 dixit bono Arsenio, 'Arseni, fuge homines et saluaberis'?
et iterum venit vox et dixit, 'Arseni, fuge, tace, quiesce';
id est, mane stabiliter in aliquo loco extra tumultum
hominum.

Audistis, sorores, exempla veteris ac etiam noui testa- Nota
(M. 164) menti quare debetis vitam solitariam diligere. | Post Eight reasons
for leaving the
31 exempla audiatis rationes quare mundus fugiendus est. world:
Saltem octo que, quia breuiter dicuntur, sunt diligencius
attendende.

1 vbi] om. Ma   7 eos] written in margin Me; om. Ma
R V[1]   11 perturbare] turbare Ma R V[1]   18 Sincletica]
Sincletia R   19 comperierunt] -i inserted above line between
-per and -e Me; no -i in Ma R V[1]   25 Arsenio] Assenio here
and in other instances of this name V[1]   29 etiam] written above
line Me; om. Ma R; given in V[1]   32 Saltem] propter Ma

Prima ratio
pro solitu-
dine Petri 5
1. Safety.

Prima ratio est securitas. Si leo amens | per viam   f. 113 a
curreret, sapiens se cito includeret. Sed Petri vᵒ dicitur:
Sobrij estote *et* vigilate *in* orationibus quia aduersarius
vester diabolus tanquam leo rugiens circuit querens quem
deuoret. Ideo Anachorite sapientes sunt que se bene 5
incluserunt contra leonem infernalem ut sint secure.

2. The fragile
nature of
virginity.

Secunda ratio est, ferens preciosum liquorem, utpote
balsamum, in vase fragili, vtpote vitreo, nonne declinaret
a pressura hominum nisi stultus foret? Sed Corinthiorum
iiijᵒ dicitur: Habemus thesaurum istum in vasis fictilibus. 10
Cuiusmodi vasa sunt caro et precipue feminea, in qua
tamen est virginitas tanquam balsamum uel saltem, ea
amissa, casta mundicia. Vas istud adeo fragile est ut
vitrum quia eius integritas sicut et vitri irreparabilis est
et adhuc fragilius est vitro fragili quia vitrum non frangi- 15
tur nisi violenter tangatur, virgo tamen sanctitatem
amittere potest peruersa voluntate durante. Hec tamen
fractio reintegrari potest medicina contricionis et con-

De virgini-
tate Iohannis
euangeliste

fessionis; cuius probatio est quod beatus Iohannes euange-
lista sponsam duxerat et nisi Dominus Deus impediuisset, 20
virginitatem proposuit amisisse. | Postmodum autem (M. 166)
nichilominus integre virgo permansit, cui virginem virgini
commendauit. Sicut dixi, preciosus liquor in vase fragili
est virginalis aut alia mundicia in carne omni vitro fragi-
lior. Si essetis in pressura mundi, possetis modica lesione 25
totum amittere sicut miseri in mundo vasa frangunt et
mundiciam effundunt. Ideo Saluator nos uocat, Iohannis
xvjᵒ, dicens: In mundo pressuram habebitis, in me autem
pacem; quasi dicat, 'Deserite mundum et venite ad me,
quia ibi habebitis pressuram sed quietem et pacem in 30
me.'

5 se] om. Ma   9 foret] esset Ma   Corinthiorum] 2 *written*
above line in different ink Me   13 amissa] admissa Ma
19 quod] quia Ma   20 sponsam] vxorem R   Dominus] om.
Ma R V¹   Deus] *written above line probably as substitute for* Dominus
Me   22 virginem] matrem virginem V¹   24 fragilior]
fragiliore R   26 vasa] om. Ma   30 habebitis] non *written*
before habebitis *but crossed out* Me; non om. Ma; non *inserted above*
line R

Tercia ratio est, ex fuga mundi est adeptio celi. Celum **3. To obtain heaven.**
enim altum est, quod qui wlt attingere, parum satis est
ei totum mundum sub pedibus suis sternere. Ideo omnes
sancti fecerunt de toto mundo quasi scabellum pedibus
5 suis vt celum attingerent. Apocalypsis xij°: Vidi **Apoc. 12. a**
mulierem amictam sole et lunam sub pedibus eius. Luna
semper crescens uel decrescens nec eundem statum reti-
f. 113 b nens | significat mundana que semper ut luna mutantur;
per quod signatur quod mu[n]dana debet contempnere et
10 sub pedibus calcare qui wlt celum attingere et vero sole
vestiri.

Quarta ratio est probatio nobilitatis. Nobiles non **4. Renunciation of wealth shows nobility.**
(M. 168) ferunt sarcinas nec vadunt | sarcinati. Proprium enim
est mendicancium ferre saccum in dorso, burgensium ferre
15 marcipia seu bursas. Hoc non congruit sponse Dei que
est regina celorum. Sarcine et burse, sacci, zaberne packes
sunt res mundane et omnes diuicie mundane ac redditus
mundani huiusmodi sunt.

Quinta ratio est, nobiles largas faciunt elemosinas. **5. Liberality.**
20 Sed quis uel que potest facere largiores quam qui dicere
potest cum Petro, Matthei x[ix°]: Ecce nos reliquimus **Mt. 1[9]**
omnia et secuti sumus te. Hic sunt large reliquie. De
istis reges et principes victum habent. Secuti sumus te,
quasi diceret,'Volumus te sequi in nobilitate largitatis tue.
25 Tu dimisisti alijs diuicias omnes et de omnibus fecisti largas
reliquias. Volumus te sequi et sic facere, omnia dimittere
sicut et tu dimisisti, sequi te in terra in hoc et in alijs, ut
sequamur te in gaudium celeste et insuper sequi te quocumque ieris.' Hoc non possunt nisi solum virgines.
30 Apocalypsis xiiij°: Hij secuntur agnum quocumque **Apo. 14**

5 vt . . . attingerent] *written in margin* Me; *in text* Ma R V[1]
7 nec] numquam Ma   9 mu[n]dana] *first* -n *om.* Me   10 pedi-
bus] pedibus eius R   13 enim] *om.* Ma; *written above line* Me;
given in R V[1]   14 mendicancium] iudicantium R   15 mar-
cipia] marsupia R   16 sacci] saccei *with* -e *marked for deletion*
Me   zaberne] taberne Ma; saberne R; zaberne V[1]   17 packes]
written above line Me V[1]; *in text* Ma; *om.* R   20 que] qui V[1]
21 I[9], x[ix°]] 15, xv° Me   23 victum habent] victimi habent
V[1]   27 sicut et] sicut R; vt V[1]

ierit, vt*roque* *scilicet* pede, i*d* e*st*, integritate cordis *et* corpo*r*is.

6. Fellowship with Christ.
Osee 2º
Osee 11

Sexta *ratio* e*st* desideriu*m* familiaritatis cu*m* Deo, q*uia* dic*it* per Osee 2ⁿᵒ: Ducam te in solitudine*m* *et* ibi loquar ad cor tuu*m*; q*uasi* loqu*itur* sponse uel amice innuens 5 q*uod* sibi non placet p*r*essura hominu*m*. Osee xjº: Ego Domin*us* *et* ciuitatem no*n* ingredior. |

7. To see God.

Septima *ratio* est maior claritas *et* clarior visio wlt*us* (M. 170) Dei, q*uia* fugistis mu*n*dum *et* abscondistis vos hic *et* eritis agiles sic*ut* radi*us* solaris, q*uia* hic estis cu*m* Ch*r*isto clause 10 tanq*uam* in sepulcro, q*uasi* fixe sic*ut* Ch*r*istu*s* i*n* cruce, pro*ut* suprad*ic*tu*m* e*st*.

8. Fervency of prayer, typified by Esther.

Octaua ratio est o*ratio* uiuax; *et* ecce quare. Hest*er* que significat Anachoritam *interpretatu*r 'abscondita'. P*r*e cet*er*is placuit regi Assuero, Hest*er* iijº *et* vº. Hec 15 per suam o*ratio*nem liberau*it* a morte populu*m* suu*m* | adiudicatu*m* dampnationi. Assueru*s* interpretatur f. 114 a '*beatus*' *et* significat Deum, qui super omnes beatu*s* e*st*. Ip*s*e fauet omni petitio*n*i Hest*er*, i*d* e*st*, vere Anachorite recte abscondite *et* per eam multu*m* po*pullu*m saluat, si 20 se h*a*beat sicut Hest*er*, filia Mardochei, q*ui* interpretatur 'amare co*n*te*r*ens impudentem'. Inpudens e*st* dicens uel faciens aliq*uid* q*uod* pudeat coram Anachorita. Si ta*m*en aliqu*is* s*ic* faciat *et* ipsa amare co*n*terat impudens v*er*bum u*e*l stolidu*m* factu*m* ip*s*u*m* contempnendo, tunc e*st* 25 Hest*er*, filia Mardochei, amare co*n*te*r*ens impudentem.

Libro 2. 14

Amari*us* *et* meli*us* no*n* p*otest* conteri q*uam*, sicut supra- d*i*ctu*m* est, dicendo, 'Narrauerunt mihi iniqui fabu- lacio*n*es,' vel, 'Declinate a me, maligni, *et* scrutabor ma*n*data Dei mei,' diu*er*tendo stati*m* i*n*terius *et* conu*er*- 30 tendo se ad altare *et* tenendo se i*n*tra sicut Hester abscon-

Regum 2. f

dita. *R*egum 2: Semey mortem meruerat sed ei mis*er*i-

(M. 172) *cord*iam *impl*oranti Salomo*n* pena*m* remisit, | eo *tamen* pacto, q*uod* se tenere*t in* Ieru*sa*lem; si exiret, reus foret mortis. Ip*s*e *tamen* pactu*m* rup*it et* s*er*uos ip*sum* fugientes *per*sequebatu*r et* exiuit. Hoc delatu*m* fuit reg*i*
5 Salomoni *et* pro pacto rupto *per* eu*m* condempnatur. Intelligite hoc, *care* sorores. Semey si*gn*ificat Anachori-
ta*m* exteriora petente*m*, q*uia* Semey inter*pr*etatu*r*
'audiens', *et* est reclusa longas aures *h*abens, rumores audiens. Iste Semey, si uiuere vellet, debere*t* se *in*
10 Ier*usa*lem includere. Ieru*sa*lem *in*ter*pr*etatu*r* 'visio pacis' *et* signat domu*m* recluse, q*uia* ibi no*n* op*or*tet ea*m* videre nis*i* pace*m*. Quantumcumque reclusa peccando offen-derit veru*m* Salomone*m*, i*d* est, Chri*stu*m, teneat se *in* Ieru*sa*lem, nichil sciat de tumultu sec*u*li *et* Salomo*n*
15 annuit ei libente*r* suam graciam. Sed si cure*t* de exteriori-bu*s* plus q*uam* op*or*tet *et* corde vaget e*x*teri*us*, 30 Mora-*lium* 5. d: Quid *pr*odest solitudo corpo*ris* si solitudo defue*rit* cordis? *et cetera*. Licet corp*us*, quod est quasi gleba *te*rre, sit *int*ra parietes, iam exijt Ieru*sa*lem sicut
20 Semey post s*er*uos suos. Isti s*er*ui su*nt* quinque sens*us*, qui deberent e*ss*e domi *et* s*er*uire sue do*m*ine. Tunc
f. 114 b *aut*em bene s*er*uiunt sue | domine Anachorite q*uando* eis vtit*ur* ad salute*m* a*n*ime, q*uando* oc*u*l*u*s intendit libro uel alij vtilitati, q*uando* auris v*er*bo Dei, q*uando* os *san*cte
25 *oratio*ni. Si a*u*tem male sens*us* custodia*t et* eos per in-curia*m* suu*m* s*er*uicium deserere *per*mittat *et* sequatur eos corde vagando exteri*us*, sic*ut* sepi*us* accidit q*uod*
(M. 174) vagantib*us* se*n*sib*us et* exeuntib*us* | cor post eos exit, tunc ru*m*pitur pactum initum cum Salomone cum infelice
30 Semey *et* condempnatur ad mortem; R*e*g*um* ij°.

Regum 2. g

1 penam] ei penam R   3 ip*sum*] eu*m* . . . m̄ V¹   5 con-dempnatur] condempnatus Ma V¹, *followed by* est *in different ink in* Ma, *by a damaged place in* V¹   6 significat] signat Ma
11 signat] *written over erasure of longer word* Me; signat Ma; significat R   16 30] licet 30 V¹; gg' 30 R   18 cordis] mentis Ma *et cetera*] *om.* Ma; *at this point* Ma V¹ *add:* 31. 9. b [d Ma] ibi erat v*b*i ardente*m* iam mente*m* fixerat no*n* illic v*b*i illum necessario pigra ad hec [huc Ma] caro retinebat   Licet] *om.* V¹
19 iam] ta*m* V¹   30 Regum] 3 *written above line in different ink; three dots over* R- *of* Regum Me

Note in margin:
Nota exemplum
Shimei betokens the anchoress who does not rule her senses.

Ideo, sorores *kariss*ime, no*n* sitis Semey s*ed* Hest*er*, i*d*

est, absco*n*dite, *et* eleuabimini in gaudio celesti. Nome*n* *enim* Hest*er* no*n* solu*m* interpretatu*r* 'absco*n*dita' verum *etiam* interpretatu*r* 'eleuata i*n* populis'. Sic e*n*im fuit Hest*er* eleuata in regina*m* de paup*er*e puella. In hoc 5 no*m*ine Hest*er* co*n*iungu*n*tur p*er* interpretationem hec duo, absco*n*dita *et* eleuata; *et* no*n* solum eleuata s*ed* eleuata in po*p*ulis, ad ostende*n*du*m* veracit*er* q*uod* que recte absco*n*du*n*tur, eleuabu*n*tur digne sup*er* alios po*p*u*-* los. Ambo, s*cilicet* nome*n* Hest*er* *et* ei*u*s eleuatio, pr*o*bant 10 q*ue* dixi.

Preter*e*a adu*er*tatis vos estis in Ier*u*sal*e*m, vos *c*onfu*-* gistis ad pace*m* ecc*l*esie, q*uia* no*n* est aliqua de uob*i*s q*ue* no*n* fu*er*it aliq*u*ando lat*r*o Dei. Exploramini diligen*ter* ext*er*ius, hoc scietis, sic*ut* explora*n*tur latrones confuge 15 ad ecc*l*esiam. Teneatis vos intr*a*, no*n* solum corp*u*s q*u*od est vili*u*s s*ed* q*u*i*n*q*ue* sens*u*s *et* sup*er* om*n*ia cor in q*u*o e*st* uita a*n*ime, q*uia* si *c*omprehe*n*datur ext*r*a, no*n* restat nis*i* [u]t ducat*u*r ad furcas infernales. Paueatis om*n*em ho*m*inem sic*ut* latro pauet, ne forte vos ext*r*ahat, i*d* *est*, 20 aliq*u*o mo*d*o decipiat. Oretis diligen*ter* Deu*m* ta*n*q*u*am *c*onfuga ad ecc*l*esiam vt *c*ustodiat vos *c*ontra om*n*es exploratores, garulantes s*e*mp*er* orat*i*ones vestras sic*ut* passer solitari*u*s, q*uia* nomen solitari*u*s dicit*u*r de vita solitaria *et* loco solitario. Ibi po*test* *esse* Hest*er*, i*d* *est*, 25 absco*n*dita, ext*r*a mu*n*du*m* *et* meli*u*s facere q*u*am *in* pres*-* sura om*n*e lucr*u*m sp*i*rituale. Ideo D*auid* comp*a*rat Ana*-* choritam pellicano ducenti vita*m* solitaria*m* *et* pas[s]eri solitario. | 29

Insup*er* passer h*a*bet natu*r*am oportuna*m* Anachorite, | (M. 176)

lice*t* odio h*a*beatur, videl*i*cet morbu*m* caducum; q*uia* f. 115 a *o*portet Anachorita*m* s*an*c*t*e *et* sublimis vite h*a*bere no*n* morbu*m* ips*u*m sed morbu*m* uoco caducum, infirmitatem

4 *interpretatur*] om. Ma   10 *scilicet*] enim .s. Ma   15
scietis] -e *changed from* -a Me; sciatis Ma R   19 [u]t]
written in margin, first stroke of u- cut off Me   22 *custodiat*]
written cusstodiat, *the* -s *repeated at the beginning of a line* Me
24 *nomen*] hoc nomen Ma   28 pas[s]eri] pasceri Me   30
Insuper] Iterum Ma

corporalem uel temptationem carnalem, per quam sibi
videatur quod cadat deorsum a sancta sublimitate.
Alioquin ipsa siluesceret uel de se nimium reputaret et
sic exinaniretur; caro rebellis fieret et inobediens sue
5 domine, nisi castigaretur, et infirmam redderet animam,
nisi infirmitas eam domaret morbo uel peccato. Si nec
corpus nec spiritus infirmarentur, sicut raro accidit,
superbia uel inanis gloria euigilaret, que est peccatum
maxime timendum. Si Deus temptet Anachoritam aliquo
10 morbo extrinsecus uel hostis intrinsecus aliquibus malis
moribus spiritualibus, sicut superbia, ira, inuidia uel
uoluptatibus carnalibus, ipsa habet morbum caducum qui
dicitur esse morbus passeris. Deus hoc wlt ut semper
sit humilis et parum reputet de se, ipsa cadat ad terram
15 ne cadat in superbiam.

Nunc approximamus ad quartam partem quam dixi
fore debere de multis temptationibus, quia sunt temptationes exteriores et interiores et vtreque multiplices.
Promisi docere contra eas medicinam et quomodo habentes
20 temptationes possunt de ista parte colligere comforta-
tionem et remedium contra omnes, vt ego per doctrinam
sancti spiritus possum pactum seruare. Ipse michi con
cedat per vestram orationem. |

(M. 178) NOn putet aliquis vite sublimis quod non temptetur.
25 Magis temptantur boni qui ascenderunt in altum
quam alij labiles. Et est ratio, quia quanto mons alcior,
tanto illuc ventus maior; sic quanto vita eminencior,
tanto hostis temptatio forcior. Si sit Anachorita que
temptationes non senciat, multum tunc timeat quod sit
30 nimium tunc temptata. Gregorius: Tunc maxime inpu-
gnaris cum te impugnari non sentis. Infirmus duos habet
status valde periculosos: vnum, quando non sentit pro-
f. 115 b priam infirmi|tatem et ideo non querit medicum nec

The fourth part of this book shall deal with temptations.

Nota
All are tempted.

4 exinaniretur] exinaretur R   11 sicut] si Ma   15 ne
cadat] erasure (ea ?) after ne; cadat written in margin Me; in text
Ma R V¹   19 contra . . . medicinam] contra medicinam uel
pro medicina Ma   23 orationem] After this word Ma adds:
Amen. Incipit quarta pars huius operis que est de multis tem-
ptacionibus exterioribus et interioribus.

medicin*am* nec quer*it* ab aliq*uo* consili*um* *et* anteq*uam* putet*ur*, subito morit*ur*. Cui*us*modi est Anachorita q*ue* nescit q*uid* sit temptati*o*, vt hic loq*uitur* angel*us* *in* Apo*calypsis* iij°: Dicis q*uia* diues su*m* *et* nulli*us* egeo *et* nescis q*uia* miser es *et* nud*us* pauper, *et* cetera, sc*i*licet, 5 sp*iri*tualit*er*. Alius est stat*us* infirmi periculos*us* omnino alu*s* *et* q*ua*si contr*arius*: quando tanta*m* sentit angustia*m* q*uod* pati no*n* pot*est* ut malu*m* tangatur neq*ue* medicina adhibeatur. Talis e*st* Anachorita q*ue* adeo suas sentit temptati*ones* *et* ita ueheme*n*t*er* tim*et* q*uod* nulla sp*iri*- 10 tual*is* consolati*o* ea*m* poterit letificare nec pot*est* ei suaderi q*uod* possit *et* debeat p*er* temptati*ones* meli*us* saluari. No*n*ne in euua*n*gelio legit*ur* q*uod* ipsemet Ihe*sus* duct*us* est a sp*iritu* in desertum, Matth*ei* iiij°, ut temptaret*ur* a diabolo? S*ed* ei*us* temptati*o* q*ui* peccare no*n* potuit, 15 exterior tantu*m* erat. |

Primo intel[l]igatis q*uod* duplex est temptati*o*, exterior (M. 180)

**Exterior
temptat[i]o**
Temptation
may be ex-
ternal or
internal,
et interior *et* vtraq*ue* multiplex. Exterior temptati*o* est ex q*ua* prouenit placencia uel displice*n*cia extra uel intra. Displice*n*cia exterior, sicut morb*us*, miseria, pudor, in- 20 fortuniu*m* *et* quodl*ibet* nocumentu*m* corporale carni noce*n*s. Interior, dolor cordis, ira, iracundia. Simil*iter* placencia seu delectati*o* exterior, corp*oris* sanitas, cib*us*, pot*us*, vestimentu*m* sufficie*n*s *et* qu*i*dl*ibet* h*uius*modi carni place*n*s. Delectati*o* i*n*terior, sicut falsa leticia de fama 25 bona si q*uis* pl*us* alio diliga*tur*, plus honoret*ur*, ampli*us* bonu*m* recipiat. Iste temptati*ones* predicte q*ue* dicu*ntur* exteriores *sunt* fallaciores q*uam* alie. Ambe *sunt* i*n*teri*us* *et* exteri*us* sed vocatur exterior q*uia* est in re uel de re

coming from
God or from
man.
exteriori *et* res exterior e*st* te[m]ptati*o* *et* h*uius*modi tem- 30 ptati*o* venit ex Deo, aliq*uando* ex homine. Ex Deo, sic*ut* mors amici, infirmitas uel illor*um* uel pr*o*pria, pauper*tas*, infortuniu*m* *et* h*uius*modi, simil*iter* sanitas *et* edia. Ex homine, sicut quel*ibet* iniuria ex facto uel u*er*bo in te uel

---

3 *in*] *om.* Ma   7 *alius*] q*uam* alius Ma   17 intel[l]igatis] -l
om. Me   18 *margin* temptat[i]o] -i *om.* Me   *et* vtraq*ue* multiplex]
om. R   21 corporale] *om.* Ma   26 alio] altero Ma   30 e*st*]
d*icitu*r Ma   te[m]ptati*o*] -m *om.* Me

tuos; similiter fama vel bonum opus. Ista similiter proce-

f. 116 a dunt | ex Deo sed non sicut alia sine medio. Cum omni-
bus tamen temptat hominem quomodo eum timeat et
diligat.

5 Interiores temptationes sunt varij mali mores uel appetitus seu fomites malorum morum aut fallaces cogitationes apparentes tamen bone. Ista temptatio interior
venit quandoque ex diabolo, ex mundo, aliquociens ex
carne nostra. Contra temptationem exteriorem est intra
10 paciencia. Contra interiorem necessaria sunt sapiencia et
spiritualis fortitudo.

Nunc loquamur de exteriori et docebimus eos qui eam
habent quomodo poterunt per graciam Dei inuenire
remedia contra eam ad se ipsos confortandum. |

(M. 182) Beatus uir qui suffert temptationem quoniam cum pro-
16 batus fuerit accipiet coronam vite quam repromisit Deus
diligentibus se. Bene dicitur, cum probatus fuerit, quia
Deus sic probat suos electos sicut aurifaber probat aurum
in igne, quod enim falsum est, illic consumitur sed bonum
20 exit clarius. Infirmitas est ignis ad tollerandum sed ignis
non ita mundificat aurum sicut infirmitas animam. Infirmitas missa a Deo, non illa quam multi incurrunt per
stulticiam, operatur ista septem: lauat peccata prius com-
missa, preseruat a committendis, probat pacienciam, seruat
25 hominem in humilitate, auget meritum, equiparat pacien-
tem martiri, docet noscere se et mundi miseriam. Sic est
infirmitas salus anime, medicina uulnerum, et defendit ne
plura recipiat, sicut Deus prouidet quod foret receptura
si infirmitas non impediret. Et sicut bonus magister
30 infirmitas verberat ad instruendum quam potens est
Deus, quam fugax est mundanum gaudium. Infirmitas
est aurifaber in gaudio celesti deaurans coronam. Quanto
infirmitas est maior et diuturnior, tanto magis clarificat
ad similitudinem martirum per pungentem dolorem. Que
35 est maior gracia illis qui meruerunt penas infernales sine

Marginal notes:

Nota de Infirmitate

xj. Mor. V. d: mens quippe humana quot temptationes patitur quasi tot flatibus mouetur; hanc plerumque ira perturbat

The seven benefits of sickness.

12 loquamur] loquemur Ma   14 contra eam] om. Ma   23
marginal note] inserted in text after miseriam (l. 26) Ma; in margin R
33 diuturnior] durior first written and crossed out Me

fine ? Nonne amens reputaretur qui alapam recusaret pro (M. 184)

Nota wlnere lance ? | punctionem acus pro decollatione ? vnam
| verberationem pro suspentione in furcis infernalibus f. 116 b
eternaliter ? Nouit Deus! karissime sorores, tota miseria
mundi comperata minori pene inferni non est nisi ludus 5
pile, tota pena non est tanta sicut gutta roris in comparatione ad latum mare et omnes aquas mundi. Qui igitur
potest euadere tam terribilem miseriam, tam odibilem
penam, per transitoriam infirmitatem, per aliquid malum
quod hic est, potest dicere feliciter sibi est. 10

**Remedia
contra
tribulationes
et malicias
hominum**

Ecce nunc remedia contra temptationem exteriorem
prouenientem ex malo hominis, quia premissa de qua
dictum est, est ex dono Dei. Si quis tibi maledixerit uel
malefecerit, aduerte et intellige quod ipse est lima lori-
marij et limat atque tollit totam tuam rubiginem et 15
asperitatem peccati. Ipse rodit se ipsum, heu! sicut lima
facit. Sed facit tuam animam planam et claram.

**Whoever in-
jures you is
God's instru-
ment.**

Insuper cogita qui nocet tibi aut grauat te pudore, ira,
tedio, ipse est virga Dei. Deus te per illum verberat et
castigat, sicut pater carum filium suum per virgam. 20

Apo. 3 Apocalypsis iijº: Ego quos amo, arguo et castigo. Non
verberat aliquem nisi quem diligit et reputat filium suum,
sicut tu nolles verberare puerum extraneum, licet delin-
queret. Non tamen glorietur ille qui est virga Dei, quia
sicut pater postquam satis verberauerit filium et bene 25
instruxerit, proicit virgam in ignem quia ad aliud non est
vtilis, sic pater celestis cum per improbum hominem verberauerit suum carum filium pro ipsius comodo, proicit
virgam, id est, illum improbum in penam infernalem.

Deutº. 32 Ysaie x: Virga furoris mei Assur; ideo Deuteronomij 30
xxxijº: Michi vindictam et ego retribuam; quasi diceret, |
'Non vindicetis vosmet ipsos nec moleste feratis nec male- (M. 186)
dicatis peccantes in vos sed statim cogitetis quod ipse est

4 tota] quod *inserted before* tota *in different ink* Ma   8
terribilem miseriam] miserabilem penam R   10 sibi est] Ma
adds rubric: Remedia contra temptaciones interiores   22
suum] *om.* R   23 extraneum] alienum R   24 Dei]
om. R   29 virgam] *followed by* in ignem *crossed out* Me

virga patris uestri et quod ipse pater sibi reddet mercedem
virge debitam.' Et nonne est puer male morigeratus qui
rebellat et mordet virgam? Bonus puer verberatus, si
pater precipiat, osculatur virgam; et vos sic faciatis quia
5 sic precipit pater noster,—non osculari ore eos cum qui-
f. 117 a bus vos verberat sed | cordis amore. Luce vj°: Diligite   Luce 6°
inimicos vestros. Benefacite hijs qui oderunt vos et orate
pro persequentibus et calumpniantibus vos. Hoc est Dei
preceptum magis ei acceptabile quam panem grossum
10 comedere et aspero cilicio vestiri; et sicut docet apostolus,
Thessalonicensium v°: Nemini malum pro malo reddentes   Thes. 5. c
sed bonum semper pro malo, sicut Christus fecit et omnes
sancti eius. Si sic precepta Dei seruetis, tunc estis eius
boni pueri qui osculamini virgam cum qua uos ver-
15 berauerat. Forte dicet aliquis, 'Animam ipsius volo bene   Nota quod
diligere; corpus nullo modo!' Istud nichil est dictu.   animam dili-
  [gere] non
Anima et corpus non sunt nisi vnus homo et ambo idem   potest sine
portabunt iudicium. Vis tu separare que Deus coniunxit?   corpor[e]
Hoc Deus prohibuit, Matthei xix°: Quod Deus coniunxit,   Mt. 19. a
20 homo non separet. Non sit aliquis ita amens qui hoc
presumat.

Cogitetis insuper sic: si puer cespitet uel ledatur a re   He who causes
aliqua, res illa percutitur uel verberatur et puer est con-   you to stumble
  will be
tentus, obliuiscitur lesionem et sedat lacrimas. Ideo com-   punished.
25 fortamini vosmet ipsas, quia Psalmista lvii°: Letabitur
iustus cum uiderit vindictam. Sic enim faciet Deus |
(M. 188) in iudicio ac si diceret, 'Filia, lesit iste te? fecit te cespi-
tare? offendit te in corde pudore uel alio tedio? Vide,
filia, quomodo punietur'; et ibi uidebitis eum verberari
30 cum malleis diaboli quod tedebit eum uiuere et vos eritis
de hoc bene contenti, quia voluntas Dei et voluntas uestra

1 uestri] tui crossed out, uestri inserted above line Me; uri with
stroke in lighter ink added to first letter to make it v- Ma; n(u?)ri
indistinguishable R V¹   5 noster] uester Ma; noster R V¹
10 comedere] commedere with first -m marked for deletion Me
13 Dei] om. Ma   estis] om. Ma   14 qua] quas R   15
marginal note] last part of diligere and corpore cut off Me   24
Ideo] et ideo R   25 ipsas] ipse R   lvii°] lvii^a Me   31 Dei,
uestra] interchanged Ma V¹

sic eru*nt* *c*onformes q*uod* quicquid Deus uult, vos voletis
et ipse quod vos.

Super omnia alia cogitata, in omnibus passionibus
recogitate sem*per* intime de penis Chri*s*ti, q*uod* mu*n*di
rector uoluit p*ro* suis *s*eruis pati tales pudores, irrisio*n*es, 5
alapas, sputa faciei, velatione*m*, spineam coronat*i*one*m*
q*ue* ita capiti insedit q*uod* riui sangu*i*nis decurreba*n*t i*n*
terra*m*; *et* eius dulce corpu*s* vinxeru*n*t nudu*m* ad dura*m*
columpnam *et* sic uerberaueru*n*t q*uod* preciosu*s* sanguis
vndiq*ue* fluxit; acetum felle mixtu*m* ei oblatum quando 10
siciebat in cruce, mot*i*one*m* capitu*m* super eum | qu*ando* f. 117 b
derisorie clamaba*n*t: Alios saluos fecit, se ip*s*um no*n*
pot*est* saluu*m* facere. Si filiu*s* Dei e*s*, *et* cetera. Vertatis
ad libru*m* secu*n*dum, ibi d*i*ctu*m* e*st* quomodo passus e*st*
in suis quinq*ue* sensibu*s* *et* com*p*aretis totum dolorem 15
vestru*m*, infirmitatem *et* aliud quodcumq*ue*, iniuria*m*
ve*r*bi uel facti *et* quicquid ho*m*o pati p*otest* hijs q*ue*
Chri*s*tu*s* passus e*st* *et* facile videbitis q*uam* paru*m*
attingat, p*r*esertim si cogitetis q*uod* ip*s*e erat om*n*ino
innoce*n*s *et* q*uod* hec om*n*ia passus est no*n* p*ro* se, q*uia* 20
peccatu*m* no*n* fecit. Si uos paciamini aliqu*i*d graue,
grauiora me*r*uistis *et* totu*m* q*uod* patimini est p*ro* uobi*s*-
met ip*s*is.

Eatis nu*n*c libe*n*ciu*s* viam difficilem *et* laboriosam ve*r*su*s*
festu*m* celeste vbi amici ue*s*tri leti ve*strum* prestola*n*tur 25
adue*n*tum, | qua*m* stolidi homi*n*es mu*n*dani pe*r*gunt per (M. 190)
viam viridem ve*r*sus patibulum *et* mortem inferni. Melius
e*st* infirmum ire ad celum q*uam* sanum i*n* infernum, ad
amenitatem cum inedia q*uam* ad dolorem cum edia.
Nichilomin*us* sciatis p*ro* certo, miseri mu*n*dani homi*n*es 30
cariu*s* com*p*arant infernum quam vos celum. Ecclesia-
stic*i* xxj°: Via im*p*ioru*m* complantata est lapidibu*s*, id est,
duris afflictionibu*s*. Nichi*l*omin*us* certitudin*aliter* miseri

6 velatione*m*] velame*n* R   8 nudu*m*] mundum V¹   12–
13 non...facere] saluare no*n* potest Ma V¹   14 ibi] q*uod*
ibi Ma   20 q*uod*] *repeated* R   22 patimini] patiamini *with*
second -a *marked for deletion* Me; *as corrected* Ma R V¹   24 Eatis]
Beatus Ma diff[f]icilem]-lom. Me   25 festu*m*] regnum *with* festum
written above R   28 in] ad Ma   30 miseri] q*uod* miseri Ma

mundani homines carius emunt infernum quam vos
celum. Vnum sciatis,—vnum verbum asperum quod
patimini, langor diei vnius, infirmitas hore, si vnum
istorum in die iudicij vobis offerretur venale, hoc est,
5 premium quod ex eo consurgit, non daretis illud pro
toto mundo aureo, quia canticum vestrum erit coram
Domino nostro, Psalmista lxxxix°: Letati sumus pro **Ps. 89**
diebus quibus nos humiliasti et annis quibus vidimus
mala.

10   Omnis dolor mundanus est missio Dei. Nuncius vero
nobilis viri debet reuerenter recipi et cum hillari wltu,
precipue si sit secretarius Domini. Et quis erat ita secretarius Regis celestis sicut nuncius iste, scilicet, inopia
mundana que numquam ab eo recessit vsque ad finem
15 vite? Iste nuncius quid nunciat vobis? Ipse consolatur
f. 118 a vos hoc modo. 'Sicut Deus | me dilexit, me misit suis
caris amicis. Aduentus meus et mansio mea, licet appareat quasi sanies, est tamen sanans. Nonne foret res
illa horribilis cuius vmbram pre horrore conspicere non
20 possetis? Iterum, si vmbra illa esset ita acuta et calida
quod sine grauamine sentiri non posset, quid diceretis de
ipsa re horribili ex qua vmbra ipsa procederet? Pro
certo sciatis quod totum malum huius mundi non est nisi
vmbra mali infernalis.' Vnde dicit nuncius iste, scilicet,
25 inopia mundana, 'Ego sum illa vmbra. Oportet quod me
recipiatis uel illud terribile malum cuius sum vmbra. Qui
(M. 192) me letanter | et hyllariter recipit, Dominus meus ei nunciat
quod liberatur a re cuius sum vmbra.' Sic loquitur nuncius Dei. Ideo dicit Iacobus, capitulo i: Omne gaudium **Jacobi c. j°**
30 existimate, fratres, cum in temptationes varias incideritis,
que supra nominantur exteriores; et beatus Paulus,
Hebreorum xij°, dicit: Omnis disciplina in presenti **Hebre. 12. c**
videtur non esse gaudij sed meroris; postea autem fru-

2 Vnum] Vnde Ma   4 vobis] om. R   offerretur] -re *added
above line for insertion between* -rr Me; afferetur Ma; offerretur R
7 nostro] uestro Ma   10 missio] nuncius missio V[1]   16 Deus]
om. Ma   18 sanies] fames Ma   26–8 Qui … vmbra] *written
in margin but marked for insertion here* Me; *in text* Ma R; om. *in text,
margin lost* V[1]

F

ctum pacatissimum excercitatis per eam reddet iusticie.
Qui habent prospera vite presentis, magis habent timere
mollem partem temptationis que vocatur exterior quam

Nota duram. | Fama, enim, laus, commendatio de contemptu (M. 194)
mundano temptatio est et posset cito multum auferre de 5

Ysay. 3. b mercede. Ysaye iijᵒ: Popule meus, qui te beatificant, ipsi
te decipiunt. Sic qui vobis dicunt, 'Beatus uenter qui
uos portauit et feliciter nate fuistis,' ipsi vos seducunt.
Superius dictum est de adulatione iij libro. Quando nichil
deest vobis tunc applaudit vobis mundus et tendit 10
osculum. Sed maledictum sit illius osculum, quia osculum Iude est. Contra huiusmodi temptationes sitis caute,
care sorores, ad temptandum cum delectatione uel cum
tristicia; teneatis semper interius cor in idem, ne forte
temptatio exterior generet interiorem. 15

Interior temptatio est duplex sicut exterior. Exterior
De tempta- enim est in aduersitate et prosperitate. Est igitur, ut dixi,
tione
delectationis temptatio interior duplex, carnalis et spiritualis. Carnalis,
interioris sicut luxuria, gula, ocium. Spiritualis, sicut superbia,
inuidia, ira. Ira est temptacio | interior. Sed temptatio f. 118 b
exterior generat iram; similiter de cupiditate. Tempta- 21
tiones interiores sunt septem crimina mortalia et eorum
genimina. Carnalis temptatio comparari potest wlneri in
pede; spiritualis, de qua magis timendum est, wlneri in
pectore. Licet maior appareat carnalis quia magis est 25
sensibilis, alie, licet habeantur, sepius tamen ignorantur
et tamen magne sunt et horribiles in oculis Dei et ideo
magis timenda est, quia uero carnalis temptatio bene
sentitur, medicina contra eam queritur; spiritualis
econtra. | 30

Sancti homines et mulieres maxime [et] sepius tem- (M. 196)
ptantur et hoc ad vtilitatem illorum, quia in certamine

---

1 pacatissimum] placatissimum Ma   reddet] reddit V¹
9 iij] 2ᵒ Ma   13 ad temptandum] quicquid accidat exterius ad
temptandum Ma V¹ uel cum] uel Ma   14 in] ad R   idem]
id ipsum Ma   18 temptatio] om. Ma   duplex] duplex scilicet
Ma   21 similiter] Sic Ma   27 oculis] conspectu Ma
28 timenda est] timende Ma   29 eam] eum V¹   31 [et]] erased
but visible Me; given in Ma R V¹   32 illorum] eorum R

contra temptationes lucra*ntur* gloriosam corona*m* agoni-   **No*t*a**
za*n*cium ; *et tam*en valde *conquer*un*tur* de temptationibu*s*.

Vn*de* Treno*rum* iiij⁰ : Persecutores no*st*ri velociores   **Tren. 4. d.**
aq*u*ilis celi supe*r* montes persecuti *su*nt nos ; in deserto   Religious men
5 insidiati s*un*t nob*is*. Persecutores no*st*ri su*n*t diabolu*s*,   and women are tempted most.
mu*n*dus *et* caro p*r*opria nec potest facile cognosci ali-
q*uando* q*uis* hor*um* homi*n*em impu*n*gnat q*uia* q*ui*lib*et*
aliu*m* iuuat. Dia*bolus tam*en proprie temptat de supe*r*bia,
desp*er*atione, inuidia, ira *et* de eo*rum* genimi*n*ibu*s* q*ue*
10 infra nomi*n*abu*n*tur. Caro p*r*oprie excitat ad suauia,
quiet*em* *et* molliciem ; mundu*s* ad cupiditat*em* bono*rum*
mu*n*dano*rum*, hono*rum* *et* alio*rum* hu*ius*modi vanitatum
q*ue* decipiu*n*t stultos ut diliga*n*t vmbram. Dicit igit*ur* :
Persecutores no*st*ri su*p*er mo*n*tes, *et* cetera. Mons e*st* vita
15 su*b*limis vbi insultu*s* diabolici sepiu*s* s*un*t forciores.
Desertu*m* e*st* vita solitaria, q*uia* sicut in deserto *su*nt fere
fugientes societates homi*n*um, sic debent Anachorite
p*r*eceteris m*u*lie*r*ibus esse fere ; *et* tunc erunt Deo cariores
et dulciores, sic*ut* caro ferina alij*s* carnibu*s* e*st* carior
20 *et* dulcior. P*er* hoc desertum, sic*ut* d*i*citu*r* Exodi xv⁰ *et*   **Exod.**
xix⁰, transij*t* popul*us* Dei versu*s* terra*m* promissionis *et*
Ieru*s*alem ; *et* vos, kar*is*sime sorores, transite pe*r* illa*m*
viam versu*s* | sublime*m* Ieru|*s*alem, regnu*m* q*uod* suis
promisit electis. Eatis ta*m*en caute, q*uia* in hoc deserto
25 su*n*t plures fere male,—leo superbie, se*r*pens inuidie,   The seven deadly sins and
vnicornis ire, v*r*su*s* accidie, wlpis cupiditatis, sus   their whelps.
gule, scorpio lux*ur*ie. Hec su*n*t septe*m* mortalia
crimi*n*a.

Leo superbie ha*b*et *m*ultos catulos,—vana*m* gloria*m*   The Lion of Pride.
30 q*ue* est si ho*m*o glorietu*r* de facto uel dicto uel de eo q*uod*   **Vana gloria**
ha*b*et, utpote pul*c*ritudi*n*e, sciencia, familiari noticia,
fama maiore, cogna*t*ione, dominio, volu*n*tatis imp*er*io.
S*ed* q*ui*d val*et* hu*ius*modi pulcritudo, anulus aureus in

f. 119 a (M. 198)

12 hono*rum*] hor*um* Ma   13 igitu*r*] eni*m* Ma   16 vita] -t
inserted above line Me ; vita Ma V¹ ; via R   27 septem] *stroke
over* -ep Me   mortalia] capitalia Ma R V¹   28 crimina] *preceded
by* peccata uel *crossed out* Me   30 dicto] de dicto V¹   eo] hoc
V¹   32 dominio] diuino *corrected in different ink to* dominio
Ma

naso suis? Cognatio sepe dampnum infert religioso; *et*
vellet de hoc comendari *et* pla*cet* sibi si reputet*ur* ut optat
ac displi*cet* si no*n* reputetur ut velle*t*.   Alius catulus

Indignatio superbie est indignat*io* q*u*ando indigne fert visa uel
audita *et* co*n*tem*p*nit castigat*io*nem uel inferioris doct*ri*- 5

Ypocrisis na*m*. Terc*ius* catulus e*st* ypocrisis *per* q*u*am se exhibet

Presumptio meliorem q*uam* sit.   Quartus e*st* presumptio que plura
presum*it* uel attemptat q*uam* possit explere aut se intro-
mittit de re ad se non *per*tinente uel nimis co*n*fidit de Dei
m*is*ericordia uel nimis co*n*fidit de homine aut de se, nimis 10
co*n*fidens in aliq*u*o homine carnali q*u*i temptari pote*st*.

Inobediencia Qui*n*t*us*, inobediencia: fact*um* c*um* m*ur*m*ur*e seu tardi-
tate, iunior inobedie*n*s seniori, subdit*us* prelato, paro-
chian*us* presbitero, ancilla do*m*ine, inferior superiori.

Loquacitas Sext*us* est loquacitas.   Ille catul*um* istum nut*r*it qui 15
mult*um* loq*u*itur, iactat, iudicat alios, mentit*ur* q*u*andoq*ue*, fallacit*er* loq*u*itur, exprobrat, litigat, adulat*ur*,

Blasphemia ris*um* excitat.   Septim*us* est blasphemia, cui*us* catulos
nut*r*it iurame*n*ta magna facie*n*s, amare maledicens,
D*eu*m uel ei*us* sanc*t*os maledicens p*r*o aliq*u*o casu quem 20

Inpaciencia patit*ur*, videt aut audit.   Octau*us* e*st* inpaciencia, | quem   f. 119 b
catul*um* nut*r*it q*u*i est impaciens co*n*tra iniurias aut alia

Contumatia mala.   Non*us* e*st* contumacia *et* hunc catulum nutrit q*u*i
ita est p*r*op*r*ie volu*n*tatis in reb*us* que p*r*esumpsit agere
q*uo*d, siue sint bona siue mala, nullu*m* co*n*silium sapien- 25

Contentio ci*us* auellere pote*st* a proposito.   Decim*us* est co*n*tencio,
q*ue* est ad uince*n*dum ita q*uo*d alius videat*ur* inferior,
prost*r*atus *et* vict*us* *et* q*u*asi area lucrata.   In hoc vicio
su*n*t exprob*r*acio, imputatio toti*us* mali q*uo*d imputare
potest alij uel q*uo*d pote*st* excogitare; *et* q*u*anto amari*us* 30
mordet tanto magis placet, lice*t* sit de re p*r*ius correcta.
Inter hec su*n*t q*u*andoq*ue* non solum verba amara veru*m*
etiam turpia, fetida, pudenda *et* confundancia verba,

---

7 Quartus] catul*us* added Ma   8 intromittit] promittit Ma
12 Qui*n*tus] catulus est *added* Ma   15 Sext*us*] catulus *added*
Ma   Ille] Illa R   21 quem] ille ei*us* Ma   28 area] alia
V[1]   lucrata] lucrat*ur* (lucrat[a] ?) Ma   33 confundancia] con-
fu*n*dencia Ma R

quandoque cum iuramento, multe superbe comminationes,
mendacia, diffamancia.   Ad hoc similiter pertinet com-
paratio sui ipsius generis seu cognationis verbi uel facti.
Et uadit quandoque talis postmodum cum tali ore prius-
5 quam confessione lauetur ad Deum cum cantu laudan-
dum uel ad priuatim orandum.   Maledicta et amens res!
Os talis magis fetet coram Deo et omnibus sanctis et
quicquid ex ore procedit quam aliquis canis putridus. Vn-
decimus est catulus nutus superbie et iste nutritur gesti-   **Nutus**
10 bus et signis, sicut sunt capud extollere, collum curuare,   **superbie**
ex laterre respicere, derisorie aspicere, oculis niuere, ore
cachinnare, nomen derisorium facere, cum capite, manu
derisorium signum facere, tibiam super tibiam iacere,
sedere uel stare rigide, petulanter aspicere, innocenter
15 loqui aut blese ex proposito.   Ad hoc pertinet cura de
uelo uel alio indumento, subtilitas in gestu, in colora-
tione aut alio apparatu, fucatione uel huiusmodi tinctura
capillorum uel lexiue superciliorum decapillatione uel
19 eorum erectione cum humida strictione. Multa alia sunt
(M. 200) proueniencia ex diuicijs aut | alia felicitate mundana et
f. 120·a generositate, ex pulcro indumento, ex | albedine, colore,
fortitudine; ex sublimi vita pululat superbia, ex sanctis
moribus.

Multos alios catulos quam supra nominaui habet leo
25 superbie sed circa hec diligenter studete, quia leuiter
pertranseo, non nisi ea nomino.   Sed vbi citius transeo,
ibi diucius moremini, quia vbi tango verbum vnum, sunt
decem uel duodecim. Si quis aliquid habet vicium de hijs
que supra nominaui vel ei simile, pro certo superbiam
30 habet.   Quomodo eius tunica formetur aut coloretur,
ipsa est quasi leonissa, leonis socia, de quo supra
locutus sum, et pascit eius amentes catulos infra suum
pectus.

9 catulus . . . iste] catulus leonis superbie est. Nutus superbie
et iste Ma   11 ex laterre] exaltare V¹   18 lexiue] lexiuie
with second -i marked for deletion Me; lexiuie Ma; lexiue R V¹
19 humida] liuida Ma   28 duodecim] vndecim Ma   30
Quomodo] quomodocumque Ma R V¹

Serpens inuidie Ingratitudo Serpens inuidie habet hos catulos,—ingratitudinem et hunc nutrit qui non agnoscit seu paruipendit aut omnino obliuiscitur beneficium non solum impensum ab homine sed a Deo, quod maius est quam intelligat, si illud bene cogitaret. De hoc vicio parum curatur et tamen illud 5 inter cetera magis est Deo odibile et contrarium eius gracie.

Rancor Alius catulus est rancor siue odium. Qui hunc in pectore 3 fouet, totum Deo displicet quod operatur. Tercius catulus est dolor de bono alieno, ridere uel deridere alterius 4 infortunium. Quartus est gaudium de malo alterius. 10 5, 6, 7 Quintus, accusacio. Sextus, detrac[c]io. Septimus, expro- 8 bracio uel derisio. Octauus, suspicio, videlicet, mali sine certo signo; videlicet, cogitare, 'Talem gestum pretendit, dicit aut facit vt me prouocet, derideat aut dampnificet'; et hoc quando alius nichil tale cogitat. Ad hoc pertinet 15 falsum iudicium, quod Deus prohibet; sicut cogitare uel dicere, 'Ipse me non dilexit; de hoc accusauit me; ecce! nunc loquitur de me tribus simul sedentibus; talis est uel talis et pro malo hoc fecit.' In tali cogitatione sepe decipimur quia sepe bonum est quod uidetur malum et 20 ideo humanum iudicium sepe falsum est. Ad hec perti- nent similiter adinuentiones peruerse, turpida mendacia 9 pro liuore uel odio. Nonus catulus est seminatio | dis- f. 120 b cordie. Qui hoc diabolicum semen seminat, a Deo ex- 10 communicatur. Decimus est peruersum silencium, quando 25 quis prius pre odio non wlt alij loqui. Vbi aliquod horum est, ibi est genimen uel uetus mater, venenosus serpens infernalis odij.

Vnicornis ire Vnicornis ire, qui fert cornu seu spinam super nasum et ledit quicquid attingit, habet vij catulos. Primus est 30 lis et contencio, ij[us], furor. Vide oculos et faciem quando amens ira concitatur. Aspice gestus et quomodo se continet. Audi quomodo os vadit et potes bene iudicare

---

4 maius] magis V[1]   10, 11 Quartus, Quintus] catulus added after each Ma   11 detrac[c]io] -c om. Me   14 derideat] Cum etiam aliquem derideat Ma   15 nichil] vel V[1]   26 prius] om. V[1] 28 odij] scilicet odium Ma   29 seu] uel Ma   30 habet] et habet Ma   31 Vide] uides Ma

talem furiosu*m*. Terci*us* est putibu*n*du*m* *improperium*.
(M. 202) Quartu*s*, maledicti*o*. Quintu*s*, percussi*o*. | Sextu*s*,
optati*o* dampni uel qu*o*ad aliquem uel qu*o*ad ei*us* amicum
uel ei*us* possessione*m*. Septimu*s* e*st* *pre* ira *peruerse* uel
5 min*us* bene agere, abstin*ere* a cibo uel potu, vindicare se
flendo, si aliud no*n* pote*st* *et* maledicendo, dampnificare
aliqu*o* mo*do* in a*n*ima *et* simil*i*ter i*n* corpore; h*uiusm*odi
e*st* homicida *et* murdraria sui ip*sius*.

Vrs*us* accidie h*a*bet hos catulos. Prim*us* e*st* torpor, Vrs*us*
10 videl*icet*, cor tepidum cui no*n* placet bonu*m*, q*uo*d *tamen* Accidie 1
deberet inflammari flamma amoris Dei. Secu*n*du*s* e*st* 2
pusillanimitas, videl*icet*, q*uan*do cor e*st* miseru*m* *et* nimis
timidu*m* nec audet aliq*uid* arduu*m* aggredi cu*m* spe adiutorij Dei *et* c*o*nfidencia gracie ei*us*, non *proprie* virtutis.
15 Terci*us*, cordis grauitas, cu*m* q*u*is benefacit *sed* cu*m* q*u*asi 3
mortuo *et* graui corde. Quartu*s* e*st* ocium, cum o*m*nino 4
cessat bene agere. Quintu*s* est murmur cordis. Sextu*s*, 5
letalis t*r*isticia mentis *pro* amissio*n*e rei mu*n*dane uel *pro* 6
aliqu*o* inuolu*n*tario, peccato dumtaxat excepto. Septimu*s*
20 e*st* necgligencia dicendi uel faciendi uel preuidendi uel 7
rememora*n*di uel male custodiendi rem cui*us* h*a*bet custodiam. Octauu*s* est desperatio. Ferocior e*st* iste catul*us* 8
ceteris q*uia* corrodit *et* vastat magna*m* Dei m*isericord*iam
24 *et* ei*us* dulce*m* benignitatem *et* ei*us* inmensam graci*am*.

f. 121 a Wlpis cupiditatis h*a*bet hos | catulos,—fraudem siue Wlpis
dolu*m*, furtum, rapina*m*, mulcta iniusta, co*n*cussio[nem], cupiditatis
falsum testimoni*um*, simoniam, vsura*m*, auaricia*m*, au[g]-
mentu*m* vltra donu*m* uel comodatu*m*, cor tenax siue tenacita[tem], q*u*e maxime displic*et* Deo q*u*i se ip*s*um totum
30 dedit nob*is*, homicidium q*ua*ndoque. Istud vicium, *scilicet*,
cupiditas, *comparatur* wlpi propter multa, de q*u*ib*us* duo

---

1 putibu*n*dum] pitabundum *with* -ti (?) *written over* -a *in lighter*
ink V[1] 7 sim*i*liter] super V[1] 8 homicida] homicidia *with third* -i
marked for deletion Me; *as corrected* Ma R V[1] 13 timidu*m*] tepidu*m*
Ma 15 Terci*us*] Terci*us* est V[1] quasi] *om.* Ma 19 inuolun-
tario] uoluntario Ma excepto] concepto Ma 22 Ferocior]
forcior Ma 26 co*n*cussio[nem] -nem *om.* Me 27 simonia*m*]
om. Ma 27-8 au[g]mentu*m*] -g *om.* Me 28-9 tenacita[tem]
tenacitas Me

Cupidus wlpes propter dolositatem, voracitatem dicam. Vulpis est animal dolosum et in cupiditate rerum mundanarum est multiplex dolus. Iterum, uulpis est vorax: licet non possit nisi vnum glutire, strangulat totum gregem. Sic cupidus cupit quod sufficeret multis milibus et, licet cor eius frangeretur, non potest ipse percipere nisi 5 partem vnius hominis. Quicquid homo appetit vltra id quod vitam ducere potest secundum suum statum est |

Religio cupiditas et radix mortalis peccati. Religio recta est ut (M. 204) quilibet secundum suum statum accomodet seu mutuo accipiet a voraci mundo quantum minus potest cibi uel 10 vestimenti, possessionis aut cuiuscumque rei mundane. Notate que dico: quilibet secundum suum statum. Per vnum verbum possunt plura intelligi nec possunt omnia scribi.

Sus gule   Sus gule habet hos porcelos,—prepropere edere, nimis 15 deliciose, nimis edaciter, nimium, nimis sepe. Isti porcelli magis fouentur in potu quam in cibo. Breuiter de hijs loquor quia non timeo quod illos foueatis.

Scorpio luxurie   Scorpio luxurie habet hos catulos, quorum aliquos non decet os morigeratum nominare. Sola nominacio alicuius 20 ledere posset omnes aures morigeratas et fedare corda munda. Illi possunt nominari quorum nomina noscuntur et, quod dolendum est, multi sunt nimis noti,—fornicatio, adulterium, virginitatis amissio, incestus, qui est inter illos qui sunt cognati carnaliter uel spiritualiter, con- 25 cupiscencia delectationis carnalis cum rationis consensu, pronuba, consensus uel testimonium peccati alterius, procacitas cum nutu uel tactu uel attractu, cum stolido risu, cum oculo meretricio, cum gestu leui, cum dono, cum 29 alliciente uel amoris verbo seu loquela, | cum osculo, cum f. 121 b | tactu illicito, quod est mortale peccatum, diligere locum (M. 206) uel tempus aut alias occasiones huiusmodi peccati, quas oportet fugere qui wlt in magnam feditatem non incidere.

9–10 accipiet] -e blurred, possibly changed to -a Me; accipiet Ma R   12 quilibet ... statum] om. Ma   13 intelligi] final -i changed from -ere Me; -i Ma R   15 prepropere] third -p inserted above line Me; propere Ma R   29 cum oculo] uel cum oculo Ma 30–1 cum tactu] uel cantu Ma

Vnde Augustinus: Omissis occasionibus que solent aditum Aug.
aperire peccatis potest consciencia esse incolumis. Oportet
enim vitare occasiones que peccato aditum pandunt. Non
audeo nominare innaturales catulos huius diabolici scor-
5 pionis veneno caudati. Sed dolens esse potest qui cum
uel sine alio ita fouit catulum sui veneni quod non possum
pre pudore de eo loqui nec audeo pre timore ne forte quis
plus discat mali quam sciat et de eo temptetur. Sed
cogitet quilibet de propriis adinuentionibus maledictis sue
10 concupiscencie, quomodocumque enim expleatur vigilando
et volendo, excepto matrimonio, est mortale peccatum.
In iuuentute fiunt mirabilia. Eructet in confessione
omnino quicumque sicut fecit qui sentit se culpabilem.
Alioquin per explecionem libidinis igni condempnabitur
15 infernali. Catulum scorpionis confessione excuciat et satis-
factione interficiat. Satis facile est videre cur com- Nota
paratur superbia leoni, odium serpenti et de omnibus alijs
preterquam de vltimo, videlicet, cur luxuria comparetur
scorpioni. Sed ecce ratio subtilis et clara. Scorpio est
20 vermis habens faciem aliquantulum similem mulieri et in
parte posteriori est serpens. Uultum pretendit hillarem
et blanditur cum capite sed pungit cum cauda. Prouer- Prouer. 26
biorum xxvjᵒ: Qui apprehendit mulierem quasi qui apprehendit scorpionem. Talis est luxuria, bestia diaboli,
25 quam ducit ad mercatum et ad alias congregationes,
offert venalem et multos decipit, quia non respiciunt nisi
(M. 208) pulcrum capud, hoc est, inicium luxurie et | delecta-
tionem que dum durat suauis apparet. Cauda, id est, .i. atter
finis eius, est dolor et penitencia et pungit cum sanie,
30 amare compunctionis et satisfactionis; et feliciter
dicere possunt qui caudam talem inueniunt, quia

4 audeo] written after nominare but marked for insertion here Me
innaturales] naturales R   6 fouit] -i written above -e marked
for deletion Me; fouet Ma; fouit R   9 maledictis] malignis Ma
10 expleatur] excompleatur with ex- marked for deletion Ma   12
In] written in margin Me; om. R   20 et] dotted as if for deletion
Me; et Ma R   25 first ad] om. R   27 delectationem] de-
litacionem Ma   30 id est, atter] written above sanie in same hand
and ink Me; gloss om. Ma R

sanies seu venenum transit sed nisi | hic sequatur cauda f. 122 a
et finis venenatus est in eterna pena inferni. Et nonne est
stolidus mercator qui volens emere equum aut bouem non
wlt respicere nisi solum capud? Ideo quando diabolus
offert hanc bestiam venalem et petit pro ea animam tuam, 5
semper abscondit caudam et ostendit capud. Sed tu
vndique circueas et ostendas finem cum toto, quomodo
cauda pungit, et cito fugiendo recedas priusquam veneno
pungaris.

All sins may be
traced to one of
the Seven.

Sic in deserto quo pergitis cum populo Dei versus 10
Ierusalem, que est regnum celorum, sunt tales bestie et
vermes; nec scio peccatum quod non possit reduci ad
aliquid dictorum septem uel genimen aliquod eorum.
Inconstans fides contra sacram doctrinam, nonne ex
superbia inobediencie est? Ad hoc pertinent sortilegia 15
quecumque, infidelitas, credere sompnijs et huiusmodi.
Susceptio eukaristie uel alterius sacramenti cum mortali
peccato, nonne est species superbie que dicitur pre-
sumpcio, si sciatur cuiusmodi peccatum est? Si nesciatur,
neglegencia est, species accidie. Qui non premunit alium 20
de dampno uel comodo, nonne est ociosa necglegencia uel
odium? Male decimare, detinere legatum, inuentum uel
comodatum, nonne est cupiditas, furtum? Retinere mercedem vltra terminum, nonne est rapina et species cupiditatis? Si male seruetur res comodata uel ad seruandum 25
tradita peius quam putet ille cuius est res, nonne est fraus
uel necglegencia? Similiter stolidum preceptum uel fides
male prestita, diu esse sine confirmatione, falso simulare
confessionem uel nimis diu expectare, | non docere pater (M. 210)
noster uel credo susceptum de sacro fonte, hec et huius- 30
modi reducuntur ad ocium. Bibere aliquid quo fieret
sterilis uel conceptum extingueretur, nonne hoc est homi-

1 transit] transeunt R   7 ostendas] -a *written over* -e Me;
as corrected Ma R   14 nonne] nunc Ma   16 quecumque]
et quecumque Ma   20 est] que est Ma   21 comodo] incom-
modo Ma   23 comodatum] *line above first* -o *erased here and in*
l. 25 Me; accomodatum Ma   27 uel]*et* Ma   32 uel] ut *added above*
line in different ink Me; ut *om.* Ma R   extingueretur] extinguere
Ma

cidium? Omnia peccata singillatim et nominatim non
posset aliquis numerare sed in predictis cetera includuntur; nec est aliquis ut puto quin possit intelligere
suum peccatum sub aliquo prescriptorum contineri.

f. 122 b   De | septem bestijs et eorum geniminibus in deserto
6 solitarie vite dictum est huc vsque. Leo superbie interficit omnes superbos et elatos corde; serpens venenosus,
inuidos et ingratos; vnicornis, iracundos; et sic de alijs.
Interfecti sunt quoad Deum sed viuunt quoad diabolum
10 et sunt in eius excercitu et ei seruiunt in sua curia,
quilibet de officio ad se pertinente.

De officio superborum. Superbi sunt tubatores tra- **De officio**
hentes interius ventum vane laudis et iterum cum hyatu **superborum**
exsufflant, sicut tubarius facit tumultum et grandem
15 sonum ad ostendendam suam vanam gloriam. Sed si
bene cogitarent de tubatoribus Dei, de tubis angelorum
qui in quatuor partibus mundi ante terribile iudicium
sonabunt, 'Surgite, mortui, surgite! Venite ad iudicium
Creatoris ut iudicemini!'—ibi nullus superbus buccinator
20 saluabitur,—si hec bene cogitarent, in seruicio diaboli
minus sonarent. De hijs Ieremie ijᵒ: Onager in desiderio **Iere. 2**
anime sue attraxit ventum amoris sui, scilicet, vane glorie.

Sunt aliqui ioculatores qui nesciunt alium histrionatum **De officio**
(M. 212) nisi mutare uultus, curuare os, obliquare | oculos. De hoc **Inuidi**
25 officio seruit inuidus in curia diaboli, ut ad risum prouocet
suum inuidum dominum. Si quis bene dicit uel facit, non
possunt inuidi talem recto oculo aut bono animo aspicere
sed ex parte illa conniuent oculis et quasi a sinistris **Loke**
vident, si quid sit ibi quod reprehendant uel displicenter
30 se habeant. Quando bonum audiunt, deprimunt aures sed
auditus contra malum est semper apertus. Tunc male
curuat os quando bonum vertit in malum et si sit malum,
ampliori detractione vertit in deterius. Isti sunt predi-
centes et prophete proprii significantes prius quomodo

4 prescriptorum] predictorum Ma; preceptorum R   9 sunt]
om. Ma   12 tubatores] perturbatores R   14 exsufflant]
exsufflare Ma   22 scilicet] id est Ma.   26 bene] joined to
dicit Me

demones horribiles eos terrebunt cachinnando et quomodo ipsimet cachinnabunt et gement pre angustia in
pena inferni. Sed ideo minus sunt plangendi quia prius
discunt suum officium ut faciant horribile.

De officio Iracundi Iracundus coram diabolo pungnat ut pugil cum | cul- f. 123 a
tellis, est proiector cultellorum et ludit cum gladijs, portat 6
eos punctis acutis super linguam. Gladius et cultellus
ambo sunt acuta et scindencia verba que proicit et quibus
impugnat alium. Pretendunt quomodo demones impu-
gnabunt ipsum et dimicabunt cum creagris infernalibus, 10
qui sunt pene acute, horribiles et scindentes.

De officio accidiosi Accidiosus iacet et dormit in gremio diaboli tanquam
carus eius puerulus et diabolus os suum ponit ad aurem
eius et garulat ei quicquid uult. Sic enim ociosis multa
garulat qui eius doctrinam libenter suscipiunt. Ocium 15
et neglegencia sunt sompnus pueri diaboli. Sed in | tre- (M. 214)
mendo iudicio horribiliter expergiscentur cum sono
metuendo tubarum angelorum quando sonabunt, 'Surgite,
mortui qui iacetis in sepulchris! Surgite, venite ad
iudicium Saluatoris!'
20

De offic[i]o cupidi Cupidi officium est cineres congregare, cumulare et
cumulos multiplicare. Exsufflat in eis et se ipsum ex-
cecat, se in eis balneat, eos palpat et planat et facit in eis
figuras algorisimi sicut computatores faciunt qui habent
multa computare. Hoc est gaudium stulti et hostis aspicit 25
huiusmodi ludum et ridet ita quod crepat. Omnis sapiens
intelligit quod aurum et argentum et alia mundana non
sunt nisi terra et cineres que excecant insufflantem et
inflant per cordis superbiam; et quicquid congregat et
detinet plus quam oportet, non est nisi cinis et in inferno 30

4 faciant] faciat Ma   horribile] horribilem Ma Me, with -m
marked for deletion in Me; horribile R   5 pungnat] also in
Ma; pugnat R   5–6 cultellis] cultellus Ma   6 proiector] pro-
tector Ma   9 impugnat] also in R; impungnat Ma   9–10
impugnabunt] also in R; impungnabunt Ma   13 puerulus]
paruulus R   16 sunt sompnus] et somnus sunt Ma   21
margin offic[i]o] offico Me   cumulare] et culmulare with et crossed
out and first -l marked for deletion Me; et om. Ma R   24 algori-
simi] algorismi Ma R   2   multa om. Ma

vertetur in bufones *et* serpentes *et* de uermibus erit tam
coopertorium quam substratorium illis qui noluerunt de
eis inopes pascere nec uestire. Ysaie xiiij°. a: Subter te
sternetur tinea *et* operimentum tuum vermis.

5   Gulosus est mancipium diaboli manens semper in De officio
Gulosi
celario uel coquina. Cor eius est in discis, cogitatio in
ciphis, vita in doleo, anima in vrceolo. Apparet coram
domino suo perfusus *et* fedatus, discum habens in vna
manu, ciphum magnum in alia. Multiplicat verba impu-
10 dencia, nutat vt ebrius. Aspicit magnum ventrem *et*
f. 123 b diabolus ridet. Istis comminatur | Deus, Ysaie lxv: Ysa. 65. c
(M. 216) Serui mei comedent *et* vos esurietis, *et cetera*; | *et* Apoca- Apo. 18
lypsis 18: Quantum glorificauit se *et* in delicijs fuit,
tantum date ei tormentum *et* luctum; *et* iterum; Contra
15 vnum poculum quod miscuit, miscete ei duo. Pro ciphatu
potus, da ei es candens. Hoc est diuinum iudicium
contra gulosum *et* ebriosum,—contra vnum da ei duo.

   Luxuriosi in curia diaboli retinent proprium nomen, De officio
luxuriosi
quia in magnis curiis qui vocantur luxuriosi ita perdi-
20 derunt famam quod de confusione non curant sed querunt
quomodo turpiora committant. De continentibus dicitur,
Apocalypsis xiiij°: Hij sunt qui cum mulieribus non sunt Apo. 14
coinquinati. Luxuriosus in curia diaboli fedat se ipsum
turpiter *et* socij eius fetent ex turpitudine *et* placet suo
25 domino magis ex fetore quam faceret ex odore thuris. Quomodo feteat coram Deo angelus ostendit in Vitis Patrum
qui tenuit nasum obuians superbo luxurioso equitanti,
non autem pro fetido cadauere quod adiuuans sanctum
heremitam sepeliuit. Super omnes turpissimum officium
30 habent isti in curia diaboli quia inficiunt se ipsos *et* ipse
inficiet eos et cruciabit cum eterno fetore in puteo inferni.

   Iam dictum est de septem criminalibus peccatis *et*
eorum geniminibus *et* de quo officio seruiunt criminosi in
curia diaboli qui has septem hagges duxerunt in vxores.

6 est] *om.* Ma   9–10 impudencia] *imprudentia* R   13 18]
followed by xviij° Me   14 ei] illi Ma   15 quod] quod iuste R
24 turpitudine] eius *added* Ma   33–4 in . . . diaboli] *om.* Ma
34 hagges] *same word* Ma R

Har*um* vltima maxime *et* lon*g*i*us* fetet q*uia* diabolus
illud sufflat.   Timeo ne forte aliq*uando* nasum cordis
ve*st*ri intret.   Fetor ascendit *et* vos p*er* san*ct*am vit*am*
ascendistis in altum vbi | vent*us* temptationum est (M. 218)
veheme*n*s.   Domin*us* vobis *t*ribuat fortitudine*m* ad resi- 5
stendu*m*.

De
vehem*enti*
temptatio*ne*
In religion, as
in marriage, the
first years are
the easiest.

Aliq*ua* putat q*uod* maxime temptaretur suo primo
anno quo uita*m* anachoritica*m* inchoauit *et* in alio
sequenti *et* tam*en* post m*u*ltos annos sentit temptationes
tam fortes q*uod* mira*tur* vehement*er* *et* timet ne forte eam 10
deser*uer*it Domin*us*.   Non est sic.   In primis annis non
est ni*si* ludus pile.   De hoc Gregori*i* | xxiiij*o* Mor*a*lium iij*o*. f. 124 a
d : Sepe aut*em* tam diutina s*unt* temptati*onum* certamina
quam longa fuer*unt* inchoancium blandimenta.   Iter*um*,
eodem capi*tulo* Gregori*i*: Humana anima, *et* cetera.   Sed 15

No*ta*
ex*emplum*

aduertatis q*uo*mo*do* est in parabola.   Cum vir nouit*er*
dux*er*it vxorem, leuit*er* *et* benigne aspicit ei*us* gest*us*.
*L*icet videat in ea aliq*u*id si*bi* displicens, dim*i*ttit tam*en*
et wltum pretendit hillarem ac modis omnib*us* satagit ut
ip*sa* eu*m* intime *et* cordit*er* diligat.   Cum intellex*er*it q*uod* 20
amor ip*sius* est erga eum firma*tus*, tunc po*t*est eam
secrete *et* manifeste castigare de malis morib*us* q*u*os q*ua*si
nesciens prius dissimulauit ; se austerum exhibet ut
temptet adhuc vtrum amorem conceptum possit infir-
mare.   Postremo cu*m* perc*ep*erit q*uod* omnino est bene 25
morigerata *et* q*uod* pro nullo q*uod* ei facit ip*sa* eum
minu*s* diligit sed magis *et* magis, si potest, de die in diem,
tunc manifestat ei q*uod* eam dulcit*er* diligit *et* facit quicquid uult tan*quam* bene cognite ; *et* tunc tristicia pre-
cedens vertit*ur* in gaudiu*m*.   Si Chri*stus*, sponsu*s* ue*st*er, 30
sic vob*is* faciat, non miremini.   In principio non e*st* ni*si*
alleccio ad amorem sed cum perceperit q*uod* estis si*bi*

2 aliq*uando*] *om.* Ma   9 tam*en*] cum Ma   10 q*uod*] *written*
in margin Me ; *om.* Ma   11 Domin*us*] *written in margin* Me ;
deus Ma ; *om.* R   12 hoc] hec Ma   xxiiij*o*] *followed by et marked*
for deletion Me   13 autem] enim Ma   20 ipsa] ipse R
24 adhuc] *hyphenated in different ink* Me   29 cognite] cognita
Ma   tunc] tota tunc R   32 alleccio] *first* -c *inserted above line*
Me ; allexio Ma ; allectio R   perceperit] percepit R

bene cognite, minus vobis defert. Post probationem in
fine tunc est ingens leticia. Omni eodem modo quando
Dominus voluit populum suum educere de seruitute et de
potestate Pharaonis de Egypto, fecit pro illis quicquid
(M. 220) voluerunt, miracula multa et | pulcra. Siccauit Mare
6 Rubrum et parauit eis viam per illud et vbi illi transierunt
sicco vestigio, Pharao et hostes eorum omnes submersi
sunt. In deserto postquam produxerat eos, permisit eos
pati famem, sitim, laborem multum. Tandem in fine
10 contulit eis requiem et omnia temporalia et omnem appeti-
tum cordis et concupiscenciam carnis siue ediam. Sic
Dominus in principio parcit debilibus et iuuenibus et
extrahit eos a mundo dulciter et delicate. Cum uiderit
f. 124 b eos durescere, sinit bella insurgere | et docet eos preliari
15 et penuriam pati. Tandem post labores dat eis dulcem
quietem etiam hic in hoc mundo antequam perueniant ad
celum et apparet tunc quies tam bona post laborem,
magna edia post miseriam videtur tam dulcis.

Sub temptatione interiore et exteriore continentur **De tempta-**
20 cetere quadripartite sic: temptatio leuis et secreta, tem- **tione in-**
ptatio leuis et aperta, temptatio grauis et secreta, tem- **teriore et**
ptatio grauis et aperta. Hee notari possunt in Psalmo: **exteriori**
Non timebis a timore nocturno, a sagitta volante in die,
a negocio perambulante in tenebris, ab incursu et
25 demonio meridiano. De leui et secreta dicit Iob xiiij°: **Iob 14**
Lapides excauant aque et alluuione paulatim terra consumitur. Gutte leues perforant cilicem sepe cadendo et leues
ac secrete temptationes non percepte corrumpunt cor
fidele. De leui et aperta, Iob xlj°: Lucebit post eum **Iob 41. d**

1 vobis] *written in margin to replace short word* (ea ?) *in text* Me;
ei Ma R   1–2 in fine] *om.* Ma   6 illi] illud-Ma   10 eis]
om. R   11 siue]sue Ma   13 extrahit] -i *written above
erased letter, probably* -a Me; extrahit Ma R   14 *second* eos]
om. Ma   21–2 leuis et aperta . . . aperta] grauis et aperta
Ma   22 Hee] hec Ma; he R   notari] *originally* nominari
changed to notari *by partially erasing stroke over* -i *and turning* -i
into -t Me; nominari Ma; notari R   26 alluuione] *first* -l *and*
-i *inserted above line* Me; alliuione (i's *marked*) Ma; alluuione R
27–8 et, ac] *interchanged* R

semita, de qua non est ita timendum. De temptatione

Iob 30. b graui et secreta conqueritur Iob xxxº: Insidiati sunt mihi
et preualuerunt et non erat qui ferret auxilium; et Ysaie

Ysa. 47 xlvijº: Veniet malum super te et nescies ortum eius. De

Iob 30 temptatióne graui et aperta conqueritur Iob xxxº: Quasi 5
rupto muro et aperta ianua irruerunt super me. | Prima (M. 222)
temptatio et tercia fere continentur sub interiore; secunda
et quarta sub exteriore et sunt fere carnales et facile sensi-
biles. Alie due spirituales sunt de vicijs spiritualibus et
sepe absconduntur quando plus nocent ideoque magis 10
timende.

Multi qui non putant fouent in suo pectore aliquem
leonis catulum, aliquid vipere genimen corrodens animam.

Prouer. 23. g De hijs, Prouerbiorum xxiijº: Traxerunt me et non dolui;

Osee 7 uulnerauerunt me et ego non sensi. Osee vijº: Alieni com- 15

1 Exemplum mederunt robur eius et ipse nesciuit. Ad huc est maxime
timendum quando deceptor infernalis allicere | nititur ad f. 125 a
aliquid quod uidetur valde bonum et est tamen mors
anime et via ad mortale peccatum. Sic facit quociens non
potest cum manifesto malo vim suam ostendere, quasi 20
diceret, 'Non possum facere ut iste peccet per gulam;
volo, sicut luctator, intorquere in partem illam ad quam
se magis trahit et proicere eum ex parte illa et subito
prosternere antequam putet.' Et temptat ac exitat eum

To torment the body may kill the soul. ad tantam abstinenciam quod infirmus redditur ad Dei 25
seruicium et ut tam duram vitam ducat et ita carnem
affligat quod anima moriatur.

2 Exemplum Aliud exemplum. Videt alium quem non potest ad
odium inclinare, cor caritatiuum et misericordem haben-
tem. Cogitat, 'Volo istum facere excessiue misericordem; 30
tantum faciam quod diliget mundana uel temporalia, quod
minus Deum diliget et famam perdet'; et mittit tunc in
cor benignum cogitationem huiusmodi: 'Sancta Maria!

15 ego] om. Ma   16 huc] stroke over -uc Me; huc Ma R
17 margin] rubric in different hand: De temptacione sub specie boni
apparentis Me; rubric not in Ma R   23 eum] illum R   24 ac]
aut Ma   26 ita] apparently changed from a shorter word and
crowded in before carnem Me; ita Ma; om. R.   30 istum] isti R
31 second quod] inserted above line Me; om. R

nonne homo ille, uel illa mulier, habet inopiam et nemo
eis aliquid facit? Numquid facerent si ego rogarem et sic
possem eos iuuare et elemosinam facere?' Sic exitat ad
congregandum ut primo det pauperibus, deinde ut det
5 alijs amicis, tandem ut faciat conuiuia et ut fiat omnino
mundanus uel mundana. Transformat Anachoritam in
matronam uel matrem familias. Tale conuiuium facit
aliquando meretrix; putat quod benefaciat, sicut stolide
et amentes sibi dant intelligere, adulantur de liberalitate,
(M. 224) comendant et exaltant | elemosinam quam facit, quam
11 late cognoscitur; et hec sibi placent et prosilit in gloriam
inanem. Fortassis aliqua dicit quod ipsa ita congregat
thesaurum quod domus sua perfodi et ipsa periclitari
potest. Sic traditor infernalis similat se fidelem consilia-
15 rium. Numquam credatis ei. Dauid uocat eum 'demo-
nium meridianum'; et beatus Paulus, Corinthiorum xj°,
'angelum lucis', quia palam se exhibet et ostendit multis.
Visionem quamdocumque vigilando aut sompnium dor-
miendo non reputetis nisi fantasma, quia deceptio eius
20 est; quia sapientes sancte et sublimis vite viros sepius
f. 125 b sic decepit, sicut tunc fecit | quando cuidam in effigie
mulieris apparuit et dixit quod oberrauerat, fleuit tanquam misera ut haberet hospicium; et alij sancto viro
concredere fecit quod esset angelus et quod pater illius
25 esset diabolus et fecit eum interficere patrem. Ita sepe
prius sibi semper verum dixerat quod in fine miserabili-
ter eum decipere uoluit. Similiter de sancto quem fecit
domi venire ad erogandum miseris et pauperibus bona
paterna ita quod peccauit mortaliter cum muliere et sic
30 decidit in desperacionem et in crimine mortali defun-
ctus est.

Pro hominibus talia vobis loquentibus audite quomodo
vos contra cautelas diaboli perseruare debetis ne vos

Success in col-
lecting alms
may lead to
worldliness.

3 Exemplum

4 second det] om. Ma   5 et] om. Ma   8 aliquando]
quandoque Ma R   12 Fortassis] ffortasse R   16
Corinthiorum] 2 inserted above line in different ink Me   18
quamdocumque] apparently originally written quamcuque with -cu
changed to -dq Me; quamdocumque Ma; quamdocumque R
22 apparuit] ruit V¹   23 alij] alio Ma   25 eum] om. Ma

4 Ex_emplum_ circumueniat. Aliquociens aliquem vestrum fecit putare
quod adulatio foret si curialiter loqueretur et si humiliter
conquerendo suam necessitatem ostenderet et si regracietur
de beneficio et tamen foret magis presumptio ad extin-
5 Ex_emplum_ guendum caritatem quam sapientia vera. Aliquos ita 5
excitat ad uitandum humanum fauorem quod incidunt in
mortale crimen accidie uel in ita profundam cogitationem
6 Ex_emplum_ quod infatuantur. Aliqui sic detestantur peccatum quod
Nota desperant de alijs qui cadunt, qui deberent flere et timere
remedia
contra de casu consimili sui ipsius et dicere sicut dixit sanctus 10
temptationes,
vide_licet_ sedens et flens ac dicens, cum de casu cuiusdam sui |
mem_oria_ fratris nunciaretur, 'Ille hodie, ego cras! Heu! quam (M. 226)
dominice
passionis, acriter temptatus erat antequam sic caderet. Sicut ille
mortificatio
carnis, vtile cecidit heri, sic mihi cras contingere poterit.'
excercitium,
declinatio Dictum est de multis generibus temptationum con- 15
occasionum, tentis sub septem criminalibus peccatis, nichilominus
occisio
principii tamen non de millesima parte temptationum quibus
temptationum
When one homines temptantur. Non possem putare os aliquod
temptation nominare omnes sed in nominatis omnes includuntur.
fails, the devil
tries another. Pauci sunt in mundo qui aliqua illarum non temptantur. 20
Tot habet pixides maledictus medicus infernalis plenas
electuarijs, si | quis vnam respuit, statim aliam offert, f. 126 a
tertiam, quartam et sic deinceps quousque perueniatur ad
aliquam que tandem recipiatur et tunc illam sepius infundit. Cogitetis hic de narratione de eius ampullis. 25

Audite nunc contra singulas temptationes multimoda
Primum remedia et postmodum cum gracia Dei medicinam. Certa
remedium
contra sit de temptatione quecumque in sublimi vita consistit
temptationes et hoc est primum remedium seu solamen, quia quanto
i. It is the pious
who are turris alcior, tanto maiores sustinet ventorum inpulsus. 30
tempted.
Vos, care sorores, estis turris. Sed non timeatis dum con-
glutinate estis semento | caritatis. Non oportet ut flatum (M. 228)
diaboli timeatis nisi cementum menciatur, hoc est, nisi

2 curialiter] curaliter V¹   8 detestantur] destestantur Me
9 marginal note] inserted in text after infatuantur Me ; om., Remedia
contra temptaciones as rubric after poterit (l. 14) Ma ; written as marginal note R ; om. in text, margin gone V¹   17 tamen...de] om. Ma
18 os]hos V¹   21 maledictus]malus R   22 quis...respuit]repeated
as catchword, f. 125 b Me   25 second de] et de V¹   29 et] om. R

caritas inter vos per hostem diabolum deficiat. Tam cito
vestrum aliqua a cemento recedens dissoluetur, cito cor-
ruet nisi ab alijs sustentetur, sicut lapis a cemento solutus
proicitur a summitate turris in profundam speluncam
5 alicuius turpis peccati.

Ecce aliud remedium quod temptatos fouere debet.
Turris non impugnatur nec castrum nec ciuitas cum adepta
fuerint. Sic bellator infernalis non temptat illos quos in
manu habet sed illos quos non habet. Ideo que non tem-
10 ptatur timere potest ne tanquam impugnata adepta sit.

2ᵐ. To be tempted shows that the devil has not yet gained you.

Tercium remedium, quod Saluator nos docet orare,
Luce xj°: Et ne nos inducas in temptationem. Notate quod
non uult vt oremus ne temptemur, quia hec est nobis pena
purgatoria, sed ne inducamur in temptationem per con-
15 sensum cordis et rationis conscienciam seu conniuenciam.

iij ᵐ. The example of the Lord's Prayer.

Quartum remedium est securitas adiutorij diuini in
pungna. Corinthiorum x°: Fidelis est Deus qui non sinit
vos temptari supra id quod potestis sed faciet cum temptatione etiam prouentum ut possitis sustinere, ac si
20 diceret, 'Vsque ad tantum temptes eam et ultra non
progrediaris'; et ad tantum tribuit robur ad resistendum
nec potest hostis vltra progredi. Gregorii xviij°: Diabolus

4ᵐ. The knowledge of God's help.
Nota Cor. 10

(M. 230) | licet afflictionem iustorum semper appetat, tamen si a
Deo potestatem non accipiat, ad temptationis artificium
f. 126 b | non conualescit. Formidari igitur non debet qui nichil
26 nisi permissus agere valet.

Greg. 18 Mor.

Quintum remedium est, quod diabolus nichil potest
nobis facere nisi Dei permissu; quod bene fuit ostensum,
Matthei viij°, Luce viij°: Si eicis nos hinc, mitte nos in
30 porcos. Ecce quod non potuerunt grauare porcos sine
eius permissu et porci statim currerunt in mare et se ipsos
submerserunt. O Sancta Maria! ita fetebat porcis quod

5ᵐ. Temptation is by God's permission.
Luce 8

2 dissoluetur] dissoluatur V¹   12–14 Notate ... temptationem]
om. V¹   14 inducamur] ducamur Ma   17 Corinthiorum]
i inserted before word in different ink Me   22 xviij°] inserted above
line Me; om. Ma R   24 artificium] articulum R   29 marginal
note] letters, probably Nota, before Luce cut off Me   in] om. R
32 fetebat] -et written in different ink over erasure sufficient for 3
letters Me; faciebat Ma R V¹

maluer*unt* s*ub*m*er*gi q*uam* ip*s*um portare; *et* *s*imilitudo
Dei, infelix peccat*rix*, portat eu*m* in pectore nec curat.
Quicquid fecit *sancto* Iob, s*em*p*er* licenciam petijt a Deo.
Mementote narrat*ionis* i*n* Dialogo, q*uo*mo*do* *s*anct*us* con-
sueuit dic*ere* maligno *s*erpenti, 'Si lic*e*nciam accepisti, ego. 5
no*n* prohibeo'; q*ua*si dic*ere*t, 'Pu*n*ge, *s*i potes,' *et* exhi-
buit maxillam. *S*ed nich*i*l potuit ni*s*i eu*m* t*er*rere, si fides
nutaret. *Et* q*ua*ndo Deus eu*m* lic*e*nciat *contr*a suos caros,
q*ua*re e*st* hoc ni*s*i propt*er* eor*um* comod*um*, lic*et* tu*n*c eos
mult*um* grauet? 10

6ᵐ. If He hides Himself from us, it is for our good.

Sextu*m* remedi*um* e*st* q*uod* cu*m* Deus permittit. nos
temptari, ludit cu*m* nobi*s* sic*ut* mat*er* cu*m* caro filiolo.
Fug*it* ab eo, absco*n*dit se *et* dim*itt*it eu*m* solu*m* *et* clamare, 'dame, dame!' *et* diligent*er* circ*um*spic*ere* *et* flere
ad temp*us*. Ac tu*n*c mat*er* expansis manib*us* prosilit 15
ridens, amplexans *et* osc*ul*ans, eius oc*ul*os abstergit. Sic
Domin*us* dim*itt*it nos nobi*s* ad hora*m* *et* subtrahit sua*m*
gra*c*iam, *consolatio*nem *et* solam*en*, ita q*uod* no*n* | inueni- (M. 232)
m*us* dulcedine*m* i*n* aliq*uo* bono facto n*ostr*o nec sapore*m*
cordis; nec tam*en* tu*n*c car*us* Pat*er* n*oster* nos min*us* diligit 20
sed pro amore hoc facit. Quod bene intellexit Dauid
quando dixit i*n* psalm*o*: No*n* me derelinquas vsq*uequaque*.
Ecce quid uoluit q*uod* eu*m* derelinqueret *s*ed no*n* vsque-
quaque. Et notate sex rat*i*ones q*ua*re De*us* pro n*ostro*

Nota bene
comodo quandoque se subtrahit. Prima est, ne super- 25
biam*us*. Secunda, ut infirmitate*m* *et* labilitate*m* n*ostr*am
agnoscam*us*; *et* hoc e*st* nobis valde vtile q*ui*a secund*um*
Gregoriu*m*: Magna | perfectio e*st* sue inperfect*ionis* co- f. 127 a

Eccl. 34
gnitio. Ecclesiast*ici* xxxiiij°: Intemptat*us* qualia scit?

Cor. 8
Aug*ustinus* *et* h*ab*etur in glossa Corinthior*um* viij° sup*er* 30
illu*d*, Scie*n*cia inflat: Melior est a*n*im*us* cui propria e*st*
infirmitas nota q*uam* qui scruta*tur* celor*um* fastigia *et*

---

terrar*um* fundamenta. Quando duo feru*nt* vn*um* on*us et*
alt*er* ill*ud* dim*ittit*, tun*c* potest ille q*ui* sustin*et* ponderosi-
tat*em* rei sentire. S*ic* q*uando* De*us* tecum sustin*et*
temptat*ionem*, nescis grauitatem ei*us et* ideo quandoq*ue*
5 dim*ittit* te solu*m*, ut *propriam* infirmitatem agnoscas *et*
ei*us* adiutoriu*m* inuoces. *Et* alte clama post eu*m* si tardet.
Clama, ne cesses, *licet* te m*ultum* grau*et*. Qui secur*us* est
de succursu cito veniente *et* ni*chi*lominu*s* hostib*us* reddit
castru*m*, multu*m* es*t* culpand*us*. Hic cogitate q*uod*
10 scribit*ur* iiij Reg*um* vj°: Ministro Helisei dic*ente*, 'Heu,   R. 6. b
heu, heu! domine mi, q*ui*d faciem*us*?' q*ui*a p*ro* timore
fortitudi*nem* fidei amiserat, q*ui*a magn*um* excercitu*m*
vallante*m* ciuitatem viderat, re*spondit* Helise*us et* per
oratio*nem* impetrauit ut aperirent*ur* oculi ministr*i*; *et* ex
15 alia p*arte* respexit *et* ecce mon*s* plen*us* equor*um*, *et*
cetera; dixitq*ue* Helyse*us*, 'Plures nobi*s*cum sunt q*uam*
(M. 234) cu*m* | illis.' Terc*ia* rat*io* est, ne sis om*ni*no secur*us*; q*ui*a   3ª
sicut dicit*ur* in glo*ss*a Epistole ad Rom*anos*: *C*ontemptum
nut*r*it resolut*a* securitas, q*ui*a securitas generat necgli-
20 gent*iam et* presumptio*nem et* illa duo, inobedi*enci*am.
Q*uarta* rat*io*, q*ui*a De*us* aliquando se abscondit ut eu*m*   4ª
diligenc*ius* q*ue*ras, clames *et* fleas post eu*m* sicut paruul*us*
post matre*m*. Quinta rat*io*, ut ei*us* aduentum cu*m*   5ª
reuertit*ur* cum gaudio maiore suscipias. Sexta rat*io* est,   6ª
25 ut p*ost*modu*m* sapienc*ius et* firm*ius* eu*m* conserues *et*
teneas cu*m* apprehe*n*deris eu*m et* dicas cum spo*n*so,
Cantic*i* iij°: Tenui eu*m* nec dimittam. Iste sex rat*iones*
continent*ur* su*b* vj° remedio.
     Septimu*m* remedi*um* est, q*uod* om*n*es sanct*i* fueru*nt*   7ᵐ. The saints
30 multu*m* temptati. Ait en*im* Saluator Petro, Luce xxij°:   Luc. 22
f. 127 b Ecce Satha*n* | expetiuit vos ut cribraret sicut triticu*m*,
segregando videl*icet* ab electis. S*ed* ei dixit Ch*r*ist*us*: Ego
rogaui p*ro* te ut no*n* deficiat fides tua. B*eatus* Paul*us*
carnis temptatio*nes* sensit, Cor*inthiorum* xij°: Dat*us* est   Cor. 12
35 mi*hi* stimul*us* carnis, *et* cetera; et *licet* rogaret Domin*um*

were tempted.

6 clama] clames Ma   14 oratio*nem*] operatio*nem* R
21 aliquando] aliquociens V¹   34 Cor*inthiorum*] 2 *inserted*
before word in different ink Me

ut ab eo discederet, non tamen impetrauit sed fuit ei
responsum: Sufficit tibi gratia mea. Nam uirtus in infirmitate perficitur. Ceteri omnes sancti per pungnas temptationum coronati sunt. Beata Sarra, nonne temptata erat
per xiij annos de carne? Sed quia nouit quod in magna 5
angustia creuit merces magna, noluit Deum rogare ut
eam omnino a temptatione liberaret sed fuit oratio eius,
'Domine, da mihi virtutem resistendi.' Post xiij^clm annos
venit malignus temptator niger tanquam | Ethyops et (M. 236)
cepit clamare et dixit, 'Sarra, tu me vicisti.' At illa 10
respondit, ' Mentiris, miser. Non ego sed meus Dominus
Ihesus Christus.' Ecce quomodo deceptor nitebatur tandem eam pellere in superbiam. Sed ipsa cauta fuit et
totam victoriam Dei ascripsit fortitudini. Nostis quomodo beati Benedictus, Anthonius et alij temptati fuerunt 15
et per temptationes probati athlete fideles et sic meruerunt coronam pugilum.

8ᵐ. Souls are purified by the fire of tempta-tion. Octauum remedium est, quia sicut aurifaber mundat et
purificat aurum in igne, sic Deus animam in igne tempta-
cionis. 20

9ᵐ. By resisting you grieve the devil and in-crease your reward. Nonum remedium est, quia si hostis temptando te
multum grauet, tu eum cencies amplius grauas quando ei
resistis, precipue propter tria. Vnum est, quia [sicut]
Nota primum dicit Origenes: Diabolus amittit vim et fortitudinem
temptandi postmodum de huiusmodi genere peccati. 25
2ᵐ 3ᵐ Aliud est, quia ipse amplius suam penam auget. Tercium,
cor suum rodit ira, quia inuitus per temptationem cui
resistitur tuam auget mercedem et pro pena ad quam te
putabat trahere preparat tibi coronam glorie et non vnam
tantum uel | duas sed tot quociens eum vincis. Bernardus: f. 128 a
Quociens vincis, tociens coronaberis. Hoc idem testatur 31
Nota quod dicitur in Vitis Patrum de discipulo qui sedit coram
suo magistro et magister dum erudiebat discipulum dor-

7 omnino] preceded by omnis crossed out Me   10 et dixit] om.
Ma V¹   15 et . . . fuerunt] et etiam . . . sunt Ma   17 pugi-
lum] pugillum Ma Me V¹; second -l marked for deletion Me; pugilum R   18 remedium] written after est but marked to precede
it Me   23 [sicut]] om. Me; added Ma R V¹   25 huiusmodi]
hoc Ma

mire cepit *et* dormiuit vs*que* ad mediam noctem. Cum
autem expergefactus esset, dixit discipulo, 'Es tu adhuc
hic? Vade cito *et* dormi!' Sanctus vir magister obdor-
miuit iterato tanquam qui prius multum vigilauerat *et*
5 vidit locum amenum et thronum ibi positum *et* septem
(M. 238) coronas super thronum *et* venit vox dicens, 'Istam | sedem
et has coronas tuus meruit discipulus hac nocte.' Vir
autem sanctus expergefactus vocauit ad se discipulum.
'Dic,' inquit, 'quomodo tibi fuit dum dormiui *et* sedisti
10 priusquam te vocarem?' 'Cogitaui,' inquit, 'sepe quod te
euigilarem sed quia suauiter dormisti misertus non potui;
et tunc cogitaui abire ut dormirem, quia hoc multum volui
sed nolui sine licencia.' Ad quem Magister, 'Quociens
sic vicisti tuam cogitationem?' Respondit discipulus,
15 'Sepcies.' Tunc bene intellexit magister vt erant septem
corone, septem, scilicet, genera glorie que discipulus singulis uicibus meruerat cum hosti contradixisset *et* vicisset se
ipsum.

Sic, karissime sorores, in lucta temptationum assurgit
20 lucrum. Thimothei ijᵒ: Nemo coronabitur nisi qui legit-   Thim. 2ᵒ
time certauerit contra mundum, contra se ipsum, contra
diabolum. Ille fideliter certat quomodocumque aliquo   Nota versum:
istorum impungnetur et precipue per carnem qui forcius   Quid faciam?
                                                           fugiam,
resistit et consensum negat quantumcumque temptetur.   credam,
                                                           sperabo,
25 Qui sic faciunt socij sunt Christi quia faciunt sicut ipse   timebo
fecit pendens in cruce. Matthei xxvijᵒ: Cum gustas[s]et   Nota:
                                                           Resistens
acetum noluit bibere, licet ipse sitiret. Sic facit illa cum   temptationi
                                                           socius est
Christo in cruce que, licet siciat, delectationem quam   Christi
diabolus offert ad bibendum, intelligit et cogitat quod sub
30 delectatione est acetum et, licet penale sit, melius tamen
est pati sitim quam intoxicari. Sine delectationem trans-

---

3 hic] huc Me R; *in* Me *second stroke of* -u *is marked for deletion*;
hic Ma V¹   8 expergefactus] cum expergefactus esset, *the* cum
inserted above line in lighter ink V¹   15 vt] quod R   16 scilicet]
sunt Ma   20 Thimothei] 2 *inserted above word in different ink* Me
21 contra se ipsum] *written after* diabolum *but marked for insertion
here* Me; *order as corrected* Ma R V¹   22 *marginal note*] *om.* Ma;
written at top of page R; *margin cut* V¹   26 gustas[s]et] -s *om.* Me
31 f. Sine . . . placebit] *follows* amarus (*p.* 88, *l.* 2) Ma

ire et | alias tibi placebit. Dum pruritus durat scalpere f. 128 b
multum placet sed postmodum dolor sentitur amarus.
Sed heu! multi pre calore ita | nimis siciunt, dum bibunt (M. 240)
quantumcumque potum amarum, non senciunt sed gulose
se ingurgitant nec percipiunt. Sed cum transierit, spuit 5
et capud commouet, eructat et vomit ac acerbum wltum
pretendit sed tunc tarde. Nichilominus post peccatum
bona est penitencia. Tunc melius est statim vomere, hoc
est, in confessione sacerdoti expuere, quia si intra maneat,
mortem generabit. Sitis igitur, karissime sorores, prius 10
caute et secundum remedia prescripta contra omnes
temptationes queratis medicinam.

The chief help is   Contra omnes temptationes et precipue contra carnales
prayer.   sunt medicine sub Dei gracia sancte meditationes, intime,
sine intermissione et anxie orationes, stabilis fides, in- 15
spectio sacre scripture, ieiunia, vigilie, corporales labores,
consolationes verbales aliorum. In hora temptationis
humilitas, paciencia, cordis liberalitas et omnes boni mores
arma sunt in hac pungna, vnitas caritatis super omnia
alia. Qui arma sua proicit, wlnerari appetit. 20

Contra   Sancte meditationes hijs versibus includuntur:
temptationes
versus   Mors tua, mors Christi, nota culpe, gaudia celi,
Iudicij terror, figantur mente fideli.

Hoc est: cogita sepe cum dolore de tuis peccatis, de pena
De sanctis   inferni, de premio celesti, de propria morte, de morte 25
meditationi-
bus   Christi in cruce, de die districti iudicij; cogita quam fallax
est mundus, que merces eius; cogita quid debes Deo pro
eius beneficijs. | Ad aperiendum quodlibet horum ver- (M. 242)
borum magna requireretur hora. Sed si ego festinem,
prolixius moremini. Vnum verbum dico. Post peccata 30
vestra cum cogitatis de pena inferni et premio celesti,
intelligatis quod Deus voluit aliquo modo illa ostendere
hominibus in hoc mundo per penas mundanas et terrena

5-7 transierit . . . pretendit] all verbs plural Ma   9 expuere]
peccatum expiare Ma; peccatum exprimere V¹   18 humilitas]
humanitas Ma   20 wlnerari] cupit written before this word but
underlined for deletion Me; cupit not in Ma R   28 horum]
istorum Ma   29 requireretur] -er added to original requiretur
Me; requiretur Ma; requireretur R   31 et] et de Ma

comoda et ostendit ea ac exhibet tanquam vmbras, quia
f. 129 a non sunt similiora. | Vos estis supra mare mundi, super
pontem celi. Videatis ne sitis tanquam equus vmbratilis   **Nota**
qui dum timet vmbram de ponte cadit in foueam uel   *exemplum*
5 aquam. Nimis infantiles sunt qui fugiunt pre timore
picturam que videtur terribilis uel horribilis. Pena et edia
in hoc mundo non est nisi pictura, nisi vmbra.

Non solum meditationes de Domino nostro, de omnibus
eius operibus, de omnibus eius verbis, de beata virgine et
10 de omnibus sanctis sed etiam alie cogitationes in varijs
temptationibus quandoque iuuarunt. Quatuor genera temptationum presertim carnalium impugnant: meticulose,
mirabiles, lete et tristes. Affectiones non necessarie per istas
excitantur in corde,—sicut cogitare quid uelles facere si
15 videres aperte coram te stare et late hyare super te diabolum,
sicut facit secrete in temptatione; si clamaretur, 'Ignis,
ignis, ecclesia comburitur!'; si audires fures uel raptores
frangentes muros tuos. Iste et alie huiusmodi sunt meticulose cogitationes. Mirabiles et lete,—sicut si videres
20 Christum et audires eum te interrogantem quid maxime in-
terrogares post tuam et amicorum tuorum saluationem de
rebus vite presentis et offerret tibi et tue electioni eo pacto
quod tu resisteres; si uideres certitudinaliter omnia celestia
(M. 244) et | infernalia in temptatione te solum respicere; si tibi
25 diceretur quod homo quem maxime diligis miraculose sicut
per uocem celestem esset electus in papam et alia huiusmodi.
Mirabiles et tristes,—sicut si audires quod homo tibi caris-
simus esset subito submersus uel murdratus; quod sorores
tue essent in domo sua combuste. Tales cogitationes sepe
30 a carnalibus animis extrahunt cicius carnales temptationes quam alique aliarum.

Intime, continue et anxie orationes impetrant cito suc- **De**
cursum et adiutorium a Domino contra carnales tempta-   *orationibus*
f. 129 b tiones. | Diabolus illas timet quia cum hoc quod impetrant

4 foueam] fouen(or -u)eam Ma   6 picturam] picture R   uel
horribilis] om. R   19 et lete . . . modo (p. 100, l. 12)] lost between
fols. 99 b and 100 a R   20 f. interrogares] desiderares Ma
27 carissimus] flourish after -r Me   29 sua] tua Ma   32 con-
tinue] om. Ma

desursum adiutorium et manum Dei celestis contra eum,
faciunt ei duo dampna,—ipsum ligant et urunt. Ecce
probatio amborum. Pupplius, vir sanctus, orauit. Venit
hostis supra eum volans per aera tendens cum festinatione
versus partes occidentales mundi ex imperio Iuliani 5
Imperatoris et incepit fortiter ligari sancti viri precibus
que eum accingebant sicut sursum versus celum ascende-
bant, ita quod non potuit per x dies hic uel illuc diuertere.
Nonne hoc habetis similiter de Rufino diabolo, fratre Belial
in vita beate Margarete ? Iterum, diabolus clamauit ad 10
sanctum Bartholomeum qui multum orationibus insiste-
bat, 'Incendunt me orationes tue.'

Qui potest ex dono Dei in orationibus habere lacrimas,
ipse potest cum Deo facere quicquid uult, quia sic legi-
mus : Oratio lenit, lacrima cogit. Hec vngit, illa pungit, 15
quia non | dimittit eum in pace donec omnia petita con-
cesserit. Quando castrum aut vrbs impugnatur, qui
interius sunt fundunt aquam feruidam exterius et sic
muros protegunt. Sic faciatis et vos cum hostis castrum
vestrum aut vrbem anime imp[ung]nat, cum intimis preci- 20
bus extra proiciatis super eum feruentes lacrimas.
Psalmista : Contribulasti capita draconum in aquis.
Iterum, castrum habens foueam in girum, si aqua sit in
fouea, castrum est sine periculo contra hostes. Castrum
est omnis vir sanctus quem diabolus impungnat. Sed si 25
habeat profundam foueam, profunde videlicet humilitatis,
et cum hoc aquam lacrimarum, infernalis impungnator diu
vos poterit impugnare et laborem amittere. Iterum, sepe
dicitur quod ventus per modicam pluuiam prosternitur et
sol postmodum clarius splendet. Sic magna temptatio, 30
que est flatus diaboli, modica pluuia lacrimarum cadit et
verus sol postmodum clarius anime splendet. Sic lacrime
prosunt | cum intimis orationibus ; et si intellexistis, de eis

Marginal notes (left column):

Examples of the efficacy of prayer: Pupplius,

St. Margaret,

St. Bartholomew.

As castles are defended by water, defend yourselves from the devil by tears.

Ps. 73

Nota bene

Marginal notes (right column):

(M. 246)

f. 132 a*

---

2 ei] om. Ma   6 incepit] cepit Ma   8 ita] om. Ma
20 imp[ung]nat] letters erased but partly legible with -er (?) sign
between -u and -n Me ; impugnat Ma   21 feruentes] flentes Ma

* Folios of Me are disarranged; they should run 129, 132, 133,
130, 131, 134, 135.

iam dixi iiij°ʳ magnas efficacias quare sunt diligende. In
omni necessitate cito, statim mittatis hos nuncios, quia
Ecclesiastici xxxv°: Oratio humiliantis se penetrat nubes.
Vbi dicit beatus Augustinus: Magna est virtus pure
5 orationis que ad Deum intrat et mandata peragit vbi caro
peruenire nequid. Sicut Bernardus dicit: Omnipotens
Deus eam secum retinet et mittit angelum suum ut faciat
quicquid postulat. Nolo de oratione plus hic dicere. |

(M. 248)   Fides stabilis fugat statim diabolum. Jacobi iiij°:
10 Resistite diabolo et fugiet a vobis. Qua fortitudine sit
resistendum docet beatus Petrus, Petri v°: Cui resistite
fortiter in fide. Confidite in Dei adiutorio et sciatis quomodo debilis est hostis qui non vincit nisi volentem. Non
potest nisi ostendere suas merces simiacas et suadere uel
15 minari ut de eis ematur; quod horum faciat, derideatis
veterem simiam cum certa fide et ipse se reputat confusum
et cito fugit. Hebreorum x[i°]: Sancti per fidem vicerunt
regna. Attendite quomodo omnia vij^{tem} mortalia crimina
fugantur per stabilem fidem.

20   De superbia primo. Quis se reputabit magnum sicut
superbi faciunt, quando videt quam paruum se fecit infra
pectus paupercule puelle magnus Dominus?

Quis erit inuidus si respiciat oculis fidei quomodo
Christus Ihesus Dominus non pro suo commodo sed pro
25 alieno fecit, dixit et paciebatur quicquid passus est?
Inuidus nollet alios de bonis suis participare; et Deus
omnipotens post omnia alia descendit ad inferna ad
querendum socios et ad communicandum eis bona que
habuit. Ecce quam contrarij sunt inuidi Domino nostro.
30 Anachorita que renuit alij acomodare quaternum. . . . |

Marginalia (right column):
Lacrime
lauant
delictum
quod pudor
est ore
confiteri
Ecci. 35
Aug.
Bernardus

De stabili
fide
Jac. 4
Petri 5

Hebr. 1[1]
Nota quod vij
mortalia
peccata
fugantur per
fidem de
Christo
Contra
superbiam

Contra
Inuidiam

1 iam] written after dixi but marked for insertion before it Me
6 Bernardus] preceded by beatus V¹   11 Petri] -i inserted above
line in different ink Me   12 fortiter] fortes V¹   17 x[i°]] x°, 10
in margin Me   18 crimina] peccata written before but crossed out
Me; peccata Ma   22 puelle] om. Ma   25 alieno] alio V¹
26 participare] participari Ma   Deus] dñs with -n marked for deletion Me; deus Ma; deus V¹   28 et] om. Ma   29 inuidi]
om. Ma   30 Anachorita] Similiter anachorita Ma   alij] repeated
after acomodare but crossed out Me   quaternum] half a line left
vacant after this word Me; no space. no rubric Ma V¹; text lost R

Contra **Iram**   Quis tenebit iram *considerans* q*uod* Deus descendit i*n* (M. 250)
terr*am* ad faciendu*m* triplice*m* pace*m*,—inter homi*n*em *et*
homi*n*em, inter Deu*m* *et* homi*n*em, inter | homi*n*em *et*   f. 132 b
angel*um*? Et post suam re*surrectionem* quando se o*sten*-
dit, hec fuit eius salutat*io* ad caros discip*ulos* suos, 'Pax 5
vob*is*.' Adu*er*tite diligen*ter* q*uando* c*ar*us amic*us* ab alio
recedit. Vltim*a* v*er*ba q*ue* loq*uitur* volunt meli*us* memo-
rit*er* retineri. Saluatoris v*er*ba vltim*a* q*uando* ascend*it*
in celu*m* *et* dimisit caros suos amicos i*n* terra peregrin*a*
Io. 14   fueru*n*t amoris *et* pacis. Ioh*annis* xiiij°: Pace*m* relinquo 10
vob*is*, pace*m* mea*m* do vob*is*. Hoc fuit donariu*m* q*uod*
dimisit *et* co*n*tulit i*n* suo discessu suis discipulis. I*ohannis*
Io. 13   xiij°: In hoc cognoscent homi*n*es q*uod* discipuli mei estis
si dilecti*on*em habueritis ad inuice*m*. Pro karissi*m*o eiu*s*
amore videatis q*uale* signu*m* sup*er* electos posuit. Noscat 15
Deu*s*—*et* nouit—q*uod* malle*m* q*uod* essetis o*mn*es leprose
qu*am* essetis inuide *et* crudeles corde, q*uia* Chr*istu*s totu*s*
amor e*st* *et* i*n* amore quiescit. Ps*almista*: In pace factu*s*
e*st* loc*us* ei*us*. Ibi *con*fregit potenci*as*, arcu*m*, scutu*m*,
gladiu*m* *et* bellu*m*, *scilicet*, diab*o*li. Arc*us* e*st* secreta 20
temptat*io* quam emittit a longe; gladi*us* acut*us*, scindens
de p*ro*pe.

Nine examples   Attendite nu*n*c m*ul*ta exempla q*uam* bona su*n*t vnitas
of the power of
love.   amoris *et* *con*cordia cordi*um*, q*ui*a no*n* e*st* al*i*ud sub sole
q*uod* malle*m* nec q*uod* adeo velle*m* vos h*a*bere. Nescitis 25
vbi ex*er*cit*us* pugna*n*t, qui se sim*ul* fortit*er* tene*n*t nullo
Prima   modo | vincu*n*tur? S*ic* in sp*irit*uali pu*n*gna co*n*tra (M. 252)
efficacia
caritatis   diab*olu*m tota sua intenti*o* est corda sep*ar*are, amore*m*
vnie*n*tem homi*n*es auferre, q*ui*a q*uando* cadit amor, ab
inuice*m* sep*ar*antur *et* diab*olus* se statim interponit *et* ex 30
2ª   omni p*ar*te interficit. Iteru*m*, muta a*n*imalia hanc h*a*bent
p*ru*denci*am* q*uod* q*uando* lup*us* aut leo in eos faciu*n*t in-

9 suos] *written after* amicos, *marked for insertion before it* Me;
order as corrected Ma V¹   13 cognoscent] -e *corrected from*
some other letter and also written above it Me; cognoscent Ma; cogno-
scunt V¹   26 vbi] q*uod* *inserted before* vbi *in lighter ink* Ma
pugna*n*t] pugnat, *very faint indication of erased* -n *stroke* Ma
29 vnie*n*tem] venie*n*tem *with first* -e *dotted for deletion* Me; vnie*n*tem
Ma; [v]ince*n*tem (*top of* v- *covered*) V¹

sult*us* se *congregat* tot*us* grex *et* faciu*nt* scut*um* de se
ip*s*is, q*uodl*ib*et* alter*i*, *et* *s*ic secura s*unt*. Si aliqu*id*
grege*m* exeat, cito strang*ul*at*ur*. Item, solus vadens i*n* 3ᵃ
via lubrica cito labit*ur* *et* cadit. Vbi m*ulti* sim*ul* vadu*nt*
5 *et* q*uil*ib*et* tenet manu*m* alterius, si al*iquis* labescat, alius
f. 133 a eu*m* erigit priusq*uam* om*n*ino cadat. | Temptatio e*st* lap-
s*us*. Per lapsum signa*ntur* vicia s*upra* s*ub* accidia nomi-
nata. Gregori*us* : Cum nos nob*is* per orat*i*onis opem Gre*g*ori*us*
coni*u*ngim*us*, per lubricum incede*n*tes qua*s*i ad inuicem
10 man*us* tenem*us*, vt tanto quisqu*e* ampli*us* roboretur
quanto alteri innitit*ur*. Iter*u*m, in magno ve*n*to *et* aquis 4ᵃ
impetuosis q*uas* transuadare op*or*tet, in m*ulti*tudi*n*e qui-
lib*et* tenet alter*um*; qui sep*ar*atur, cito perit. Nimis 5ᵃ
scim*us* quomo*d*o via mu*n*di est lubrica, quomo*d*o ventus
15 *et* curs*us* aque fortes s*unt*. Necesse e*st* ut q*uil*ib*et* attentis
orat*i*onib*us* *et* dilectione manu*m* teneat alterius. Eccle- Ecct. 4
siaste 4 : Ve soli q*uia* cum cecideri*t* no*n* h*a*bet subleua*n*tem. 6ᵃ
No*n* e*st* sol*us* qui De*u*m h*a*bet socium. Talis e*st* omn*is* qui
vera*m* in corde h*a*bet dilect*i*onem. Iter*u*m, pulu*is* *et* arena, 7ᵃ
(M. 254) q*uia* no*n* coheret, modic*us* | inpulsus venti illud fugat *et*
21 dissipat; vbi coheret, iac*et* *et* quiescit. Iter*u*m, graciles 8ᵃ
virge, du*m* colliga*ntur*, no*n* sic de facili fra*n*gu*ntur* sicut
quel*i*bet p*er* se ab alijs sep*ar*ata. Iter*u*m, arbor mina*n*s 9ᵃ
ruina*m*, si cu*m* alia fulciat*ur*, stat firma; ea sep*ar*ata,
25 cadit. Sic i*n* rebus exterioribus exempla sumite q*uam*
bo*n*a sit vnitas amoris *et* *con*cordie q*ue* bonos ita sim*ul*
tene*t* q*uod* nullus perit; *et* c*er*te ha*n*c h*a*bere wlt recta
fides.

Considera *et* intellige Chr*ist*i verba *et* opera que omnia Samson tied the
30 in dulcedine *et* dilect*i*one fueru*nt*. Super omnia vellem foxes together
q*uod* Anachorite bene discere*n*t hui*us* lect*i*onis doctrinam by their tails.
q*uia*—q*uod* dolendum est—multe s*unt* vulpes Sampsonis
habentes caudas colligatas *et* facies ab inuicem auersas,

2 alteri] alterius *with* -us *marked for deletion* Me 9 lubricum]
libricum V¹ 10 tenem*us*] teneamus Ma 15 *et*] *om*. Ma
17 4] iiij° *written above* 4 Me 19 corde] corde suo Ma 23 que-
libet] quil*ib*et Ma per se] *om*. Ma 24 ea] *written above* alia
crossed out Me; ea Ma 27-8 *et* certe . . . fides] *om*. Ma
32 Sampsonis] salamonis Ma

Iudic. 15° sic*ut* scrib*itur* Iudic*um* xv°: *Et* faces ligauit in medio.
Facies libent*er* *conuertuntur* ad rem dilectam *et* a re odio
h*a*bita au*er*t*un*t*ur*. H*a*b*en*t *er*g*o* facies au*er*sas q*ui* se
mutuo no*n* dilig*un*t *sed* caudas colligatas *et* in eis faces
diaboli, q*ui*a flamm*am* odij. Insup*er* cauda sig*n*at fin*em* *et* 5
in fine colligab*untur* *et* apponent*ur* faces, id *est*, ignis inferni.

Do you turn your faces to each other in love. Hoc totu*m* dictu*m* est vt facies v*es*tre inuic*em* *conuer*-
t*antur* p*er* amor*em* *et* w*ul*tum hillar*em* | vt sitis vnitate f. 133 b

Act. 4 cordis v[n]ite, sic*ut* de discip*u*lis Chr*is*ti scrib*itur*, Actu*m*
iiij°: M*u*ltitudin*is* credenciu*m* erat cor vnu*m* *et* a*n*ima vna. 10
Si teneatis vnitat*em*, t*er*rere vos p*otest* hostis si | p*er*mit- (M. 256)
t*atur* *sed* omnino no*n* ledere. Hoc nouit *et* ideo diebu*s* ac
noctibu*s* instat vt vos ira uel odio separet *et* m*it*tit homi-
*n*em uel m*u*lier*em* ut narr*et* tibi de te aliq*ui*d displicens
q*uod* soror de alia dicere no*n* deberet. Inhibeo ne aliq*ua* 15
v*est*ru*m* credat nu*n*cio diaboli s*ed* videat q*ue*l*ibet* v*est*ru*m*
q*uod* bene cognoscat q*u*ando ip*s*e loq*uitur* in lingua p*er*-
How to warn others. u*er*si homi*n*is. Quel*ibet* tam*en* p*re*muniat alia*m* amicabil*iter* *et* dulcit*er* tanq*uam* suam caram sororem p*er*
securu*m* nu*n*cium de re p*re*sumpta, si hoc p*ro* certo sciat, 20
et faciat nu*n*cium sepe repet*er*e *ver*bu*m* cora*m* se ante-
q*uam* vadat, q*u*omo*do* uult dicere, ne aliter dicat nec
amplius adiciat, q*ui*a modica co*m*missura magna*m* p*ar*-
tem valde fedare potest. Que sorori noc*et*, hoc amoris
remediu*m* p*er*inpendit. Correpta tam*en* regraciari debet 25

Ps. *et* dicere cum psalmista: Corripiet me i*ustus* *et* incr*e*pabit
me; oleu*m* autem peccator*is* no*n* impinguet cap*ut* meu*m*.

Prou*er*. 2[7] Et postmodu*m* cum Salomone, P*ro*u*er*bior*um* xxvij°:
Meliora s*unt* uuln*er*a corripientis q*uam* oscula bla*n*dientis.
Si me no*n* dilexiss*et*, me no*n* p*re*munisse*t*. Magis eiu*s* 30
diligo wln*er*a q*uam* adulantis oscula. Sic semp*er* respon-

---

1 faces] *the* -es *is a corrected reading made over an erasure,
probably* -ies Me; facies *with* -i *erased* Ma; faciet V¹   4 faces]
facies V¹   5 signat] *the* -t *is a corrected reading made over an erasure,
perhaps* -net Me; signat Ma V¹   6 faces] facies V¹   8 wltu*m*] per
vultu*m* Ma   9 v[n]ite] vite Me; vnite Ma; vnice V¹   sic*ut* . . .
scrib*itur*] sicut discipulus Chr*is*ti scribet V¹   11 t*er*rere] temptare V¹   26 i*ustus*] iustus in m*is*ericordia Ma   28 2[7],
xxvij°] 28, xxviij° Me   30 premunisse*t*] p*re*monuisse*t* Ma

deas; *et* ʍi res aliter se *habeat* q*uam* mandans intelligat,
renu*n*cietur si*bi* amicabil*iter et* leniter *et* alia statim credat,
q*uia* hoc simil*iter* uolo, q*uod* quel*ibet* alt*er*i credat tan-
q*uam* si*bi*. Si hostis int*er* vos iram sufflet aut cor graue—
5 q*uod* absit—*priusquam* sed*etur no*n sit aliq*ua* ita ame*n*s
q*uod* p*er*cipiat corp*us et* sanguine*m* Chri*st*i; nec solu*m*
hoc, i*m*mo q*uod* nec semel respiciat ip*s*um cu*m* rancore
qui de celo desce*n*d*it* ad t*er*ra*m* ut triplice*m* faciat pace*m*,
9 de q*ua* sup*ra*d*i*ctum est. Mittat alt*er*utra alt*er*i, ta*n*quam

(M. 258)
f. 130 a

| presens cora*m* ea ess*et*, peticione*m* humilis | venie, *et* que
sic att*ra*hit amorem a sorore *et* adq*u*irit pace*m et* culpam
si*bi* imputat, lic*et* alia sit i*n* culpa maiore, illa erit Chri*st*o
cara, q*uia* ei*us* filia. Ipse *enim* dicit, Matth*ei* v°: Beati   **Mt. 5**
pacifici, q*uonia*m filij Dei uoca*bun*tur; *et* Dauid in
15 ps*almo*: Inq*u*ire pace*m et* p*er*sequere ea*m*. Sic sup*er*bia,
odiu*m et* ira vbiq*ue* fuga*n*t*ur* vbi u*er*a dilectio e*st et* recta
fides op*erum* m*iser*icord*i*e Dei.

Qu*i*s pre pudore pot*est* accidios*us*, ociosus uel lent*us*   **Contra**
existere qui respicit q*uam* sollicit*us* in t*er*ra extitit D*omi*-   **accidiam:**
20 *n*us n*oster*? Ps*almista*: Exultauit ut gigas ad curre*n*dam,   **think of Christ's**
et cetera; *et* Actu*m* x°: Pertransijt benefacie*n*do *et* sana*n*do   **diligence.**
om*n*es. Post alia q*u*omo*d*o ip*s*e i*n* sero sue vite laborauit   **Ps.**
in dura cruce. Alij q*u*iescu*n*t, lume*n* fugiu*n*t, i*n* camera   **Act. 10**
se absco*n*du*n*t q*u*a*n*do minuu*n*tur vena sanguinis seu
25 fleobotoma*n*t*ur*. S*ed* ip*s*e in mo*n*te Caluarie ascendit in
cruce*m* nec v*n*q*uam* aliquis sic laborauit nec tam anxie
sicut ip*s*e illo die q*u*o fluxe*r*u*n*t riui sanguinis ex q*u*inq*ue*
p*ar*tib*us* de latis *et* p*ro*fundis ei*us* uul*n*erib*us* p*re*t*er* venas
capitales ex q*u*ib*us* ab ei*us* capite acutis spinis coronato
30 sanguis effluxit *et* p*re*t*er* miserandu*m* cruore*m* ex flagel-
latio*n*e de suo benedicto corpore v*n*diq*ue* fluentem.
Con*tra* accidiosos *et* dormitores est valde manifesta ei*us*
matutina resurrectio de morte ad vita*m*.

---

4 sufflet] fluet *in text crossed out*; sufflet *written in margin* Me;
sufflet Ma V¹   12 alia] alias *with* -s *erased but visible* Me; alia
Ma   18 ociosu*s*] ociu*s in text crossed out*; ociosu*s written in
margin* Me; ociosus Ma V¹   20 curre*n*dam] uiam *added* Ma
V¹   33 resurrect*i*o] surreccio Ma

Contra cupiditatem uel auariciam est eius magna paupertas que super eum semper magis ac magis excreuit,
quia cum natus esset terre Creator, non inuenit in terra
locum vbi paruum eius corpus poni potuit. Ita strictus
erat locus quod vix eius mater et Iosep ibi sederent et sic 5
eum sursum posuerunt in | presepio pannis inuolutum, (M. 260)
Luce ij°. Sic vestiebatur celestis Creator qui vestit solem.
Post hec pauper celi domina eum nutriuit et fouit suo
paruo lacte sicut decet virginem. Hec paupertas magna
erat sed maior sequebatur, quia adhuc alimentum ad se 10
pertinens habuit et loco domus cune | eum hospitabantur. f. 130 b
Post hec sicut ipse conquerebatur, Matthei viij° et Luce
ix°: Filius hominis non habet vbi capud suum reclinet.
Sic pauper erat quoad hospicium, quoad cibum sic erat
inops quod cum die palmarum in Ierusalem tota die 15
predicauerat et aduesperascebat, sicut dicitur Matthei xj°,
circumspexit si quis eum ad prandium seu hospicium
vocaret; sed nullus erat et sic exiuit ciuitatem magnam in
Bethaniam ad domum Marie et Marthe. Aliquando eo cum
discipulis suis pergente per viam, sicut dicitur Matthei xij°: 20
Esurientes ceperunt vellere spicas et manducare; et ad
huc tamen de hoc calumpniabantur. Sed post hec maxima
sequebatur paupertas, quia expoliatus et nudus in cruce
de siti conquestus nec aquam habere potuit; et quod
maius mirabile est, de tota lata terra non habuit aliquid 25
in quo moreretur. Crux habuit de terra spacium pedis uel
parum amplius et hoc fuit ad penam eius. Quando Rector
mundi voluit sic esse pauper, incredulus est qui nimis
diligit et cupit diuicias seu bona mundi.

Contra gulam est ipsius exilis piccancia quam habuit in 30
cruce. Duo genera hominum bona commestione indigent,
scilicet, laborantes et sanguine minuti. Die autem quo
Christus multum | laborauit et sanguine minutus, sicut (M. 262)

Marginal notes (left):
Contra cupiditatem: think of His poverty.
Luc. 2°
Mt. 8 *et* Luc. 9
Mt. 11
Contra Gulam: His pittance on the Cross.

---

1 magna] maxima Ma   11 habuit] non *written in margin,
marked for insertion before* habuit Me; non *in* Ma; *lost* R; *om.* V¹
19 ad]*written above* in *marked for deletion* Me; ad Ma V¹   22 huc]
hec V¹   25 tota] *om.* Ma   aliquid] -d *written over* -t Me
33 minutus] minutus fuit Ma

supradixi, non erat eius piccancia in cruce nisi spongia fellis. Videas modo quis murmuret, si bene hoc cogitet, de cibo seu sapore cibi aut exili piccancia.

Contra luxuriam est eius natiuitas de munda virgine et 5 tota eius munda vita quam ipse et omnes eius sequaces duxerunt in terra.

Contra luxuriam: His purity.

Ecce sic articuli fidei nostre quantum ad Christi humanitatem. Si intime conspiciantur, conspiciens impugnat hostem qui nos temptat cum istis septem 10 criminalibus peccatis. Ideo dicit beatus Petrus, i Petri iiijº: Christo in carne passo et vos eadem cogitatione armemini; et beatus Paulus, Hebreorum xijº: Recogitate qualem apud semetipsum susti|nuit passionem et contradictionem ut non fatigaremini; et paulo post: Nondum 15 enim restitisti vsque ad sanguinem, id est, v[sque] ad sanguinis effusionem, sicut ipse fecit pro uobis quatenus homo erat. Ad huc habetis eundem sanguinem, idem gloriosum corpus quod processit de uirgine et moriebatur in cruce die et nocte iuxta vos in ecclesia et singulis diebus 20 procedit et se ostendit corporaliter in missa tectum et velatum sub forma panis, quia in propria non possent oculi nostri claritatem ipsius tollerare. Sed sic se ostendit vobis, ac si diceret, 'Ecce ego hic. Quid wltis? Dicatis mihi quid vobis placeret, quid vobis opus foret. Conque-25 ramini de vestris necessitatibus.' Si hostium excercitus, id est, temptationes, valde vos impungnent, respondeatis et dicatis, sicut scriptum est, Regum 4 et vijº: Metati sumus castra iuxta lapidem adiutorij. | Porro Philistijm venerunt in Apheth. Christus est lapis adiutorij, turris 30 securitatis, castellum fortitudinis. Per Philisteos intelliguntur demones. Apheth interpretatur 'furor nouus'; et reuera sic est quando homo metatur castrum seu mansionem iuxta Christum. Tunc primo incipiunt demones

f. 131 a

(M. 264)

R. 4 et vijº

God will protect you, as he saved Jehoshaphet from the Philistines.

---

14 fatigaremini] fatigemini Ma; fatis with contraction sign over last letter V¹   15 restitisti] restitistis Ma   ad ... v[sque]] written in margin, end of word cut off Me   23 si] om. Ma   26 impungnent] impungnant Ma   27 Regum] j inserted above line in different ink Me   4] iiij written above Me

H

furere *sed* sic*ut* ibi dic*i*t*ur*, Israel *terga* v*er*tit *et* ceciderunt
iiij°r milia fugiendo. N*on* igitur v*er*tatis *terga sed* resi-
statis excercitui demonu*m* *cum* fortitudine fidei *et* c*um*
Iosaphath mittatis nu*n*cium cito *pro* succursu ad princi-

Parali. 20. c pem celeste*m*. Paral*i*pomenorum xx°: In nob*is* quidem 5
no*n* e*st* ta*n*ta fortitudo ut possim*us* huic multitudini
resister*e* que irruit sup*er* nos *sed* c*um* ignoram*us* q*u*id
ag*er*e debeam*us*, hoc solum ha*b*em*us* residui, vt oculos
dirigam*us* ad te. Sequ*i*t*ur*: Hec dic*i*t D*omin*us vob*is*:
Nolite timere *et* ne paueatis hanc m*u*ltitudi*n*em. No*n* est 10
e*n*im ve*st*ra pu*n*gna *sed* Dei. Tant*um*modo co*n*fidenter
state *et* videbitis auxiliu*m* Domini sup*er* vos. Credite i*n*
Domino Deo v*e*st*ro* *et* secu*r*i eritis. S*i*c in presencia
Chr*i*st*i* quando q*ua*si querit q*u*id uultis *et* in om*n*i hora 14
nec*e*ss*i*tatis suau*i*t*er* ost*e*ndatis suau*i*b*us* ei*us* | au*r*ib*us*. **f. 131 b**
S*i* cito vos no*n* exaudiat, alcius clametis | *et* insta*n*ci*us* *et* **(M. 266)**
q*ua*si co*m*minemini q*uo*d castru*m* reddetis, ni*si* mittat
cici*us* adiutorium *et* magis festin*et*. *Sed* scitis q*uo*mo*do*
re*sp*ondit ipse Iosaphath, 'Nolite timer*e*', *et* cetera, sicut
sup*r*adictu*m* est. Videatis nu*n*c quale adiutorium est fides 20
stabil*is*, q*u*ia totu*m* adiutorium q*uo*d Deu*s* pro*m*ittit in
ip*s*a sola co*n*sistit.

De stabili
fide
Ysay. 51
Fides stabil*is* facit homi*n*em stare erectu*m* *et* hoc e*st*
q*uo*d maxime odit dia*b*ol*us*, q*u*ia sic hortatur, Ysa*y*e lj°:
Inc*u*ruare ut transeam*us*. Illi inc*u*ruant*ur* qui tempta- 25
ti*on*ib*us* corda incl*i*na*n*t, q*u*ia dum erecti sta*n*t no*n* potest

Stand upright,
lest the devil
ride you.
sup*er* eos ascendere n*ec* equitare. Ecce q*uo*mo*do* proditor
dic*i*t, 'Inc*u*ruare ut transeam*us*'; q*ua*si dice*r*et, 'Permittas me ascende*re*; nolo diu equitare *sed* transire.'
Mentit*ur*, sic*u*t dic*i*t b*eatu*s Bernard*us*: Proditori no*n* 30
credas; no*n* wlt t*r*ansire *sed* residere. Aliquis erat qui ei
adq*u*ieuit cogita*n*s q*uo*d cito descenderet, sic*u*t semper
pro*m*ittit. 'Fac,' inq*u*id, 'hoc hac vice *et* de hoc co*n*fitere

1 sed] *om.* Ma   ceciderunt] *followed by* vulncrati Ma
5 Paral*i*pomenorum] 2 *inserted above line in different ink* Me
19 ipse] ip*s*i V¹   timere] *unnecessary* -er *sign above* t- Me
27 ascendere] -c *corrected from a second* -s Me   27–9 Ecce . . .
equitare] *om.* V¹   31 residere] resistere Ma   33 *first* hoc]
om. Ma

cras. Cor tuum inclina, ascendere me permitte, excute
me per confessionem, si forte te vellem diu equitare.'
Aliquis ei credidit, incuruauit se et malignus spiritus super
eum ascendit et integre per viginti annos die ac nocte eum
5 equitauit. Hoc est, vna nocte per temptationem peccatum commisit et cogitauit quod mane confiteretur. Sed
iterum et iterum illud perpetrauit et sic in consuetudinem
cecidit quod iacuit tam diu et putrefiebat, ut predictum
est; et nisi fuisset miraculum quod diabolum depulit, sic
(M. 268) fortiter sederat quod | equus et eques simul in profundum
11 inferni ruissent. Ideo, karissime sorores, teneatis vos
erectas in firma fide. Certitudinaliter credatis quod tota
fortitudo diaboli liquescit per graciam sancti sacramenti
summi super alia, quod videtis quociens missa celebratur:
15 Filius virginis, Ihesus, Deus, Dei Filius, corporaliter
f. 134 a aliquando | in vos descendit et in vobis humiliter hospi-
cium suum capit. Nouit Deus! nimis molles et miseri
sunt corde qui cum adiutorio talis hospitis audacter non
pugnant. Debetis firmiter credere quod quicquid sancta
20 ecclesia facit, legit aut cantat et omnia ipsius sacramenta
vos spiritualiter roborant sed nullum aliud adeo sicut
eukaristia, quia adnichilat fraudes demonis, non solum **Eukaristia**
eius fortitudinem sed eius circumuentiones et sortilegia et
omnes eius deceptiones, sicut falsa sompnia, falsas osten-
25 siones, meticulosos terrores, adulatoria et subdola con-
silia, tanquam essent ex parte Dei et bona ut fierent.

Hec est enim eius deceptio quam sancti maxime timent,
per quam multos sanctos decepit. Quando non potest **De**
hominem perducere ad malum manifestum, stimulat ad **temptatione**
sub specie
30 aliquid bonum apparens. 'Deberes,' inquit, 'esse micior **boni**
et dissimulare castigationem, non turbare cor tuum et in
iram commouere.' Hec dicit ut non castiges tibi subditam
nec doceas; et sic perducat ad incuriam seu negligenciam
loco humilitatis. Alias recte econtra. 'Non dimittas,'
35 inquit, 'culpam illius aliquam. Si vis quod te timeat,

2 confessionem] confessessionem Me   16 aliquando in vos] in
hoc ad uos Ma   22 adnichilat] ad-nichilat *with hyphen* Me
33 sed] sed eciam Ma   31 castigationem] tuam *follows* Ma

teneas ea*m* stricte. Sapien*c*iam,' inq*uit*, 'o*portet* e*ss*e
rigidam.' Et s*i*c crudelitate*m* colorat colore sap*ient*ie.
Homo po*test* e*ss*e nimis ·sapie*n*s. Melior est discreta re-
missio q*uam* peru*er*sa fortitudo. Cu*m* diu vigilau*eris et*
dormire deberes, sugg*erit*, 'Nu*n*c uir*tus* esset vigilare 5
qu*an*do vigilia te grauat. Dic ad huc | noc*turnum*.' (M. 270)
Quare sic facit ? vt alias dormias q*uando* hora e*ss*et vigi-
landi. Iter*um* e*contra*. Si be*n*e poteris vigilare, q*uan*da*m*
ti*bi* impo*n*it ponderositatem uel tue sugg*erit* cogitat*i*oni,
'Sap*i*en*c*ia rebu*s* omnibu*s* preualet. Nu*n*c uado dormire 10
et iam *s*urgam *et* expedici*us* faciam tunc qu*am* nunc q*uod*
facere mo*d*o deberem.' *Et* sic forsan sepe *c*ontinget q*uod*
neutr*a* uice facies. De hoc d*i*ctu*m* e*st* *s*up*r*a eodem libro. |
In h*uiusm*odi temptat*i*oni*bus* no*n* est sapie*n*s ne*que* f. 134 b
prudens n*isi* Deus eu*m* premuniat,—q*ui*n sepe falla*tur*. 15
S*e*d istud su*m*mum sacramentum i*n* firma fide super
om*n*ia alia detegit ei*us* fraudes *et* ei*us* fortitudinem *c*on-
fringit. Reuera, sorores, q*uan*do Christu*m* vobi*s* propin-
quu*m* sentitis, du*m* *tam*en firma*m* fidem teneatis, hostem
poteritis deridere, eo q*uod* ip*se* adeo stult*us* senex exi- 20
stit q*uod* venit suam pena*m* auctur*us* *et* vobis corona*m*
factur*us*. Quam cito vos videt audaces in gra*c*ia Dei,
ei*us* fortitudo liquescit *et* ip*se* cito fugit. S*e*d si p*er*cipiat
q*uod* fides v*e*str*a* titubet, ita q*uod* vobi*s* videatur q*uod*
vinci posset*is*, si illa hora valde temptaremini, ex eo 25
debilitaremini *et* eius cresceret fortitudo.

R. 4
Do not be like
Ishbosheth,
who slept in the
midst of his
enemies.

Legim*us* ij R*egum* iiij° q*uod* Isboseeth dormiente fuit
m*uli*er hostiaria p*ur*gans triticum. Veneru*n*t filij Rechabes, Remo*n* *et* Banaan, *et* inueneru*n*t m*uli*erem a pur-
gat*i*o*n*e tritici cessasse *et* obdormisse, intraueru*n*t *et* 30
infelice*m* Ysboseeth occideru*n*t qui se ita male custo-
dierat. Ha*n*c p*ar*obolam nece*ss*e e*st* adu*er*tere. Ysboseeth
interpr*etatur* 'vir *c*onfus*i*onis'; *et* no*n*ne talis e*st* qui
in medio i*n*imicoru*m* ad dormiendu*m* se prostern*i*t ?
.Gregorii j Mora*l*ium iiij°. b: Si hostiaria obdormierit, *et* 35

7 e*ss*et] foret Ma V¹   13 libro] libro folio Ma   20 poteri-
tis] potestis Ma   20–1 existit] -is *corrected from* -ti Me ; existit
Ma 26 cresceret] crescit Ma

cetera. Hostiaria est ratio, que purgare *debet* triticum, hoc
e*st,* sep*a*rare granum a palea, *id est,* per sollicitam pruden-
(M. 272) ci*am* sep*a*rare bon*u*m a malo, repone*re* | granum in
granario *et* exufflare pale*am* dia*b*oli q*u*e no*n* e*st* apta ni*si*
5 ad ignem infernalem. Stolid*us* Ysboseeth stolide fecit;
posuit m*u*lierem hostiariam, *id est,* debilem custodiam.
Heu! q*u*am m*u*lti sic faciunt. M*u*lie*r* e*st* ratio q*u*ando sit
debilis q*u*e deberet e*ss*e virili*s,* fortis *et* audax in firma fide.
Hec hostiaria se p*r*osternit ad dormiendum q*u*am cito in-
10 cipit consentire peccato, permittit delectationem intrare *et*
crescere. Q*u*ando filij Rechabes, q*u*i s*u*nt pueri infernales,
f. 135 a inueniunt no*n* vigilem *sed* mollem hostiariam, intrant | *et*
occidunt Ysboseeth, *id est,* virum confusionis q*u*i in
sompno necgligentie necgligit semetip*s*um. Nec est preter-
15 mittendum q*u*od perfoderunt eum i*n* ynguine, vbi dici*t*
Gregoriu*s*: In ynguine ferire est vitam mentis carnis Gregorius
delectatio*n*e perforare; *et* hoc no*n* e*st* ni*si* in sompno
necgligentie *et* ocij, sicut *b*eat*us* Gregorius testatur.
Antiq*uus* hostis mox cum mentem ociosam inuenerit, ad
20 eam sub q*u*ibusdam occasionibu*s* loctu*r*u*s* uenit *et* quedam de gestis preteritis ad memoriam reducit, audita
quedam verba indecen*ter* resonat. *Et* infra: Putruerunt
et deteriorate s*u*nt cicatrices mee. Cicatrix quippe est
figura uulneris *sed* sanati. Cicatrix ergo ad putredinem
25 redit q*u*ando peccati uuln*us* q*u*od *per* penitenc*iam* sanatum est in delectatio*n*em sui a*n*imum co*n*cutit. Sic anti-
q*uus* hostis qua*si* loqu*itur* ad cor v*er*ba q*u*e prius audierat
uel q*u*e prius viderat seu turpia q*u*e prius perpetrauerat.
Hec omnia an*te* oculos cordis ducit, ut cor fedet cogita-
30 tion*ib*us antiq*u*orum criminum q*u*ando nouis no*n* potest;
et sic in stollidam animam sepe reducit *per* delectatio*n*em
(M. 274) crimina q*u*e *per* con*tr*itionem correcta fuer*u*nt, | ita q*u*od
lacrimabil*iter* conqueri potest cum psalmista: Putruer*u*nt
et corrupte s*u*nt, *et* cetera. Sanatum uuln*us* putrescere

4 exufflare] sufflare Ma ; exsufflare R apta] appta Me 8 fortis]
et fortis Ma 15 perfoderunt] foderunt Ma vbi] vn*de* Ma 19 cum]
corrected from ut Me ; cum Ma R 20 uenit] aduenit Ma 22 infra]
in Psal*m*ista Ma 30 nouis] nouus Ma · 31 reduci*t*] redeunt R

incip*it* q*uando* correctu*m* crime*n* p*er* delectat*ion*em in
memoria*m* redit. Hec infelicitas est p*er* nec*g*li*g*enti*am*
hostiarij no*n* vigilis, no*n* viril*is* sed m*u*liebris, facilis ad
casu*m*, siue sit vir siue mulier. Se*m*p*er* est fortitudo
secu*n*du*m* fidem *et* secu*n*du*m* co*n*fidentia*m* in adiutorio 5
Dei quod se*m*p*er* presto est, ni*s*i fides vacillet, si*c*ut supradixi. Fides hoste*m* debilitat *et* fugat. Ideo sitis semp*er*
co*n*tra eum audaces ut leo i*n* fide firma presertim i*n*
temptatio*n*ib*us* q*u*ib*us* Ysbosee[th] defu*n*ct*us* e*s*t, id e*s*t,
in delectatio*n*ib*us* carnis. G*regorius*: Ysboseeth inopinate 10
morti nequaqua*m* succu*m*beret ni*s*i ad ingressu*m* me*n*tis
m*u*lierem, id e*s*t, | molle*m* custodia*m* deputass*et*.   f. 135 b

Ecce q*uomo*do potestis cognoscere q*uo*d e*s*t meti*c*ulos*us*
et debilis. No*n*ne meti*c*ulos*us* e*s*t pugil q*u*i dimica*n*s pedes
impetit, q*u*i i*n* compugili ta*m* imu*m* q*u*erit? Carnalis 15
delectatio e*s*t uuln*us* pedis, q*u*ia si*c*ut pedes nos feru*n*t,
ita delectationes ad delectabilia. Lic*et* igit*ur* hostis te
ledat i*n* pede, hoc e*s*t, temptet carnali delectatione, p*ro*
ta*m* imo uuln*er*e no*n* nimis timeas, ni*s*i nimis i*n*fletu*r* p*er*
co*n*sensum ratio*n*is, per nimia*m* voluptatem v*er*s*us* cor 20
ascendentem. Sed tu*n*c bibe succu*m* amaru*m* *et* repelle
i*n*flatio*n*em a corde. Hoc e*s*t, cogita de amaris penis
Chr*is*ti q*u*as bibit i*n* cruce *et* sedabitu*r* inflacio. Superbia,
odiu*m*, ira, anxietas cordis p*ro* re mu*n*dana, tristicia p*re*
langore, cupiditas te*m*poraliu*m*,—hec su*n*t cordis uuln*er*a 25
et q*u*icq*u*id ex hijs fluit letalit*er* statim uuln*er*at ni*s*i
med*i*cetu*r*. Quando hostis illa i*m*petit, tu*n*c reuera
metuendus e*s*t *et* no*n* pro pedis uuln*er*e. |

Medicina sup*er*bie e*s*t humilitas, odij socialis amor, ire (M. 276)
Against every
sin there is a
remedy:
against pride,
humility. paciencia, accidie lectio, varia op*er*a, spiritalis comfor- 30
tatio; cupiditatis co*n*temptus mundanoru*m*, auaricie cor
liberale. Nu*n*c de primo. Si vis e*ss*e humilis, cogita

6 f. supradixi] *written* -dixit, -t *erased* Me   9 Ysbosee[th]] -ht
Me   15 impetit] impu*n*git Ma   compugili] compugilem R
18 delectatione] temptacione Ma   20 consensum] *first* -s *corrected
from* -c Me   21 repelle] repellas Ma R   27 med*i*cetur] *contraction sign written above* -d, -n *signs erased over both* -e's Me;
medentu*r* Ma R   28 pro] *om.* Ma   32 e*ss*e] *written after*
humilis, *marked for insertion before it* Me

semper quid tibi de sanctitate deficit et de spiritalibus
moribus. Cogita quid habes a te ipso. Ex duobus es, ex
corpore et anima. In vtroque sunt duo que te possunt
multum humiliare, si ea bene consideres. In corpore est
5 feditas et infirmitas. Numquid ex vase tale quid procedit
quale interius continetur ? Numquid ex vase carnis procedit odor aromatum aut suauis balsami ? Ex quasi siccis
ramusculis prodeunt uue, ex spinis flores rosarum ? Caro
tua quem fructum profert in omnibus suis aperituris ? In
10 venusto medio tue faciei, que est pars pulcrior inter
f. 136 a saporem oris | et odorem nasi, nonne fers duo foramina
priuata ? Nonne formatus es ex limo ? Nonne es vas
sordium ? Numquid eris esca vermium ? Nunc musca
tibi nocere potest et te diuertere. Facile igitur potes
15 superbire! Philosophus: Sperma es fluidum, vas ster-
corum, esca vermium. Infirmitas corporis humani patet
si respiciantur homines sancti qui aliquando fuerunt,—
quomodo vigilarunt, que passi sunt, in quo labore fuerunt
et sic cognoscere poteris tuam miseram infirmitatem. Ac
20 nescis ut infatuat debiles hominis oculos qui in altum
ascendit ? Certe, quod inferius respicit. Augustinus: Sicut Aug.
incentiuum est elationis respectus inferioris, sic cautela St. Augustine's
advice: look up
est humilitatis consideratio superioris. Qui enim respicit to the better,
not down to the
(M. 278) homines | infi[m]e vite estimat se esse vite sublimis. worse.
25 Sed tu semper respice homines celestes qui ascenderunt
in altum et tunc videbis quam basse tu stas. Ieiunare per
octo dies in pane et aqua, tribus noctibus continue
vigilare,—quomodo attenuarent tui corporis robur! Hec Mich. vjᵒ. d
igitur duo in tuo corpore respice,—feditatem et infirmi- humiliatio
tua in medio
30 tatem. tui
In anima tua uide alia duo, peccatum et ignoranciam,
quia sepe quod putas bonum est malum et mors anime.

11 fers] fere Ma   12 first es] est with -t erased Me   18 in quo
labore fuerunt] quomodo laborauerunt uel in quo labore fuerunt
Ma   19 poteris] poteritis with -it marked for deletion Me; poteris
Ma R   24 infi[m]e] in fine Ma Me; imfime R   28 marginal
note] written in text after anime (l. 31) with addition, ignorancia oculo
humido Ma ; marked in different ink for insertion after infirmitatem
(l. 29) Me ; in margin R

Respice cum oculo humido tua pudenda peccata; time
tuam lubricam naturam que prona est ad casum et dic cum
sancto qui fleuit et dixit cum sibi narraretur quod eius
socius cum muliere carnaliter peccauerat, 'Ille hodie, ego
cras'; ac si diceret, 'Adeo infirmam habeo naturam sicut 5
ipse et sic mihi potest accidere nisi Deus me preseruet.'
Sic sanctus de casu alterius non mirabatur contempnendo
sed fleuit propriam infirmitatem et metuit sibi casum
consimilem. Sic humiliemini et benignas vos ipsas facite.

Bernardus Bernardus: Superbia est appetitus proprie excellencie, 10
humilitas contemptus eiusdem; id est, proprie deiectionis.

Gregorius Hec virtus est omnium | virtutum mater; de qua Grego- f. 136 b
rius: Qui sine humilitate virtutes congregat quasi qui
in uento puluerem portat. Hec sola saluabitur; hec sola
laqueos diaboli conterit, sicut Dominus ostendit beato 15

St. Anthony Anthonio videnti mundum plenum laqueis diaboli et
dicenti, 'Quis ab istis se poterit preseruare ne aliquo
capiatur?' Ad quem Dominus, 'Solummodo humilis.'
Tam subtilis est humilitas quod nullus eam tenet laqueus;
et ecce valde mirabile quod, quamuis ita sit gracilis seu | 20
subtilis humilitas, ipsa tamen omnibus rebus forcior est, (M. 280)
ita quod ex ea est omnis spiritualis fortitudo. Vnde

Cassiodorus Cassiodorus: Omnis fortitudo ex humilitate; cuius racio,
Prouer. 1[1] Prouerbiorum xjᵒ: Vbi humilitas, ibi sapiencia. Christus
autem est Dei patris sapiencia et fortitudo. Non est ergo 25
mirum si ibi sit fortitudo vbi ipse est per inhabitantem
The example of graciam. Per fortitudinem humilitatis prostrauit dia-
Jesus Christ. bolum inferni. Prudens pugil diligenter attendit modum
insultus quem eius socius cum quo pugnat ignorat, quia
cum tali insultu potest eum ex inprouiso prosternere. Sic 30
fecit Christus. Vidit quod atrox athleta inferni super
femur attraxit et sic prostrauit per insultum in concupi-
[s]cenciam que dominatur in renibus. Subleuauit multos et

1 pudenda] *second* -d *corrected from* -t Me   4 carnaliter]
om. Ma   11 id . . . deiectionis] *om.* Ma   deiectionis] diectionis
affectus R   17 se] *om.* R   aliquo] laqueo Ma   23 racio] est
added Ma R V¹   24 1[1], xjᵒ] 16, xvjᵒ Me   25 est ergo] *om.*
Ma   26 ipse] *written after* est, *marked for insertion before it* Me
32 f. concupi[s]cenciam] -s *om.* Me

circumnexit ac eos proiecit per superbiam in profundum
inferni. Hec videns Christus quasi cogitauit, 'Faciam tibi
insultum quem numquam sciuisti nec vnquam scire
poteris,'—insultum humilitatis, quo a celo descendit ad
5 terram et se protendit ita ad terram quod inimicus putauit
eum omnino esse terrenum et deceptus erat tali insultu,—
et adhuc est cotidie per homines humiles huiusmodi insultum scientes. Insuper Iob xl[jᵒ]: Omne sublime vident   **Iob 4[1]**
oculi eius; quia pre superbia non potest nisi alta videre.
10 Sancti se paruos et basse vite reputantes extra eius
aspectum sunt. Aper siluester se incuruare non potest ad
percuciendum illum qui deorsum cecidit et per mitem
f. 137 a humilitatem se | iuxta terram protendit. Talis est securus
ab eius dentibus. Non est hoc contra illud quod superius
15 dixi, quod resistere debemus diabolo, quia hec resistencia
est fidelis confidencia stabilis fidei de gracia Dei. Iste
casus est humilis agnicio proprie fragilitatis et infirmitatis;
nec potest aliquis sic stare nisi sic cadat, id est, se modi-
(M. 282) cum et vilem reputet, respiciat | suam nigredinem, non
20 suam albedinem, quia albedo disgregat visum. Humilitas   Humility the
non potest plene laudari quia ipsa est lectio quam Christus   chief lesson He taught.
intimius docuit suos electos facto pariter et verbo.
Matthei xjᵒ: Discite a me quia mitis sum et humilis corde.   **Mt. 11**
In illam infundit non guttatim sed habundanter influit
25 fontes suarum graciarum, sicut dicit psalmista: Qui
emittis fontes in conuallibus. Cor inflatum et [sicut] mons
eleuatum non retinet humorem gracie; vesica inflata vento
non sic mergitur in aqua sed punctura acus eicit totum
ventum. Modica punctura uel dolor facit intelligere quam
30 modicum valet superbia, quam stolida est vana gloria.

    Remedium contra odium est, sicut dixi, socialis amor,   Remedium
optacio boni et bona voluntas vbi deest operandi facultas.   contra odium

---

3 f. quem . . . insultum] om. Ma   7 cotidie] quotidie R
8 4[1], xl[jᵒ]] 40, xlᵒ Me   10 paruos] written par=uos Me
16 est] om. R   21 lectio] electio with first e- erased but legible
Me; lectio Ma R   22 intimius] intime Ma   26 et [sicut]] sicut
om. Me R; est sicut Ma; et sicut V¹   31 marginal note]
capitulum 10 added in different ink Me

Tantam fortitudinem habet amor et bona voluntas quod
facit bonum alterius ita bonum nostrum adeo sicut
ipsius qui operatus est. Solum ama bonum eius, opta
illud et de eo letare; sic conuertes illud ad te et facis
Gregorius illud tuum bonum proprium. Vnde Gregorius: Aliena 5
bona si diligis tua facis. Si odio habeas bonum alienum
tiriaca te intoxicas, vnguento te wlneras. Medicina tua est
contra lesiones anime et fortitudo contra hostem est quicquid boni alius facit, si tibi bene placeat. Credo certe
carnales temptationes non magis quam spirituales tibi 10
dominarentur, si sis suauis corde, humilis et mansuetus
et ita intime diligas omnes mares et feminas quod de
eorum malo doleas et de bono gaudeas tanquam de pro-
prio, optes quod omnes te diligentes illos diligerent |
sicut te et sicut te iuuarent. Si habeas cultellum aut vesti- f. 137 b
mentum, cibum aut potum, cedulam aut quaternum, 16
sanctorum solacium | aut aliud aliquid quod eos posset (M. 284)
consolari, optes eius i[n]opiam vt alius illud haberet. Si
quis non habeat cor taliter informatum, cum dolorosis
suspirijs die ac nocte clamet ad Deum nec eum in pace 20
permittat donec ipse per suam graciam eum sic reddiderit
informatum.
Contra Iram Medicina uel vnguentum contra iram, ut predixi, est
paciencia, que habet tres gradus,—altum, altiorem et
altissimum proximum celo sublimi. Altus est gradus si 25
pro tua culpa paciaris; alcior, si culpam non habeas;
altissimus, si pro bono facto paciaris. 'Non!' forsan dicet
aliquis infatuatus, 'Si essem in culpa de hoc, nollem
conqueri.' Es tu qui ita dicis extra te ipsum? Placet tibi
magis esse socius Iude proditoris quam Ihesu Christi? 30
Ambo suspensi fuerunt sed Iudas pro sua culpa, Christus
sine culpa pro sua immensa bonitate crucifixus erat.

3 eius] est Ma   6 facis] facies Ma   8 est] om. Ma
11 si] om. R   14 illos] omnes alios over erasure Ma   18 i[n]-
opiam] -n sign erased, i- changed to c- Me; inopiam Ma R   vt]
faintly marked for insertion before eius Me; aut before alius Ma; vt
before alius R   19 dolorosis] doloris R   20 Deum] dominum
Ma; deum R   23 predixi] pre- inserted above line Me; predixi
Ma R   30 proditoris] om. Ma R   31 sua culpa] culpa om. R

Cuius socius esse vis ? Cum quo pati vis ? De hoc supra
scriptum est quod ipse est tibi lima qui tibi maledicit aut
malefacit. Nonne est metallum maledictum quod dete-
rioratur, si nigrius et asperius eo fit quo magis limatur
5 et cicius rubiginem contrahit quia fricatur dure ? Aurum,
argentum, calibs, ferrum metalla sunt. Aurum et argentum a fece purgantur in igne. Si tu in eo fecem contra-
has, contra naturam est. Calix qui in igne liquescit et
fortiter feruescit ac post modum per multas tonsiones
10 et fricationes aptatur ut sit Dei ciphus, numquid, si sciret
loqui, uellet maledicere suum ignem purgatorium et sui
manum artificis ? Ieremie vjᵒ: Argentum reprobum   **Ier. 6**
vocate eos. Totus mundus officina Dei est ad suos   The world is
                                                      God's smithy,
fabricandum electos. Vis tu quod Deus ignem non   where He
                                                      forges His elect.
15 habeat in sua officina nec follios nec malleos ? Ignis est
f. 138 a pudor et pena. Follij sunt maledicentes ; | mallei, male-
(M. 286) factores. Cogita de hoc exemplo. | Quando dies iuridicus
uel iudicij prefigitur, nonne iniuriatur iudici qui citra
diem prefixum treugas rumpit et se de alio vindicat ?
20 Augustinus: Quid gloriatur impius si de eo flagellum faciat   **Augustinus**
Pater meus ? Et quis nescit quod dies iudicij prefixus est
ad ius omnibus faciendum ? Teneas treugas interim quecumque tibi fiat iniuria. Justus et sapiens iudex diem
prefixit ad ius discernendum inter vos. Non iniurieris ei
25 desperando uel non curando de eius iudicio et tuum proprium assumendo. Duo sunt que Deus sibi ipsi reseruauit,
videlicet, gloriam et vindictam, sicut sacra scriptura
testatur. Ysaie xlijᵒ: Gloriam meam alteri non dabo.   **Ysa. 42**
Deuteronomii xxxijᵒ: Mihi vindictam et ego retribuam.   **Deuto. 32**
30 Qui horum alterutrum sibi ipsi assumit Deum depredatur.
Numquid es ita vehementer iratus contra hominem uel mulierem quod, ut te vindices, vis Deum violenter predari ?

2 ipse] om. Ma   4 si] inserted above line Me; not in Ma R
9 tonsiones] tunsiones R   15 nec follios] om. Ma follios]
originally -eos with -e partially erased to form -i Me; folles R
16 Follij] ffolles Ma R   mallei malefactores] written also as
catchwords on lower margin of f. 137 b Me   22 f. quecumque ...
iniuria] quicumque tibi facit iniuriam Ma   32 violenter pre-
dari] depredari R

Contra
Accidiam

Vnguentum uel medicina *contra* accidiam est spirituale gaudium *et* lete spei solacium *per* lectionem, *sanctam* meditationem uel ab ore hominis. Sepe, care sorores, debetis minus audire vt plus legatis. Lectio est bona oratio. Lectio docet quomodo *et* quid sit orandum *et* oratio hoc post- 5 modum impetrat. In medio lectionis quando cordi placet emergit deuocio preualens multis orationibus. Ideo dicit

Jeronimus Ieronimus: Semper in manu tua sacra sit lectio; tenenti tibi librum sompnus surripiet *et* cadentem faciem pagina sancta suscipiet. Ita diligenter *et* diu legere debes. In re 10 tamen qualibet potest esse excessus. Modestia optima est.

Contra
cupiditatem

Contra cupiditatem *et* superfluorum congregationem est cor liberale.

Contra
luxuriam
Gregorius

Luxuria prouenit ex gula et ex carnis | edia, quia sicut (M. 288) dicit Gregorius: Cibus *et* potus superfluus tria generat, 15 —vana verba, vana opera, luxurie voluptates. A gula abstinent aliqui sed carnalis concupi[s]cencia omnino | non f. 138 b potest extingui. Carnalis autem concupiscencie secundum Bernardum tres sunt gradus, videlicet, cogitatio, delectat[i]o, consensus. Cogitationes volatiles, sicut dicit 20 Bernardus, non wlnerant animam sed ita maculis fedant quod non est digna amplexibus vel osculis Ihesu Christi qui totus pulcher est, nisi prius lauetur. Huiusmodi

Concupiscen-
cie tres
cogitatio
delectatio
consensus
gradus

macule seu sordes sicut faciliter veniunt, sic faciliter recedunt per uenias, confiteor *et* alia bona opera. Delectatio 25 est cum cogitatio crescit in affectum *et* tendit interius *et* vbi prius fuit macula, ibi crescit uulnus *et* profundatur interius in animam, secundum quod delectatio amplius *et* vlterius procedit. Tunc necesse est clamare, 'Sana me,

Gen. 49 Domine.' Genesis xlix°: Ruben primogenitus meus, ne 30 crescas. Ruben est cogitatio rubicunda seu sanguinea delectatio que vtinam non crescat. Consensus est quando cogitationis delectatio in tantum processit quod non foret contradictio si adesset oportunitas faciendi; *et* hoc est

1 est] *om.* R   3 uel] uel orationem R   14 *second* ex] *om.* R
17 concupi[s]cencia] -s *om.* Me   19–21 tres ... Bernardus]
written at top of page Me   19–20 delectat[i]o] -i *om.* Me ; *et follows* R
30 ne] non Ma   34 adesset] esset R

quando cor attrahit voluptatem tanquam infatuatum et
incipit quasi conniuere et sinere malignum spiritum
facere quod placet; ponit se deorsum et inclinat sicut precipit et quasi clamat se deuictum. Tunc fit audax qui prius
5 erat timidus; tunc appropinquat qui prius a longe stetit
et mordet caram Dei sponsam morsu letali. Certe morsu
letali, quia dentes eius venenati sunt sicut dentes canis
amentis. Dauid in psalmo vocat eum canem: Erue a
framea, Deus, animam meam et de manu canis vnicam
10 meam. |

(M. 290)   Ideo quam cito percipis quod mastinus inferni venit
mordax cum sanguinolentis muscis pungencium cogitationum, non iaceas in pace nec sedeas ad uidendum quid
velit facere aut quantum procedere velit, non dicas quasi
15 dormiens, 'Canis, hinc exi! Quid queris hic intus?' Hoc
enim eum intus allicit. Sed statim accipias baculum
crucis, memorando in ore, signando in manu, cogitando
in corde, et rigide expelle turpem mastinum et abige eum
quasi percutiendo cum baculo crucis, id est, diligenter |

f. 139 a excerce te ipsam, erige sursum oculos et manus ad celum,
21 clama pro succursu, 'Deus, in adiutorium meum intende.
Domine, ad adiuuandum me festina. Veni, creator
spiritus. Exurga Deus et dissipentur inimici eius. Deus,
in nomine tuo. Domine, quid multiplicati sunt! Ad te,
25 Domine, leuaui animam meam. Ad te leuaui oculos meos.
Leuaui oculos meos in montes.' Si tibi cito non veniat
auxilium, clama alcius feruenti corde, 'Vsquequo, Domine,
obliuisceris me in finem?' et sic comple totum psalmum,
pater noster, credo, aue Maria, cum adiuratorijs orationi-
30 bus in loquela propria. Rigide prosterne genua ad terram
et erige baculum crucis ac eum per quatuor partes circum-
duc contra mastinum inferni, quod non est aliud nisi te

Resist carnal desires, making the Cross your sword.

2 conniuere] *glossed* consentire *in different hand* Me; *no gloss*
Ma R   5 erat] fuerat R   6 f. Certe ... letali] *om.* Ma
14 f. quasi dormiens] ei anima dormiens *with* -n *of* dormiens
dotted for deletion in lighter ink Ma   20 excerce] *originally*
excercete, *with* -te *erased* Me; exerce Ma R sursum] surgum R
28 comple] *originally* complete, *with* -te *erased* Me; complete Ma;
comple R

circum*circa* cruce sig*nare sancte* crucis signa*cul*o. *C*onspue
eu*m* in media barba ad eius *contemptum* q*ui* te s*ic* deludit
et tanq*uàm* mastin*us* applaudit c*um* p*ro* tam modico
delectati*on*is placito vni*us* hore emere nitit*ur* tuam ani-
*m*am, cara*m* Dei *m*er*cem* q*uam* emit suo sang*u*ine *et* sua 5
p*r*eciosa morte in cara cruce. A! A! respice ei*us* precium
q*u*od p*ro* ea solu*it et* secu*n*du*m* hoc eam estima *et* eam
car*i*ore*m* tene; ne ve*n*das vnq*uam* ita vilit*er* [Dei *et*] tuo
hosti cara*m* ei*us* sponsam q*uam* emit s*ic* care.   Facere
diaboli *m*er*e*tricem ex ea est miseria super miseria. 10

Be not as she
who is too
slothful to hold
up three fingers
to overcome her
foe.

Omnino nimis misera est q*ue* potest eleua*n*do tres suos
digitos vi*n*cere suu*m* hostem *et* pre ocio hoc necglig*it*. Ideo
erige c*um* stabili fide tres tuos digitos *et* | c*um* sa*n*cte (M. 292)
crucis bacu*l*o, quem malleu*m* maxime horret, fuga masti-
nu*m* inferni. Nom*i*na sepe Ihe*s*u; inuoca passionis ei*us* 15
auxiliu*m*; adiura p*er* penas eius, p*er* preciosum ei*us* sanguine*m*, p*er* mortem ei*us* in cruce; fuge ad ei*us* w*l*nera.

Mu*l*tum nos dilex*it* q*ui* in se foramina h*uiusmod*i fieri
p*er*misit vt nos i*n* eis absconderet. I*n* ea repe cogita*ti*o*n*e.
No*n*ne aperta su*n*t? *Et* suo precioso | sanguine tuum cor f. 139 b

Ysa. 2º

fac sanguinolentu*m*   Ysa*i*e ij°: Ingredere i*n* petra*m*, 21
absconde*re* fossa humo. Fossa hum*us* *est* caro Chr*ist*i
w*l*nerata qu*a*si *con*fossa cu*m* clauis obtusis, sic*ut* ipse
diu p*r*ius i*n* psalmo dix*er*at: Foderu*n*t man*us* meas *et*
pedes meos. No*n* dixit, 'perforaru*n*t', q*uia* secu*n*du*m* 25
hanc l*itt*eram, sic*ut* dicunt doctores, ita claui fueru*n*t
obtusi q*u*od carne*m* eius foderu*n*t *et* fregeru*n*t mag*is*
q*uam* perforaru*n*t, ut eu*m* magis affligere*n*t. Ipsem*et*

Cant. 2º

vocat te ad ista w*l*nera. Cant*i*ci ij°: Columba mea i*n*
foraminib*us* petre i*n* cauerna macerie; qu*a*si diceret, 30
'Absconde te i*n* membroru*m* meoru*m* foraminib*us*, in
cauerna lateris mei.' Multu*m* diligit columba*m* cui
talem fecerat absconsionem. Videas *modo* q*u*od tu q*uam*

2 deludit] illudit R   6 cara cruce] ara crucis Ma   8 [Dei
et]] *erased but legible* Me; *given in* Ma R   11 nimis] *om.* Ma
19 repe] reple Ma   22 fossa] in fossa Ma   25 perforaru*n*t]
-ru*n*t *written over erasure* Me; perforauerunt Ma; perforarunt R
27 mag*is*] *om.*, potius *added in margin in different hand* Ma
29 te] *om.* Ma

columbam uocat habeas naturam columbe, hoc est, sine
felle, et audacter accedas ad eum et fac scutum de sua
passione et dic cum Ieremia, Trenorum iij⁰: Dabit scutum   Tren. 3⁰
cordis laborem tuum. Quod pena eius laboriosa fuerit   Make the
                                                           Passion your
5 satis veraciter ostendit quando factus est sudor eius tan- shield.
quam gutte sanguinis decurrentis in terra. Scutum teneri
debet in pugna superius supra capud uel contra pectus, non
posterius trahi. Sic si uis quod scutum crucis et dira Dei
passio arma diaboli eneruet, non trahas illud post te sed
10 eleua illud superius supra cordis capud, supra pectoris
oculos. Eleua illud contra hostem. Ostende illud |
(M. 294) certitudinaliter. Sola eius visio eum conuertit in fugam,
simul enim horret illud et pudet vltra modum post illud
tempus quo Christus per crucem prostrauit suam fraudem
15 et suam elatam fortitudinem. Si tu per necgligenciam
tepide defendisti te ipsam et hosti dedisti introitum ita
quod non possis eum retrudere pre tua magna debilitate
sed ita prostratus es quod non potes istud scutum tenere
super cor tuum nec abigere tela diaboli, demum sume
20 vnguentum beati Benedicti, licet non oporteat illud esse   Vnguentum
                                                               beati
f. 140 a ita asperum sicut suum fuit | qui uolutando dorsum, latus Benedicti
et ventrem sanguinem extraxit. Saltem tibi ipsi asperam
prebeas disciplinam quando forcior instat temptatio et
sicut ipse fecit, extrahe voluptatem in penalitatem. Si sic   Defend your-
                                                              self keenly.
25 non facis, si quasi dormiens te defendis, procedet super te
antequam putes et ex turpi cogitatione producet turpem
voluptatem et sic vlterius rationis consensum, qui quidem
consensus mortale peccatum est sine opere et ita similiter
est fetida delectatio sine consensu operis, ita diu durare
30 potest quando ratio non reluctatur. Numquam enim   Nota bene
iudicandum est delectationem esse morosam dum ratio
reluctatur et negat assensum.

Ideo, karissima soror, sicut Dominus docet, contere

5 ostendit] apparet Ma   6 gutte] om. R   10 superius]
om. Ma   second supra] et Ma   18 prostratus] -stratus written
over an erasure Me; prostratus Ma; protectus R   23 et] om.
Ma   28 sine opere] om. Ma   31 iudicandum] iudicanda
R   delectationem] -nem inserted above line Me; delectatio Ma R
morosam] morosa Ma R

capud serpentis, hoc est, inicium temptationis. Psalmista:
Beatus qui tenebit et allidet paruulos suos ad petram; id
est, qui ab inicio abstinet et primos motus carnis insur-
gentes allidit ad petram. Petra dicitur Christus propter
Cant. 2. d　soliditatem. Et Cantici ijⁿ. s: Capite vobis wlpes paruulas 5
que destruunt vineas. Vulpes paruule sunt prime instiga-
tiones. Vinee sunt anime, | quia multa indigent cultura　**(M. 296)**
ut vuas boni operis ferant. Diabolus quasi vrsinam habet
naturam et asininam, fortis in posterioribus et debilis in
capite. Non des ei ingressum sed percute eum in vertice, 10
ibi enim meticulosus est sicut vrsus in capite. Festinanter
eum urge ut discedat et pudenter eum abige quam cito
eum perpendis, ita quod se confusum reputet et quod
horreat locum in quo habitas. Superbissimus enim est et
pudorem seu confusionem maxime detestatur.　　　　　　15

**At the first
onset crush the
temptation.**　Ita, karissima soror, quam cito aduertis cor tuum ad
alicuius amorem inclinari plus quam deceat, statim caue
venenum serpentis et contere capud eius. Vetula verum
dixit que cum stramine omnes parietes accendit, quod
multum procedit ex modico. Et nunc attende quomodo 20
est. Scintilla que ascendit non statim domum conburit
sed iacet et ignem fouet et auget | ex minori ad maius **f. 140 b**
donec tota domus inflammetur priusquam putetur; et
diabolus insufflat ex quo primo generatur et flatum suum
auget secundum quod augetur. Intellige hoc ex te ipsa. 25
Vnus aspectus aut solum verbum male auditum, si te
commoueat, extingue illud cum aqua lacrimarum aut cum
sanguine Ihesu Christi dum non est nisi scintilla, priusquam crescat et te sic accendat quod tu illud extinguere
non possis; quia sic accidit sepe et hoc est rectum Dei 30
iudicium, quod qui non facit quando potest, non faciet
quando volet. |

In hac quarta parte sunt multa genera temptationum, **(M. 298)**
varia remedia et multimoda vnguenta. ˙Dominus noster
graciam vobis annuat ut ipsa vos adiuuent. Inter cetera 35
confessio est maxime oportuna; de ea erit quinta pars,

3 qui] qui quasi R　　　21 ascendit] accendit Ma　　　31 qui]
si Ma　　　32 volet] uellet Ma

sicut superius promisi. Et attendite quomodo pars quelibet in aliam cadat, sicut prius dixi.

[D]uo aduertite in principio de confessione: primum, The efficacy of
cuius virtutis est; secundum, qualis esse debet.   confession.

5 Hec sunt quasi duo menbra et vtrumque partitur, primum
in sex partes, alterum in sexdecim. Nunc de primo.

Confessio multas habet virtutes sed tantummodo de sex
dicam: de tribus contra diabolum et de tribus pro nobismet ipsis. Confessio confundit diabolum, capud eius

10 amputat, exercitum eius dissipat. Confessio omnes nostras
sordes lauat, omnia nostra dampna reparat, nos filios Dei
efficit. Probemus hec omnia.

Prima tria ostenduntur in factis Iudith. Iudith est
confessio. Olofernem occidit, id est, hostem infernalem, ut   3º libro

15 supradictum est vbi de natura auium diximus que assimu-   Confession
lantur Anachoritis. Ipsa amputauit eius capud et post-   overcomes sin,
as Judith slew
modum illud ostendit sacerdotibus vrbis. Tunc hostis   Holofernes, and
Judah con-
confunditur quando in confessione omnes eius iniquitates   quered Canaan.
reuelantur. Caput eius amputatur et ipse in homine

20 occiditur quam cito homo de peccato vere conteritur et
f. 141a habet propositum confitendi. Sed ipse non|dum con-
funditur dum capud eius absconditur, sicut ab inicio fecit
Iudith. Vnde in cubiculo abscidit capud eius, licet occisus
fuerit, non tamen confusus donec caput eius ostenderetur,

25 —hoc est, donec os in confessione eiciat crimen capitale, |
(M. 300) non solum crimen sed totum eius inicium et occasiones
que peccatum induxerunt. Hoc est capud diaboli quod
statim debet conteri, sicut predixi. Iudith xiiijº: Vagao Iudith 14
vna mulier Hebrea, id est, Iudith, fecit confusionem in

30 domo regis Nabugodonosor. Tunc statim fugit eius excercitus sicut Olofernis et fraudes ac deceptiones quibus nos

2 prius] superius Ma   margin] liber quintus de confessione
in different hand Me; Incipit liber quintus de confessione Ma; liber
quintus de confessione R   3 [D]] written in different ink in
space left for capital Me   4 debet] debeat Ma   6 primo]
dicamus inserted above primo in different ink Me; not in Ma R
15 auium] auis Ma   assimulantur] simulantur R   19 Caput]
changed from capud Me   28 sicut predixi] om. Ma   31 Olo-
fernis] -i written above -e marked for deletion Me   et] sic et Ma

impugnauit fugam ineunt *et* liberatur vrbs prius obsessa,
hoc *est*, peccator liberatur. Similiter Iude Machabeo quis
restitit? Similiter post mortem Iosue Iudicis, querenti
populo quis dux fieret *et* excercitum regeret, responsum
est a Domino: Iudas ascendet *et* terram hostium vestrorum 5
tradam in manus eius. Videte quid per hoc figuretur.
Iosue interpretatur 'salus'; Iudas, 'confessio', sicut
Iudith. Tunc Iosue mortuus *est* quando anime salus
amittitur per peccatum mortale. Ipsemet peccator *est*
terra hostium quam Dominus promittit tradere in manus 10
Iude, si ipse precedat. Confessio vexillum gerit ante Dei
excercitum, id *est*, bonos mores. Confessio tollit ab hoste
suam terram, id *est*, peccatorem, *et* conterit Canaan,
excercitum diaboli. Iudas hoc fecit corporaliter *et* confessio, quam figurat, facit hoc idem spiritualiter. Premissa 15
tria facit confessio contra diabolum.

Alia tria que facit in nobis sunt hec. Confessio omnes
sordes nostras lauat. Glosa super Confitebimur tibi, Deus,
confitebimur: Omnia in confessione lauantur. *Et* hoc
figuratum fuit in Iudith que se lauit *et* induit se vesti- 20
mentis sue iocunditatis, | depositis vestibus viduitatis (M. 302)
que fuerunt signa tristicie, cuiusmodi non est nisi pro
peccato. Iterum, confessio restituit omnia per mortale
peccatum amissa. Ioel ij. f: Reddam vobis annos quos
commedit | locusta, brucus, rubigo *et* erugo. Hoc figura- f. 141 b
tum fuit per Iudith que se induit vestibus iocunditatis *et* 26
ornauit exterius, sicut confessio nos ornat interius orna-
mentis que leticiam significant. Zakarie [xº]: Erunt sicut
fuerant antequam proieceram eos. Iterum, confessio nos
facit Dei filios. Hoc figuratum *est* Genesis xxxvº: Pater 30
appellauit eum Beniamin, id *est*, filius dextre, id *est*, heres
hereditatis eterne. Hoc manifestatur in parobola, Luce
xvº, in filio prodigo qui per contritionem in se reuersus

Margin notes left:
Confession
cleanses us,

and restores
our state,
Ioel 2. f

3º: and makes
us children of
God.
Gene. 35

Luc. 15

12 tollit] tollat Ma　　13 id . . . peccatorem] om. Ma　　19 con-
fitebimur] et cetera added Ma　　20 second se] om. Ma　　22 cuius-
modi] cuius R　nisi] om. Ma　　25 rubigo] et rubigo Ma　erugo]
eruca Ma　　28 [xº]] iijº Me　　30 est] fuit Ma R　　31 f. heres . . .
eterne] heredem hereditatis Ma　　32 Hoc] hec R

dixit: Surgam et ibo ad patrem meum et dicam ei, Pater,
peccaui in celum, et cetera; et postquam sic confessus est
filius et adiecit: Iam non sum dignus vocari filius tuus, dixit
pater ad seruos: Cito proferte stolam primam, et cetera.

5　Dictum est de sex efficacijs confessionis; nunc viden-
dum cuiusmodi debet esse confessio tot habens efficacias.
Et ut hec melius ostendamus, diuidamus hoc menbrum
in sexdecim particulas. Confessio debet esse accusatoria,
amara, integra, nuda, frequens, festina, humilis, pudorosa,
10　timorosa, spe subnixa, discreta, vera, voluntaria, propria, stabilis, diu premeditata. De hijs singillatim aliquid
est dicendum. |

(M. 304)　·Confessio debet esse accusatoria. Debet enim homo in
confessione accusare se ipsum et non excusare, non dicere,
15　'Illud feci per alios, coactus eram. Diabolus me compulit
hoc facere.' Sic Eua et Adam se excusarunt,—Adam per
Euam, Eua per serpentem. Diabolus non potest aliquem
cogere ad peccandum, licet ad hoc excitet. Sed multum
sibi placet quando aliquis dicit quod fecit eum peccare, ac
20　si haberet fortitudinem, quam tamen non habet nisi ex
nobis. Sed debet dici, 'Iniquitas mea propria hoc fecit.
Volens et sponte inclinaui me diabolo.' Si alicui rei
peccatum tuum imputes nisi tibi ipsi, non confiteris. Si

f. 142 a　dicas quod non potuisti aliud pre infirmitate | tua, tu
25　peccatum tuum retorques in Deum qui te talem fecit quod
tu, prout dicis, resistere non potuisti. Accusemus nosmet
ipsos, quia Corinthiorum xjº: Si nos ipsos iudicaremus,
non vtique diiudicaremur. De quo iudicio Anselmus:
Hinc erunt accusancia peccata, illinc terret iusticia;
30　supra iratus Iudex, subtra patens horridum chaos inferni;
intus vrens consciencia, foris ardens mundus. Peccator
sic deprehensus in quam partem se premet? et cetera.
Accusabunt enim nos peccata de mordra anime. Iusticia

(marginal notes)
Confessio
debet esse
accusatoria
et non
excusatoria

Cor. II

Anselmus

---

5 videndum] est *added* Ma　　10 spe] sepe Ma　　11 diu] et
diu R　　13 *marginal note*] *set opposite* Confessio debet *in l.* 8
Me　　27 Corinthiorum] i *inserted above line in different ink*
Me　 nos] nosmet Ma　　29 illinc] illic Ma　 terret] terrens Ma
33 enim] *om.* Ma

terrens erit quasi sine misericordia metuenda et horrenda.
Iudex tunc quasi leo,—hic mitis, ibi ferox; hic agnus, ibi

Amos iij°. b leo. Amos 3. b: Leo rugiet, quis non timebit? Hic eum
agnum vocamus quociens canimus: Agnus Dei qui tollis
peccata mundi, et cetera. Idem Iudex testis erit agnoscens 5
omnia nostra delicta. | Ad quam partem se conuertet (M. 306)
peccator sic deprehensus? Non restabit nisi audire durum,
amarum, horribile et super omnia terribile verbum: Ite,
maledicti, in ignem eternum quod paratum est diabolo et

Mt. 25 angelis eius, Matthei xxv°. Vos preteristis iudicium meum 10
quo iudicaui hominem debere uiuere in labore et dolore
super terram et nunc ideo sustinebitis iudicium demonum,
ardere cum illis eternaliter in ignem eternum. Ad hoc
dampnati clamorem eicient ita terribilem quod ambo
celum et terra terribiliter horrebunt. Ideo nos amicabiliter 15

Aug. docet beatus Augustinus et habetur in glossa Corinthiorum

Cor. xj° xj super illud, Si nosmet ipsos, et cetera: Ascendat homo
tribunal mentis sue, si illud cogitat quod oportet eum
exhiberi ante tribunal Christi. Assit accusatrix cogitatio,
testis consciencia, carnifex timor, et cetera. Cogitatio 20
rememoret et accuset de uarijs criminibus, 'Amice, sic
fecisti, ibi hoc et illic illud, sic fecisti.' Agnoscat consciencia et testificetur, 'Verum est, verum est, hoc et multo
amplius.' Procedat postmodum [timor] ex precepto
iudicis qui districte precipiat, 'Cape, | liga fortiter eum, f. 142 b
quia reus est mortis. Liga sic eius singula menbra quibus 26
peccauit quod non possit amplius peccare cum eis.' Tunc
timor eum ligat quando pre timore non audet se ad
peccandum mouere. Ad huc non est iudex contentus,
videlicet, ratio, licet ligatus sit et abstineat a peccato, nisi 30
luat peccatum quod prius commisit. Vocat igitur iudex
penam et dolorem et precipit quod dolor eum cruciet
interius in corde et flagellet in corpore | cum ieiunijs et (M. 308)

4 tollis] -s *written over final* -t Me　　　6 conuertet] *second* -e
*written*ₗ*over* -i Me; -et Ma R　　　9 paratum] preparatus Ma
16 Corinthiorum] i *inserted above line in different ink* Me　　18 cogi-
tat] cogitet R　　　23 *first* est] *inserted above line* Me　*second* est]
om. Ma　　24 [timor]] *om.* Me; *given in* Ma R　　28 eum] *om.*
Ma　ligat] ligauit Ma R　audet] *om.* Ma　　29 mouere] mouet Ma

alijs asperitatibus carnis. Qui se sic ante magnum Accuse thyself
and God will
iudicium se ipsum iudicat felix est et beatus, quia sicut excuse thee.
dicit propheta: Non iudicabit Deus bis in idipsum. Non
est in curia Dei sicut in Comitatu. Ibi qui negat poterit
5 liberari et dampnari qui fatetur. Coram Deo est aliter.
Si tu accusas, Deus excusat, et vice versa, dum tamen tu
te iudices, ut supra doctum est.

Confessio debet esse amara contra id quod peccatum Amara
aliquando videbatur dulce. Iudith, que interpretatur
10 'confessio', sicut sepe dixi, fuit filia Merari, Iudith viijº; Iudith 8
et Iudas, qui similiter interpretatur 'confessio', duxit in
vxorem Thamar, Genesis xxxviijº. Ambo autem Merari Gen. 38
et Thamar in Hebreo interpretantur 'amaritudo'. Ex
amaritudine igitur debet procedere confessio, sicut Iudith
15 ex Merari; et ambo debent copulari, sicut Iudas et
Thamar, quia neutrum prodest, aut parum, sine alio.
Phares et Zaram nichil producunt.

Quatuor sunt que per mortale peccatum perpetrantur,
que, si recogitentur, possunt peccatorem in dolorem et
20 cordis amaritudinem inducere. Ecce primum. Si homo 1
_o amisisset in vna hora diei patrem et matrem, fratres et Nota bene
sorores, et omnis eius cognatio, ac omnes ipsius amici subito
fuissent mortui, nonne iste super omnes dolore et amaritu-
f. 143 a dine plenus | foret? Nouit Deus! incomparabiliter dolentior
25 potest esse peccator qui cum mortali peccato spiritualiter Our sin has
slain God in
Deum in sua anima occidit. Non solum amisit suauem our souls.
patrem celestem et beatam Mariam, eius caram matrem
uel sanctam ecclesiam, quando de ea nichil participat,
sed et angelos celestes et omnes sanctos, qui sibi fuerunt
(M. 310) tanquam | fratres, sorores et amici. Quantum ad ipsum
31 omnes mortui sunt, omnes ipse occidit et eorum omnium
iram et indignationem incurrit. Vnde Trenorum jº:
Omnes amici mei spreuerunt eam et facti sunt ei inimici.

1 se] om. Ma   3 propheta] space in text after this word Me R
6 tamen] om. Ma   7 doctum] dictum R   9 que] written
in margin Me; not in Ma R   19 f. et cordis] reversed Ma
23 mortui] extincti Ma   25 spiritualiter] om. Ma   30 fratres]
et added Ma   33 mei] eius Ma R

Quin immo eius filij quam cito peccauit mortaliter omnes
mortui sunt,—qui sunt eius bona opera que omnia amissa
sunt. Insuper ipsemet peccator de se filio Dei fecit filium

Ioh. 8 diaboli horribilem. Vnde Iohannis viij°: Vos ex patre
diabolo estis. Cogitet quilibet de suo statu in quo est aut 5
aliquando fuit et videre poterit cur dolere et suspirare

Iere. [6] debet. Ideo Ieremie vj°: Luctum vnigeniti fac tibi plan-
ctum amarum, videlicet, tanquam vnigeniti coram matre
subito extincti.

2: What would   Ecce secundum. Homo condempnatus ad suspendium 10
a man feel who
was condemned uel uiuus ad incendium pro turpi murdro, quomodo se
for murder?   haberet cor eius? Ac tu infelix peccator quando per
peccatum mortale murdrasti Dei sponsam, hoc est, tuam
animam, tunc iudicatus et condempnatus fuisti ad suspendium in ardenti furca in sempiterna flamma inferni, ibi 15
pepigisti cum diabolo de tua morte et dixisti condempnatis

Ysaye 28 illud, Ysay[e] xxviij°: Pepigimus cum morte fedus et cum
Commercium inferno iniuimus pactum. Hoc est enim commercium
diaboli hostis. Ipse tibi prestet peccatum et tu sibi animam et
corpus eternaliter dampnandum.   20

3: Or one who   Ecce tercium. Cogita hominem qui totum mundum
had lost the
whole world? in sua dicione haberet et pro sua iniquitate totum vna
hora amisisset, quomodo langueret et doleret? Tu cencies
deberes intimius dolere | qui per vnum mortale peccatum **f. 143 b**
regnum amisisti celeste, perdidisti Dominum Deum qui 25
millesies et infinicies melior est toto mundo, terra simul

Cor. 6. c et celo. Corinthiorum vj°. c: Que est enim conuencio
Christi ad Belial?

4: Or one who   Ecce quartum. Si rex tradidisset suum | carum filium **(M. 312)**
had betrayed
his King's son? militi custodiendum et hostes illum abducerent ita quod 30
filius patrem impungnaret cum hostibus, nonne miles iste
doleret et vehementer puderet? Omnes sumus filij Dei,
Regis celestis, qui quemlibet nostrum vnius angeli custodie

---

7 [6], vj°] 7, vij° Me   17 Ysay[e]] -e om. Me   18 inferno]
infirmo R   20 dampnandum] stroke over first -a in different
ink Me   24 intimius] intime Ma   27 Corinthiorum] 2 inserted
above line in different ink Me   enim] om. R   32 puderet]
puderetur Ma

commisit. M*ultum* dolet ip*se* suo m*odo* quando hostes
nos abducu*nt*, q*uando* n*ostrum* bonu*m* p*atrem* peccato
i*m*pungnam*us*. Doleam*us* q*uod* talem p*at*rem offendim*us*
et talem custodem q*ui* nos custodit *et* protegit ab i*n*uisi-
5 bilib*us* hostib*us*, q*uia* alias male nob*is* foret. S*ed* eu*m*
abigim*us* quando peccatu*m* mor*tale* committim*us et* ip*se* se
a nobis elongat. Teneam*us* eu*m* iux*ta* nos odore bono*rum*
op*erum et* nos in ip*sius* custodia. Nouit Christ*us*! quil*ibet*
n*ostrum* tam nobili custodi nim*is* defert *et* de suo seru*i*cio
10 nim*is* regraciat*ur*.

Iste *et* alie m*ulte* ra*t*iones *sunt* ob q*uas* ho*mo* potes*t* pro
suis pecca*t*is amare dolere *et* dolen*ter* flere, q*uia* bene est
ei q*ui* s*i*c potest. Flet*us* enim es*t* a*n*ime salus. Deus
*en*im sic facit nob*is* sic*ut* solet fieri malo debitori. Min*us*
15 cap*it* q*uam* si*bi* debeam*us et* ta*men* contentu*s* est. Nos
si*bi* debem*us* sanguine*m* pro sanguine *et* ta*men* sanguis
n*oster* i*n* compar*at*ione ad ei*us* sanguine*m* quem pro nob*is*
effudit, foret valde inequalis commutatio. S*ed* nescis
qu*i*d sepe fiat? A malo debitore recipit*ur* auena pro
20 frum*ent*o; *et* Domin*us* n*oster* a nob*is* recip*it* lacrimas pro
suo sanguine *et* bene content*us* est. Ip*se* fleuit i*n* cruce,
super Lazaru*m*, super Ier*usa*lem, pro alior*um* peccatis. Si
fleam*us* pro propriis, non erit miru*m*. Sanct*us* dixit i*n*
24 Vitis patru*m*, 'Fleam*us*', postq*uam* diu flagitat*us* fuerat
f. 144 a *et* rogat*us* pro ser*m*one faciendo; 'Lacrimas', | inquid,
'resoluam*us* ne lacrime n*ost*re i*n* inferno nos decoqu*ant*.' |

(M. 314) Confessio debet e*sse* integra, id es*t*, vni ho*m*ini dicta ab **Integra**
infan*c*ia. Paupercula vidua volens domu*m* sua*m* mundare **Exemp***lum*
colligit primo grossiora *et* expellit; postmodu*m* reuertitur **primum**
30 *et* dimissa cumulat ac postmodu*m* eicit; demu*m* super
puluere*m* tenuem, si m*ultum* pulueric*et*ur, spargit aqua*m*
et scopit post alia. Sic facere debet q*ui* confitet*ur*,—post
grauiora eicere minora; si p*u*luis leuiu*m* cogitationu*m* sur-

6 abigim*us*] ambigim*us with first* -m *marked for deletion* Me
15 Nos] igit*ur added* Ma   22 *second* super] *et* super V¹   29
expellit] *et added* Ma   31 spargit] aspargit *with* a- *marked for
deletion* Me; spargit Ma R V¹, *in* Ma *corrected from* spargat   33
eicere minora] *om.* Ma

su*m* ventile*tur*, spargat lacrimas supe*r* eas; tu*n*c cordis
oc*u*los no*n* cecabu*n*t. Q*u*i aliq*u*id celat, nichil dix*it*, du*m*
2ⁿ con[s]cius est, sed est similis homi*n*i multipliciter et
letal*iter* wlnerato et o*s*tendenti medico om*n*ia wlnera, vno
du*m*taxat excepto, p*r*o quo moritu*r* sicut p*r*o om*n*ibus 5
3ᵐ morere*tur*. Iteru*m*, talis est simil*is* homi*n*i existenti i*n*
naue perforata et obturanti foramina om*n*ia, excepto vno,
4ᵐ per q*u*od tota submergitu*r*. Narratu*r* de sa*n*cto languente
i*n* extremis q*u*i noluit reuelare q*u*odda*m* peccatu*m* i*n* sua
puericia co*m*missum, quem abbas hortabatu*r* ut ill*u*d 10
diceret ac ipse re*sp*ondit q*u*od non fuit nece*s*se q*u*ia ip*s*e
puer p*ar*uul*us* erat qua*n*do illud commisit. Tandem
tame*n* vix per abb*at*is hortatum illud dixit et cito post
decessit. Post mortem abb*at*i suo apparuit i*n*· vestimentis niueis tanqu*am* saluatu*s* et dixit q*u*od veraciter ni*s*i 15
ill*u*d expresse in confessione dixis*s*et q*u*od i*n* puericia
5ᵐ fecerat, da*m*pnatu*s* fuis*s*e*t*. Simil*iter* de alio qui fere
da[m]pnat*us* fuerat q*u*ia semel homi*n*em coegerat ad
6ᵐ potandu*m* et obij*t* de eo no*n* confessus. Simil*iter* de
domi*n*a q*u*e fere da*m*pnata fuerat p*r*o eo q*u*od como- 20
daue*r*at ad quanda*m* vigiliam cuidam m*u*lieri quanda*m*
vestem sua*m*. Sed si q*u*is diligent*er* inquisierit om*n*es
angulos | sui cordis nec ampli*us* s[c]it explorare, si q*u*id (M. 316)
lateat, spero q*u*od in confessione cum alij*s* est expulsu*m*, 24
qu*an*do non interuenit negligen*cia* et | libent*er* ampli*us* f. 144 b
Aug. diceret si sciret. Augu*s*tin*us*: Si consciencia desit, pena
satisfacit.

Nuda   Confessio d*eb*et e*s*se nuda, no*n* parobolice, pulcre aut
decent*er* expressa sed debent sermones exponi secundu*m*
opera. Hoc signu*m* est odij q*u*od contemptibil*iter* et 30
probrose dicitu*r* res que m*u*ltu*m* odio hab*etur*. Si odis
peccatu*m* tuu*m*, quare ornate de eo loqueris? Quare
ipsi*us* sordes abscondis? Loqu*ere* confusibil*iter* et qua*s*i

ı spargat] aspergas Ma   3 con[s]cius] -s om. Me   7
excepto vno] preter vnu*m* Ma V¹ R   8 submergitur] corrected
from submergeretur Me; submergitur Ma R V¹   sancto] om. Ma
9 noluit] voluit V¹   sua] om. Ma   13 vix] om. R   14 suo] om.
Ma   18 da[m]pnat*us*] -m om. Me   19 potandu*m*] bibendu*m*
Ma   23 s[c]it] sit Me; sit corrected to scit Ma; scit R: sᵗ V¹

multum detractorie sicut velles confundere diabolum.
Dicit mulier, 'Habeo amicum' uel 'Fui de corpore meo
stulta.' Hec confessio non est nuda. Tolle cooperimentum.
Denuda te et dic, 'Misereatur mei Deus! Sum turpe
5 Iumentum, fetida meretrix.' Da hosti tuo turpe nomen
et nomina illud turpiter. Expolia peccatum tuum, hoc est,
non celes aliquam eius circumstanciam. Nimis tamen
turpiter dici posset. Non oportet nominare turpe factum
proprio nomine nec turpia menbra proprijs nominibus.
10 Sufficit ita dicere quod confessor vere intelligat quid
dicere intendas.

Circa peccatum sunt sex circumstancie que illud velant, The six circum-
stances which
—persona, locus, tempus, modus, numerus, causa. Per- must be con-
fessed.
sona,—que peccauit uel cum qua peccabatur. Reuela D[e] persona
15 et dic, 'Mulier sum et deberem de iure magis habere 1
pudorem loquendi sicut locuta sum aut faciendi sicut feci.
Ideo peccatum meum grauius est quam masculi, quia
magis me dedecebat. Ego sum Anachorita, monialis, |
(M. 318) vxor maritata, virgo, femina cui multum creditur,
20 femina sic prius adusta et ideo magis debui esse pre-
munita. Domine, peccaui cum homine talis status,
monacho, presbitero aut clerico talis ordinis, cum vxorato,
cum innocente aut femina sicut ego sum.' Hoc dictum
est de persona.

25 Similiter de loco. 'Domine, sic ludebam uel loquebar, De loco 2
ibam in corea in ecclesia uel cimiterio, aspiciebam hec aut
luctas uel alios scurriles ludos uel sic et sic loquebar
f. 145 a coram secularibus aut re|ligiosis, loquebar in alio loco
quam debebam, iuxta sanctuarium osculabar, palpabam
30 illam in tali loco, in ecclesia sic cogitabam, aspiciebam
ipsum ad altare.'

Similiter de tempore. 'Talis eram etatis quod debui De tempore 3
me discrecius conseruasse. Hoc feci in quadragesima, in
diebus Ieiunij, in diebus festiuis quando alij fuerunt in

1 sicut velles] si uelis Ma   5 fetida] sum fetida R   7
aliquam] om. Ma   11 intendas] intelligas V¹   14 margin
D[e]] -e om. Me   20 adusta] ad ista Ma   esse] fuisse R V¹
27 et sic] om. R   30 illam] illum Ma V¹   34 festiuis] festis Ma

ecclesia. Cito fui temptatione victus et fuit peccatum
grauius quam si fuissem multis et grauibus impulsibus
prost[r]atus. Domine, fui occasio uel initum quare res sic
processit, eo quod veni tali loco tali tempore. Multum
premeditaui antequam illud facerem, quam male fieret et 5
nichilominus feci.'

De modo 4　　Similiter de modo, qui est quarta circumstancia.
'Domine, hoc peccatum commisi sic et hoc modo, sic prius
illud didici, sic inchoaui, sic postmodum feci tot modis,
sic complete, sic impudenter, sic quesiui volumptatem, 10
quomodo maxime potui satisfacere feruori delectationis',
—et dicere totum modum. |

De numero 5　　Numerus est quinta circu[m]stancia,—dicere totum (M. 320)
quociens factum est. 'Assuetus sum sic loqui, talia
audire, talia cogitare, negligere, obliuisci, ridere, com- 15
medere, bibere plus aut minus quam oporteret. Sic
sepius iratus sum postquam proximo confitebar et
pro tali re et tam diu durauit ira; tam frequenter
dixi falsum, tociens hoc et illud feci et hoc tot et tot
modis.'　　　　　　　　　　　　　　　　　　　　　　　20

De causa 6　　Causa est sexta circumstancia, videlicet, quare illud
fecisti aut ad illud alium iuuisti uel per quem res sumpsit
exordium. 'Domine, illud feci pro delectatione, pro illicito
amore, pro lucro, pro timore, pro adulatione. Domine,
illud feci pro malo, licet malum inde non sequeretur. 25
Domine, mea leuis responsio aut gestus mei leues ipsum
ad me alliciebant. Domine, de hoc verbo uel hoc facto
ira et mala verba processerunt. Domine, occasio est hec
quare malum | ad huc durat, cor meum sic erat tepidum.' f. 145 b
Quilibet secundum quod est suas dicat circumstancias, 30
homo prout ad eum pertinet, femina prout ad illam, quia
hic non dixi aliquam nisi ad rememorandum hominem uel

2 et] om. Ma　　3 prost[r]atus] -r om. Me; prostratus Ma
R V¹　　4 tali loco] written after tempore but marked for insertion here Me; order as corrected Ma R V¹　　5 et] et tamen Ma
7 qui] que Ma　　13 circu[m]stancia] -m om. Me　　16 plus . . .
quam] plus quam Ma　　22 iuuisti] misisti Ma; iuuasti R; . . .
uisti, rest covered V¹　　25 sequeretur] prosequeretur Ma　　27
second hoc] de hoc V¹

mulierem de illis que ad eos pertinent per illas que hic
commemorantur.

De istis velaminibus expolia tuum peccatum et fac Epilogat
illud nudum in confessione. Vnde Trenorum 2: Effunde Tren. ij°
5 sicut aquam cor tuum. Si oleum effundatur a vase,
aliquid liquoris remanebit in eo; si lac, aliquid coloris;
si vinum, aliquid odoris; sed si aqua, totum simul
effunditur. Sic effunde cor tuum, id est, totum malum The punish-
ment for
concealment.
quod est in corde tuo. Si sic non facias, ecce quam
10 terribiliter Deus ipse tibi comminatur per prophetam
Naum, iij°: Ecce ego ad te, dicit Dominus, ostendam Naum 3°
gentibus nuditatem tuam et regnis ignominiam tuam
et proiciam super te abhominationes; quasi dicat,
(M. 322) 'Tu noluisti te reuelare | presbitero in confessione et
ego reuelabo cunctis gentibus iniquitatem tuam et omni-
15 bus regnis tua pudenda peccata, regno terre, regno
inferni, regno celorum; et colligabo totam confusionem
tuam in collo tuo sicut fit latroni ad iudicium pro-
ducto et sic cum tota confusione precipitaberis in infernum.' Bernardus: Quid confusionis, quid ignominij Bernardus
20 erit quando dissipatis folijs et dispersis vniuersa nuda-
bitur turpitudo! Sanies apparebit non solum operum sed
etiam negligenciarum, verborum et cogitationum que
hic prius correcta non fuerint. Vnde Anselmus: Omne Anselmus
tempus impensum requiretur a nobis qualiter sit ex-
25 pensum. Dissipatis, inquit Bernardus, folijs et dispersis.
Aspexit quomodo Adam et Eua consuerunt folia ficus
et fecerunt sibi perizomata ad tegendum sua menbra
f. 146a putibunda. Consimiliter faciunt multi decli|nantes cor
suum in verba malicie ad excusandas excusaciones in
30 peccatis.

Confessio debet esse frequens. Ideo in psalmo: Confite- Frequens 7
bimur tibi, Deus, confitebimur; et Saluator discipulis suis
ait, Iohannis xj°: Eamus iterum in Iudeam. Iudea inter- Ioh. 11
pretatur 'confessio'; et reperimus quod ipse sepe a Galilea

11 ostendam] Ostendendam Ma   17 tuam] om. Ma
23 Anselmus] Augustinus Ma   24-5 expensum] impensum R

iuit in Iudeam. Gal*i*lia inter*preta*tur 'tota volubilis', ad
docen*dum* nos q*uod* a volubilitate mu*n*di ire sepe debe-
m*us* ad confess*i*onem, q*uia* hoc est sac*r*amentum post
eukaristia*m* et baptismum q*uod* diabolus magis odit, sicut
multu*m* detestat*ur* se ip*sum* detegere. N*um* tela poterit 5
semel | lota bene alba fieri ? aut fed*us* pa*n*n*us* bene lot*us* et (M. 324)
mu*n*dus ? Tu lauas ma*nus* bis aut ter in die et lauare no*n*
vis a*n*ima*m* tua*m*, Christi spo*n*sam, q*ue* quanto albior,
tanto sordes cici*us* app*ar*ebit in ea n*is*i lauetur. Non
vis ad amplexu*m* Dei sepi*us* sed vix ea*m* in septimana 10
semel lauare ? Confiteor, aq*ua* bened*i*cta, orat*i*ones, s*an*cte
meditat*i*o*n*es, benedixiones, genuflexiones, om*n*e op*us*
bonu*m*, om*n*e verbu*m* bonu*m* laua*n*t venialia peccata.

Versus V*n*de vers*us*:

> Crux, aq*ua*, confiteor, or*a*tio, corp*us* i*n* ara,   15
> Tunsio cu*m* flexu, faciu*n*t ve*n*iale remitti,—

que si*n*gula dici no*n* possu*n*t. S*ed* co*n*fessio semper est
cap*ud*.

Festina 8 Confessio d*ebet* e*ss*e festina. Si peccatu*m* accidat i*n*
nocte, statim uel mane fiat co*n*fessio ; si de die, a*n*tequam 20
dormiat*ur*. Quis auderet dormire du*m* letalis hostis vibra-
tu*m* tene*r*et ensem sup*er* cap*ud* ei*us* ? Q*ui* dormitat sup*er*
crepidine*m* inferni sepe p*r*ecipitat*ur* total*i*ter a*n*tequam
putet. Q*ui* i*n* ign*em* ardent*em* cecidit, no*n*ne ame*n*s est
si iaceat et deliber*et* quando surge*r*e volu*er*it ? Mulier si 25
acu*m* amiserit, aut sutor subula*m*, statim illud quer*it* et
omnia stramina euertit | quousq*ue* inuen*er*it. Et Deus per f. 146 b
peccatu*m* amissus iacebit p*er* octo dies no*n* quesit*us* ?

One must chas-
tise a dog
promptly. P*salmi*sta: Circumdederunt me canes m*ul*ti. Q*ua*ndo
canes edaces sta*n*t a*n*te mensa*m*, no*n*ne op*us* e*st* virga ? 30
No*n*ne si cibu*m* rapia*n*t eos percutis ? Alioquin totum
raperent. Sic sume vi*r*ga*m* tue lingue et q*uo*ciens canis
inferni a te bonu*m* rapu*er*it, statim percute cum virga

---

5 N*um*] Non Ma   6 lot*us*] semel lotus Ma   7 mu*n*dus]
esse *added above line in different ink* Ma   12 f. op*us*, verbu*m*]
interchanged Ma   16 veniale] venialia Ma   17 que] Q*uia* Ma
22 dormitat] -r *inserted above line in different ink* Me   23 crepidine*m*] turpitudine*m* Ma   27 euertit] auertit Ma

lingue *confessionis et tam* dure eum percute q*u*od odiat
odore*m* cibi sumere. I*ctus* istos *et* ritum istum maxime
detesta*tur*. Canem *commedentem* coreum u*el* aliud h*uius-*
(M. 326) *mo*di statim percutimu*s* ut aduertat qu*are* | percutit*ur*.
5 Tu*n*c no*n* audet alias hoc facere. Sic percute cum lingua
in *con*fessione statim canem inferni *et* timeb*it* te sic ad
peccatu*m* allicere. Qu*is* est tam stult*us* q*u*i dicat cani
rodenti coreu*m*, 'Expecta vs*que* cras!' aut alicui ho*mi*ni,
'Nondu*m* percuties eu*m*!' s*ed*, 'Statim, statim, statim
10 percute!'

Noue*m* su*n*t que festinare debent *con*fessione*m*. Nota: Other reasons for promptness
Primu*m* est vsura pene debite, q*uia* peccatu*m* est qu*a*si j^m
peccunia dia*b*oli qu*am* dat ad vsura*m et* fenu*s* pene.
Ps*al*mi*s*ta: Ex vsuris *et* iniq*u*itate redim*et* a*n*imas eo*rum*.
15 Et quanto diuci*us* pecca*t*or iacet *in* crimine, ta*n*to magis
fenu*s* pene crescit in p*ur*gatorio, hic, u*el* in *in*ferno soluen-
du*m*. Secu*n*du*m* est magna *et* miserabilis iactu*r*a qu*am* 2^m
peccator incu*r*rit, q*uia* nichil q*u*od agit Deo plac*et*. Osee
vij°: Alieni *com*mederu*n*t robu*r* eius. Terciu*m* est *m*ors, 3^m
20 q*uia* nescit homo si illa die subito moria*tur*. Ecc*lesia*stici
v°: Fili, ne tardes *con*uerti ad D*omin*um *et* ne differas de
die *in* diem. Subito e*n*im veniet ira illius *et* in tempore
vindicte disp*er*det te. Quartu*m* e*st* infirmitas p*r*o qua 4^m
cogitare no*n* potest, ni*s*i de ea ta*n*tu*m*, nec loq*u*i ut
25 debere*t*, ni*s*i geme*r*e p*r*o dolore magis qu*am* p*r*o crimine.
Ecc*les*ia*s*tici xvij°: Sanu*s* *con*fiteberis *et* viuens. Quintu*m* 5^m
f. 147 a est pudor qui | p*r*ouenit ex diu iacere post casu*m*.
Heb*r*eo*rum* v°: Surge q*u*i dormis. Sextu*m* e*st* wlnu*s* q*u*od
per mora*m* deteriora*tur et* dificili*us* sana*tur*. V*ersus*: 6^m versus
30 Principij*s* obsta; sero medicina *p*aratur. Septimu*m* e*st* 7^m
*con*suetudo peruersa, qu*am* Lazaru*s* quadriduanu*s* signifi- Nota de Lazaro
cat, p*r*o q*u*o resuscitando Chr*istus* fleuit, orauit, fremuit

---

2 Ict*us* istos] ictu*m* istum Ma   10 percute] eu*m* *added* Ma
11 festinare debent] festinant Ma   17 miserabilis] mirabilis
Ma   20 moria*tur*] morietur Ma   21 differas] differa Ma
22 illius] *preceded by* ei*us* *crossed out* Me; illius Ma R   29 V*ersus*]
om. Ma; vnde versus R   30 *p*aratur] Cum male per longas con-
ualuere moras *added* R

et clamauit, Iohannis xj°. Hec quatuor fecit ad ostendendum quam difficile est corruptum in peccato surgere a
peruersa consuetudine. Si | Lazarus fetebat quia quadri- (M. 328)
duanus, quomodo fetent peccatores quadriennales uel
Augustinus quinquennales? Aug*ustinus*: Quam difficile surgit quem 5
8ᵐ moles consuetudinis male premit! Octauum est quod
Gregorius dicit Gregorius: Peccatum quod per penitenciam non
Nota bene diluitur mox suo pondere ad aliud trahit et illud tercium
et sic deinceps malum peius generat. Quanto profundius
9ᵐ vadatur in malo, tanto tardius exitur. Nonum est quia 10
quanto citius hic inchoatur penitencia, tanto minus restat
corrigendum in pena purgatoria. Hec sunt nouem
rationes et plures sunt alie ob quas confessio deberet esse
festina.

Humilis Confessio debet esse humilis, sicut pupplicani, non sicut 15
pharisei qui bona narrauit et omnia integra ostendit
quando debuit sua wlnera reuelasse. Ideo non sanatus,
sicut Saluator ait, recessit a templo. Humilitas assimulatur prudentibus harlotis manifestantibus sua infirmiora,
que si sint horribilia ea pretendunt quasi horribiliora in 20
conspectu diuitum, vt eorum misereantur et cicius eis bona
largiantur. Pannum integrum abscondunt et lacerata de-
super induunt. Sic humilitas feliciter Dominum | decipit (M. 330)
et adquirit de bonis eius cum felici trutannizatione, bonum
semper abscondit et paupertatem ostendit, protendit flens 25
et eiulans coram oculis Dei morbum cancri, adiurat per
passionem Dei, per preciosum sanguinem, per eius quinque
| vulnera, per sue matris lacrimas, per vbera que suxit, f. 147 b
per lac quod eum nutriuit, per sanctorum omnium dilectionem, per caritatem quam habet ad suam caram spon- 30
sam, hoc est, ad animam mundam, per suam mortem
in cruce ut ipsam adquireret. Cum huiusmodi anxia
adiuratione clamate pro adiutorio misero et inopi impen-

1 et] om. Ma   3–4 quia quadriduanus] qui quadriduanus erat
over an erasure Ma   11 citius] ocius Ma   18 sicut ... ait]
om. R   20 horribiliora] horribilia R   27 first per] et Ma;
inserted later, joined to p- of next word Me; per R   preciosum] eius
added Ma   28 suxit] succit et Ma   29 quod] quo Ma   per
sanctorum] et precedes Ma

dendo, ut iuuetur infirmus, vt sanetur morbus. Et
Dominus noster sic adiuratus negare non potest pre misericordia nec contristari rogantem per negationem, presertim
cum ipse sit immoderate largus nec aliquid plus affectet
5 quam ut inueniat occasionem largiendi. Sed cum quis
iactat de bono, sicut faciunt superbi in confessione, que
necessitas est eos iuuandi? Multi modum habent sic
peccata dicendi quod equipollet secrete iactancie, vena-
tioni laudis maioris sanctitatis.

10   Confessio debet esse pudorosa. Per hoc enim quod po-   **Pudorosa**
pulus Israel transiuit per mare Rubrum, quod erat rubrum
et amarum, significatur quod nos oportet per ruborem in
confessione et amaritudinem penitencie transire in celum.
Iustum est quod erubescamus coram homine qui erube-
15 scentie obliti fuimus quando peccauimus in conspectu
Dei. Hebreorum iiijº: Omnia nuda sunt et aperta oculis
eius ad quem nobis sermo, videlicet, coram quo rationem
reddere debemus de omnibus operibus nostris. Secundum
Augustinum: Verecundia pars est magna penitencie. Et   **Augustinus**
20 secundum Bernardum: Nulla gemma preciosa sic delectat   **Bernardus**
hominem inspicientem sicut verecundia faciei vere confitentis peccata sua. Intelligas istud uerbum. Confessio est
sacramentum. Omne autem sacramentum similitudinem
(M. 332) rei habet exterius quam | operatur interius. Sicut in ba-
25 ptismo locio exterior significat ablutionem anime interiorem, sic in confessione uiuax rubor faciei dat intelligere
quod anima que liuida fuit nec habuit nisi mortis colorem
iam cepit uiuacem colorem et decenter coloratur.

  Confessio debet esse timorosa, ut dicas cum Ieronimo: **Timorosa**
30 Quociens confessus sum, videor mihi non esse confessus | **Ieronimus**
f. 148 a quia semper aliquid circumstanciarum omissum est. Vnde
Augustinus: Ve laudabili hominum vite si remota miseri-   **Augustinus**
cordia discucias eam. Sed Iacobi ijº dicitur: Misericordia
superexaltat iudicium.

6 iactat] iactet se R   faciunt] om. Ma   7 est] *inserted above*
line Me; *om.* Ma R   eos] *om.* R   14 quod] ut Ma   19 Et] -t
added in different ink Me   23 autem] *om.* Ma   24 quam...
interius] *om.* Ma   27 nec] non Ma   32 remota] *est added* R

Spe subnixa　　Confessio debet esse spe subnixa. Qui dicit sicut scit
et facit quicquid potest, Deus non plus requirit. Sed spes
et timor debent semper commisceri. Ad hoc significandum
Deutr. 24°　fuit preceptum in lege, Deuteronomii xxiiij°, quod duo
De lapidibus　lapides molares non separantur ab inuicem. Inferior mola　5
molaribus　quiescens et graue pondus sustinens significat timorem
ligantem hominem uel retrahentem a peccato et hic
oneratur graui onere ut liberetur a grauiore. Superior
mola significat spem que currit et se semper mouet ad bona
opera cum confidencia magne mercedis. Has duas molas　10
nemo separet ab inuicem quia sicut dicit Gregorius: Spes
sine timore luxuriat in presumptionem, timor sine spe
degenerat in desperationem. Hij duo mali mores, desperatio et presumptio, sunt quasi canes cum venatore dia-
bolo a quibus misera bestia raro euadit. | Ad alterum horum　(M. 334)
duorum fugat quicquid potest, quia ibi sunt eius canes,　16
ibi eius recia. Desperatio et presumptio ceteris peccatis
sunt proximiora portis inferni. Cum timore sine spe, hoc
est, cum desperatione, fuit confessio Caym et Iude,—ideo
perierunt. Cum spe sine timore, id est, cum presumptione,　20
est infelicium dictum qui dicunt in psalmo: Secundum
multitudinem ire sue non queret; ac si diceret, 'Non est
Deus ita rigidus sicut pretenditis.' Et quasi respondens
Dauid dicit, 'Immo!' Vnde subiungit: Propter quid
irritauit impius Deum? Dixit enim in corde suo, Non　25
requiret. Primo vocat presumentem impium seu infidelem.
Vnde ergo impius huiusmodi irritat Deum? Ex eo quod
dicit, 'Non requiret', id est, 'Non ita districte iudicabit
sicut dicitis.' Immo certe. Sic hec duo vicia depredatori-
bus comparantur, quia presumptio rapit a Deo iustum　30
iudicium et iusticiam. Desperatio vero aufert ab eo eius
Nota bene　misericordiam et sic nituntur adnullare deitatem, quia
Deus esse | non potest sine iusticia neque sine misericordia.　f. 148 b
Que ergo crimina istis assimulantur que Deum quasi

5 separantur] separentur Ma　　6 et] om. Ma　　16 ibi] illi
Ma　　17 ibi] uel Ma　　20 second cum] om. Ma　　21 dictum]
dicencium Ma　　23 rigidus] rugidus Ma　　24 Vnde] om. Ma
34 que] om. Ma

interficiunt suo modo peruerso ? Si presu[m]ptuosus es
et Deum estimas nimis mitem ad vindictam de peccato
sumendam, tu putas sibi peccatum placere. Sed respice   Remember how
God has
punished sin,
quomodo in suo sublimi angelo vindicauit superbiam;
5 quomodo in Adam vindicauit morsum pomi; quomodo
subuertit Sodomam et Gomorram, famosas vrbes, et totam
regionem absorbuit in profundum inferni,—vbi nunc est
mare mortuum in quo nichil est uiuum;—quomodo in
diluuio Noe totum mundum submersit exceptis octo in
(M. 336) archa; quomodo in suo populo peculiari | se vlciscebatur
11 rigide quociens peccauerunt,—Datam et Abyron, Chore et
ipsius socios et alios similiter quos occidit, multa milia
sepe solummodo pro suo murmure. Ex alia parte, si   and how He has
forgiven it.
desperes de eius inmensa misericordia, vide quam faciliter,
15 quam cito beatus Petrus postquam Deum negauerat et hoc
pro uoce ancille pacificatus est ei; quomodo latro in cruce
qui semper male vixerat in horula leni verbo consecutus
est misericordiam. Ideo inter hec duo, desperationem et
presumptionem, coniuncta sint semper spes et timor.

20   Confessio debet esse discreta, viro discreto facta, de   Discreta
confessio
peccatis ignotis, non iuuenibus sacerdotibus,—iuuenibus
inquam sensu,—nec stultis et senibus. Incipe a superbia
et omnes ipsius ramos inquire, sicut supra libro iiij°
scribuntur, quis videlicet ramus ad te pertineat. Sic de
25 odio et sic gradatim inferius procede vsque ad vltimum et
collige totam progeniem sub matre.

Confessio debet esse vera. Non menciaris de te ipso,   Vera confessio
quia sicut dicit Augustinus: Qui causa humilitatis de se
mentitur, fit quod prius ipse non fuit, id est, peccator.
30 Beatus tamen Gregorius dicit: Bonarum mencium est
culpam agnoscere vbi culpa non est; hoc est, timere uel
f. 149 a ponderare | peccatum quandoque magis quam oporteret.
Minus ponderare est adeo uel maius peccatum. Via media

1 presu[m]ptuosus] -m om. Me   9 diluuio] originally written
diluiio with second -i marked as such; corrected in different ink by
insertion of -i above -o Me   16 pacificatus] preceded by tamen
Ma   22 et] om. Ma   23 ipsius] eius Ma   inquire] require R
32 quandoque] om. Ma   33 est adeo] negligencia est Ma
media] om. Ma

K

mediocritatis est semper aurea. Semper timendum est
quia sepe putamus modicum malum facere et graue
crimen committimus, sepe bene facere et male facimus.
Anselmus Dicamus ergo semper cum beato | Anselmo: Etiam bonum (M. 338)
nostrum est aliquo modo corruptum ut possit non placere 5
aut certe displicere Deo. Romanorum vij°: Scio quod non
habitat in me, hoc est, in carne mea, bonum. Nullum
bonum in nobis est ex nobis. Bonum nostrum Dei est sed
peccatum ex nobis est et nobis proprium. Bonum Dei
quando facio, ait Anselmus, aliquo modo malicia mea 10
illud aliquo modo corrumpit; vel inuite facio uel prepropere uel nimis tarde uel de eo uane glorior,—licet illud
nemo sciat aut vellem quod aliquis illud sciret,—uel
necgligenter illud facio uel indiscrete aut nimium aut
nimis modicum. Sic semper meum malum se miscet cum 15
meo bono quod diuina gracia mihi prestat, quod parum
Deo placere potest et sepius displicere. Sancta Maria!
quando sanctus sic dixit de se ipso quam uere hoc dicere
possumus nos miseri de nobismet ipsis!
Voluntaria Confessio debet esse voluntaria, id est, voluntarie reue- 20
confessio lata, non a te quasi violenter extorta. Dum scis aliud
dicere, dic non interrogatus. Non debet aliquis interrogari
nisi pro necessitate solum, quia ex interrogatione posset
malum contingere nisi discrecior sit. Insuper multi ex-
pectant confiteri vsque ad necessitatem extremam set sepe 25
decipiunt, quia quando volet non poterit qui noluit quando
potuit. Non est maior stulticia quam ponere Deo terminum, tanquam gracia esset sua, quasi in sua potestate
esset eam accipere in termino quem ipsemet posuit. Non
sic, impii, non sic! Terminus est in manu Dei, non in 30
tua dicione. Cum Deus eam tibi optulerit, ambas manus |
extende ut recipias, quia si manum retrahat, tu poteris f. 149 b

9 *peccatum*] *nostrum follows* Ma   16 meo] eo Ma   20
voluntaria . . . reuelata] uoluntarie reuelata Ma   22 inter-
rogari] interrogare Ma   24 Insuper] Iterum Ma   26 f. volet
. . . potuit] uellent non poterunt quia nolunt (*corrected in different
ink to* noluerunt) quando poterut (*corrected in different ink to*
potuerunt) Ma   29 accipere] a corpore Ma   posuit] ponit
assumere (*both words corrected in different ink*) Ma

expectare. Si infirmitas uel aliud aliquid ad confessionem
te artet, ecce quid dicit Augustinus: Coacta seruicia Deo
(M. 340) non placent. | Nichilominus melius est tunc quam num-
quam. Numquam sera est penitencia, si tamen vera. Sed
5 melius est sicut dicit Dauid: Refloruit caro mea et ex
voluntate mea confitebor ei; quasi diceret, 'Ideo caro mea
refloruit quia voluntarie confitebor iniquitatem meam et
Dei laudem.' Signanter dicit 'refloruit' ad significandum
confessionem voluntariam, quia terra non coacta et arbores
10 similiter se aperiunt et varios flores producunt. Cantici
ijº: Flores apparuerunt in terra. Humilitas, abstinencia,
columbina mititas et alie huiusmodi virtutes sunt amene
in conspectu Dei et suaues in eius naribus. Ex hijs fac tibi
herbarium intra temetjpsum uel ipsam, quia Prouerbiorum
15 viijº: Et delicie mee esse cum filijs hominum.

Confessio debet esse propria. Nemo debet in confessione
nisi semetipsum accusare, nisi quatenus oportet,—hoc
ideo quia sic contingere potest quod non potest sufficienter
se ipsum accusare nisi etiam accuset alium. Sed nomina-
20 tim non dicat illum, licet confessor sciat erga quem cogitet.
Sed dicat 'presbitero', non nominando 'Willelmum' vel
'Walterum,' licet non sit ibi alius.

Confessio debet esse stabilis, ut seruetur et teneatur
penitencia [et] peccatum dimittatur, [ut] dicat confitens
25 presbitero, 'Habeo firmiter in proposito et voto hoc peccatum dimittere et penitenciam facere.' Nec debet presbiter
querere vtrum velis hoc vouere. Satis est si dicas quod
veraciter habes in corde et proposito hoc faciendi per
graciam Dei et quod si te residiuare contingat, velis statim

---

4 vera] sit uera Ma   5 sicut] ut Ma   8 Signanter . . .
'refloruit'] om. R   9 arbores] non coacti written after arbores
but crossed out Me; these words not in Ma R   11 terra] nostra
follows Ma   13 tibi] sibi Ma   14 temetjpsum uel ipsam]
semetipsam Ma; temetipsum R   15 esse] om. Ma; sunt esse R
16 Nemo] nec Ma   17 semetipsum] se ipsum Ma   18 ideo]
dico follows Ma   19 se . . . accusare] om. R   22 licet]
forte follows Ma   24 [et]] ut written above et erased but legible
Me; et Ma R   [ut]] et written over an erasure, probably ut Me;
ut Ma R   27 velis] uelit Ma   Satis] Sed satis R

resurgere cum adiutorio Dei et ad confessionem redire. |

Joh. 8 Vnde Johannis viij°: Dixit Saluator adultere, Vade et noli (M. 342) amplius peccare. Sic securitatem aliam non expetijt.

Diu Confessio debet esse diu premeditata. Ex quinque cogi-
premeditata tatis collige cogitando tua peccata. | Ex omnibus tuis f. 150 a
confessio etatibus, ex puericia, ex iuuentute collige simul omnia. 6
Postmodum collige loca in quibus habitasti et cogita diligenter quid fecisti in locis singulis singillatim et quid [in]
singulis etatibus. Deinde inquire totum et explora tua
peccata per tuos quinque sensus. Post hec per singula 10
menbra tua cum quo uel per quod magis peccasti uel
frequencius. Tandem per dies et horas.

Iam dictum est de xvj partibus confessionis, que diuise
seu quasi fracte sunt sicut fieri solet paruis qui cum pane
non fracto possent fame mori. Sed sciatis quia multe 15
mice mihi ceciderunt. Queratis eas et colligatis, quia sunt
alimentum anime. Huiusmodi confessio habens huiusmodi
xvj partes habet illas efficacias supradictas,—tres contra
diabolum, tres in nobismetipsis, preciosiores thesauro
auri et Indie gemmis. 20

Summary of Ista quinta pars, que est de confessione, ad omnes
the teaching on equaliter pertinet. Ideo non miremini, sorores, licet vobis
confession. specialiter non sim locutus in hac parte. Ad vtilitatem
tamen vestram habete hunc paruum et vltimum finem de
omnibus generibus peccatorum,—de superbia, de grandi 25
uel elato corde, de odio, de ira, de accidia, de necgligentia,
de verbo ocioso, de male morigeratis cogitationibus, de
ocioso auditu, de falso et inani gaudio, de graui langore
animi, de ypocrisi, de cibo uel potu superfluo aut | nimium (M. 344)
diminuto, de murmure, de turbido wltu, de silencij viola- 30
tione, de longa sessione ad locum parlitorij, de horis male
dictis absque cordis attencione uel tempore incompetente,
de falso verbo uel periurio, de derisu, de casu micarum
uel effusione potus, de incuria rerum erugine, rubigine uel

4 debet esse] om. Ma   5 f. Ex ... etatibus] written also at foot
of f. 149 b Me   8 [in]] om. Me; given in Ma R   25 first
de] scilicet De Ma   33 derisu] risu Ma   34 rubigine] uel
rubigine Ma

corruptione *consumptarum*, de pannis in*con*sutis, *com*-
plutis, illotis, de cipho fracto u*el* disco, de q*uacumque* re
ne*c*gligen*ter* ser*ua*ta que oportuna foret u*el* *custo*diri
f. 150 b deberet, de cissione, lesione, de ne*c*gli*gentia* omni*um* | in
5 ha*c* reg*ula* *c*ontentor*um* presumptor*um*. De omn*ibus*   Confess once a
h*uiusmodi* *con*fiteatur Anachorita ad min*us* semel in   week at least.
ebdomada, q*uia* de hij*s* no*n* e*s*t aliq*uod* tam modic*um*
q*uod* dia*bolus* no*n* scripserit in suo rotulo. S*ed* *con*fessio
ill*ud* delet *et* facit aliq*ue*m mult*um* sollicitudi*nis* sue ami*t*-
10 tere. S*ed* quicq*uid* no*n* delet *con*fessio, totum in die iudicij
certitudinal*iter* *c*omputabit ut te accuset. V*er*b*um* vnic*um*
no*n* deficiet. Nun*c* ergo *con*sulo q*uanto* min*us* poteritis
ei*us* custodie *c*omm*i*ttatis, q*uia* null*um* offici*um* ·magis
affectat, *et* satagite omn*es* delere quicq*uid* scribit. Nulla
15 re alia po*test* meli*us* *con*fundi.

    Cuil*ibet* sacerdoti po*test* Anachorita *con*fiteri de delictis   If you confess
tali*bus* exteriori*bus* que omn*ibus* accidunt s*ed* de sacer-   to any but your
dotis bonitate debet ualde *con*fidere cui omnino ostendat   own priest, be
  assured of his
statu*m* suu*m* q*uantum* ad temptation*es* carnal*es*, si sic   integrity.
20 temptet*ur*, ni*si* in metu mortis. Videt*ur* tam*en* mi*h*i q*uod*
sic possit dicere, 'Domine, carnal*es* temptation*es* q*uas*
hab*e*o, u*el* q*uas* aliq*uando* ha*b*ui, nimis inualescunt i*n* me
per mea*m* ne*c*gli*gen*cia*m*. Vereor ne q*uandoque* nimis
procedam i*n* meis stolidis cogitation*ibus* *et* q*uandoque*
25 turpi*bus*, a*c* si uenarer querendo delectation*es*. Possem
(M. 346) per Dei fortitudine*m* eas sepe a me excut*ere*, si | uiril*iter*
resist*er*em. Valde timeo q*uod* uoluptas diu i*n* cogitation*e*
diu perseru*er*et, sepi*us* in ta*n*tu*m* q*uod* fere ra*ti*onis
*con*sensu*m* attingat.' Non audeo q*uod* profundi*us* aut
30 intimi*us* se iuueni sacerdoti reuelet circa h*uiusmodi*. S*ed*
proprio *con*fessori vel alij sa*n*cte vite viro, si eu*m* hab*er*e
poterit, tota*m* ollam effu*n*dat, ibi euomat totu*m* mira*n*dum
in ta*n*tum q*uod* timeat ei*us* aures offend*ere* q*ui* peccata

5 *c*ontentor*um*] consumptor*um* Ma   9 *et* . . . amittere] *om.*
Ma   14 omn*es*] omn*ino* Ma   delere] *om.* Ma   16 f. de . . .
exteriori*bus*] de leui*bus* exteriori*bus* Ma   22 hab*e*o, u*el* q*uas*]
om. Ma   `27 diu] *om.* Ma   33 offendere] *written* offen-dere
over tear in leaf Me

ip*sius* audit. Si aliq*ua* Anachorita ignoret h*uiusmod*i, diligen*ter* regratietur Ih*esu* Chr*isto et* se teneat in timore. Noscat q*uod* dia*bolus* non est mortu*us*, lic*et* dormiat.

Confess trifling sins. Leues *c*ulpas s*ic* statim p*er* vos corrigite *et tamen* eas dicite *in c*onfessione, | si rememoren*tur dum* loquimini f. 151 *c*um sacerdote. Pro minima ear*um* omni*um c*um occur- 6 reret memorie procidatis coram altari v*estro* in modum crucis ad terram *et* dicatis, 'Mea *c*ulpa; miserere mei, Deus, peccaui.' N*on* oportet sacerdotem pro aliq*ua c*ulpa, ni*si* sit gr*au*ior, alia*m* iniu*n*gere penitencia*m qu*am vita*m* 10 qu*am* ducitis secu*nd*um hanc reg*u*lam. S*ed* post absolu-*tionem* d*e*b*e*t s*ic* dicere, 'Quicquid boni feceṛis *et* quicquid mali passa fueris pro amore Ih*esu* Chr*isti* infra tuos anachorit*icos* parietes totum t*ibi* iniungo, totum t*ibi* impono *in* remissionem istor*um et* indulgencia*m* omni*um* 15 peccator*um* tuor*um*'; *et* aliquid modic*um* tunc potest imponere, sc*ilicet*, salue r*egina* uel duo pater noster, x aue, disciplinas augere, si s*ic* s*ibi* visum fuerit. Secu*nd*um circumstancias s*u*prascriptas ip*s*e tuum peccat*um* iudica-bit grau*ius* aut leui*us*. Peccat*um* valde veniale pot*est* fieri 20 mortale p*er* aliq*uam* malam circumstancia*m* adia*c*entem. |

Post *c*onfessionem restat loq*ui* de penitencia, que est (M. 348) satisfactio, *et* s*ic* habem*us* ingressum ab ista quinta parte vs*que* in sextam.

Your life is a penance. TOtum est penitencia *et* dura penitencia quicquid pati- 25 mini, ka*rissi*me sorores, quicquid agitis boni, quicquid suff*er*tis in ordine tam aspe*ro*,—est v*estrum* martirium, q*ui*a nocte ac die estis in cruce Domini, de quo mul-
Thim. 2. c tum gaudere potestis, q*ui*a Thim*othei* ij°: Si compati-
Gal. 6 mur, *con*regnabim*us*. Ideo Gal*atarum* vj°: Michi absit 30 gloriari ni*si in* cruce Domini mei Ih*esu* Chr*isti*; et tota sancta ecclesia dic*it*: Nos autem gloriari oportet *in* cruce

1 ignoret] ignorat Ma   13 *margin*] *note erased from margin* Me
14 anachorit*icos*] *abbreviation sign after* -t, -icos *written above line in different ink* Me; anachoriticas, *with* -ticas *written over an erasure* Ma; anachorit' R   17 r*egina*] *om.* R   x] uel x Ma   aue] Maria *added* Ma R   24 in] ad Ma   28 ac] *et* Ma   29 Thim*othei*] 2 *inserted above line in different ink* Me   30 Michi] Michi autem R 31 mei] n*ost*ri Ma

Domini nostri Ihesu Christi. Hoc verbum specialiter pertinet ad Anachoritas, quarum gloria omnino debet esse
in cruce Domini. Volo alcius exordiri et sic ad hoc
descendere. Diligenter attendite, quia fere totum est
5 sentencia beati Bernardi.

Tria sunt genera hominum electorum Dei viuencium Three classes of
super terram. Primum comparatur peregrinis, aliud the elect:
I. Spiritual
f. 151 b mortuis, tercium voluntarie sus|pensis in cruce Christi. pilgrims.
Primi sunt boni, alij meliores, tercij optimi. Ad primos
10 clamat intime beatus Petrus, Petri ij°: Obsecro vos tan- Petri 2
quam aduenas et peregrinos abstinere vos a carnalibus
desiderijs que militant aduersus animam. Bonus peregrinus semper tenet rectam viam progrediendo; licet
videat uel audiat ludos ociosos et mirabilia per uiam, non
(M. 350) sistit sicut stulti faciunt | sed viam rectam tenet et festinat
16 ad hospicium suum quo tendit. Ipse non portat secum
multa nisi necessaria ad expensas nec vestimenta nisi sibi
necessaria. Isti sunt sancti qui, licet sint in mundo, sunt
tamen ibi tanquam peregrini et recte uiuendo pergunt ad
20 regnum celorum et dicunt cum apostolo, Hebreorum xiij°: Hebr. 13
Non habemus hic manentem ciuitatem sed futuram
inquirimus. Contenti sunt paucioribus quibus possunt
nec afficiuntur ad aliqua terrena, licet in terrena via sint,
sicut dixi de peregrinis, sed habent semper cor ad celum.
25 Et bene sic debent habere, quia alij peregrini cum multo
labore tendunt ad querendum ossa alicuius sancti, sicut
beati Iacobi uel Egidij; sed illi qui tendunt ad celum
vadunt vt sanctificentur et ut inueniant ipsummet Deum
et omnes eius sanctos viuentes in gloria et viuant cum ipsis
30 eternaliter. Certe ipsi inueniunt hospicium beati Iuliani
quod itinerantes diligenter inquirunt.

Isti sunt boni sed alij sunt meliores, quia, licet peregrini II. The dead in
Christ.

1 specialiter] written in margin to replace spiritualiter written in
text and crossed out Me; sp'al'r Ma; spia'lit' R   10 Petri] ia
inserted above line in different ink Me   Obsecro] Obsecros R
16 suum] om. Ma R   28 inueniant] -a corrected from -e Me;
inueniant Ma R   ipsummet] ipsum Ma   29 viuant] -a corrected
from -e Me; viuant Ma R   32 alij sunt] written after meliores
but marked for insertion here Me; order as corrected Ma R

semper procedant nec ciues fiant in mundo, delectantur
tamen quandoque de visis in via et sistunt aliquantulum,
licet non omnino; ac multa eis accidunt per que retardan-
tur,—ita quod dolendum est,—quidam tarde, quidam
numquam veniunt ad hospicium. Quis est ergo tucior et 5
magis elongatus a mundo quam peregrinus? hoc est dictu,
quam qui habet terrena nec tamen afficitur ad ea sed
ea largitur sicut veniunt et vadit non phaleratus, leuiter
sicut peregrinus versus celum? Qui sunt istis meliores?

Colos. 3 Nouit Deus! quod illi de quibus loquitur apostolus, Colos- 10
sensium iijᵒ: | Mortui estis et vita vestra abscondita est f. 152 a
cum Christo. Cum autem apparuerit vita vestra, tunc et
vos apparebitis cum eo in gloria. | Quia cum ipse qui est (M. 352)
vita vestra diescet post noctis tenebras, vos oriemini cum
ipso fulgenciores sole in eterna gloria qui nunc estis sic 15
mortui. Horum vita est sublimior quia multa nocent
peregrinis. Mortui autem non curant de aliquo, licet
iaceant non sepulti et putrescant super terram. Lauda
eos, vitupera eos, dic uel fac eis pudorem,—omnia sunt eis
indif[f]erencia. Felix est hec mors que facit hominem sic 20
viuum extra mundum. Sed certe qui sic est mortuus in
se ipso, in eius corde viuit Deus. Vnde Galatarum ijᵒ:
Viuo ego, iam non ego; viuit in me Christus; et est ac si
diceret, 'Mundana locutio, mundana visio, et quelibet res
mundana me reperit mortuum sed quod ad Christum 25
pertinet video et audio ac operor viuaciter.' Sic est omnis
vere religiosus mortuus mundo et viuus in Christo.

III. They who
are crucified　Iste gradus est sublimis sed adhuc est sullimior. Et
with Christ.　quis vnquam stetit in illo? Nouit Deus! quod ille qui
Gal. 6　dixit, Galatarum vjᵒ: Michi autem absit gloriari nisi in 30
cruce Domini nostri Ihesu Christi, per quem mihi mundus
crucifixus est et ego mundo; id est, mundus mihi vilescit

8 veniunt] venerunt Ma　leuiter] sed precedes Ma　14 noctis]
written after tenebras *but marked for insertion before it* Me　20
indif[f]erencia] -f *om.* Me　21 mortuus] -r *inserted above line in*
different ink Me　23 et est] et cetera Ma　25 reperit] respersit Ma
26 audio] audeo Ma　Sic] et sic Ma　27 in] *inserted above line*
Me Ma; *in text* R　29 stetit] fecit Ma　30 autem] *om.* Ma
32 mihi] videlicet *follows* R

et ego vilis sum ei, sicut *sunt* suspensi. O Deus! *quam*
alte stetit qui sic locut*us* est: Michi *autem* absit gloriari,
et cetera. Et iste est grad*us* anachorite, vt non glori*etur*
in aliquo ni*si in* cruce Christi, q*uod* paciat*ur* aduersa, q*uod*
5 vilis reputet*ur*, sic*ut* fuit Christ*us in* cruce. Videte, kare
sorores, istu*m* gradum alciorem alijs. Peregrin*us* vadens
in via mu*n*di, licet procedat *versus* celum, vana videt *et*
audit *et* q*uandoque* loquit*ur*, irascitur p*ro* iniurijs *et* multa
eu*m* retardare possu*nt* a sua dieta. Mortu*us* non curat de
10 improperio uel honore, non magis de duro q*uam* leui,
q*uia* neutr*um* sentit. Ideo nec meret*ur* nec demeret*ur*.
(M. 354) Sed qui in cruce est *et* de hoc gloriat*ur*, vertit | imprope-
f. 152 b rium | in honore*m et* dolorem in gaudiu*m et* ideo meret*ur*
excell*ent*em mercedem. Tales s*unt* qui numq*uam* corditer
15 gaudent ni*si* q*uando* paciu*ntur* aliq*ui*d asperum uel improperium cum Ihe*su* in cruce, q*uia* hec est felicitas in terra,
ut possit homo p*ro* amore Dei sustinere pudore*m et* pena*m*.
Ecce sic Anachorite no*n* solum comp*arantur* peregrinis nec
solu*m* mortuis s*ed* su*nt* de illis qui su*nt* de tercio genere,
20 q*uia* illor*um* gaudium est ut suspenda*ntur* penaliter *et*
pudent*er* cum Ihe*su* in sua cruce. Isti possu*nt* gaudenter
cum san*cta* ecclesia canere: Nos autem o*portet* gloriari, *et*
cetera. Quicquid sit de alijs gaudentib*us in* carnalib*us*
delectation*ibus* uel mu*n*danis vanitatibus seu in alior*um*
25 malis, nos o*portet* gloriari in cruce Ihe*su* Christi, i*d est, in*
improperio *et* pena que passus *est* in cruce.

Multi vellent pati aspera carni s*ed* improperia aut confusione*m* pati no*n* possent. S*ed* isti no*n* ni*si* p*ro* p*ar*te
s*us*pensi su*nt* in cruce Christi, ni*si* parati sint ea ambo
30 pati. Vilitas *et* asperitas, sic*ut* dic*it* beat*us* Bernard*us*,
s*unt* duo brachia scale sursum directe in celum *et* int*er* ista
duo brachia fixi su*nt* grad*us* omniu*m* virtutum per quos
ad celeste gaudiu*m* ascend*itur*. Ideo Dauid hec duo

Pain and
ignominy raise
us to heaven.

3 grad*us*] locus Ma   4 Ch*risti*] dom*ini* no*stri* Ihe*su* Chr*isti*
R   5 fuit] *om*. Ma; fuisse creditur R   10 leui] de leui
Ma   12 de hoc] inde Ma   13 *first et*] *om*. Ma   17 possit]
posset Ma   18 no*n* solum] *om*. Ma   21 possunt] possent
Ma   26 que] qua Ma   28 *second* non] *om*. R   29 sint]
sunt Ma   ea] *om*. R   31 directe] erecte R

brachia scale optinens, licet Rex esset, ascendit sursum et
audacter dixit Domino: Vide humilitatem meam et laborem
meum et dimitte vniuersa delicta mea. Notate diligenter
duo verba que Dauid coniunxit, laborem et humilitatem,—
laborem in pena, anxietate et dolore; | humilitatem in (M. 356)
iniuria confusionis quam homo sustinet qui vilis reputatur. 6
'Hec duo respice in me,' inquit Dauid, Deo carus. 'Habeo
hec duo schale brachia; dimitte vniuersa delicta,' et cetera;
quasi diceret, 'Proice a me culpas meas, ut ego exoneratus
leuiter ascendam sursum in celum per hanc scalam.' 10
    Hec duo, coniuncti pudor et pena, sunt rote Elye ignee
ipsum ferentes in | paradisum vbi adhuc viuit; 4 Regum f. 153 a
ij°. Ignis est calidus et rubicundus. In calore intelligitur
pena quecumque nocens carni; per rubicunditatem, pudor
uel confusio. Sed rota, licet profundetur, est volubilis cito 15
Gen. 3. d nec diu stat. Hoc idem figuratur per cherubim gladium
ante portas paradisi positum flammeum et versatilem.
Non intrat aliquis in paradisum nisi per gladium flammeum et rubicundum aut per igneas Elye rotas, id est,
per dolorem et pudorem que voluuntur et cito transeunt. 20
    Et nonne crux Christi precioso suo sanguine colorabatur
et rubicundabatur ad ostendendum in se ipso quod per
penam et pudorem colorari oportet? Nonne de eo scriptum
Phil. 2 est, Philippensium ij°: Factus est obediens patri vsque ad
mortem, mortem autem crucis? Per hoc quod dicit primo, 25
'mortem', intelligitur pena; per hoc quod subiungit,
'mortem autem crucis', significatur confusio, quia talis
erat mors Christi in cruce penalis et improperiosa super
omnes alias mortes. Quicumque moritur in Christo et in
cruce Christi hec duo sustinet, vel eum oportet sustinere, 30
pudorem pro Christo et penam. Pudorem huiusmodi voco,
[reputari] vilis, mendicare, si oporteat, victualia et pati
quandoque illorum dangeria qui possent esse vestri serui.
Blessed ignominy. Iste est felix pudor de quo loquor. Pena vobis non deest.

7 f. in me . . . et cetera] om. Ma   18 paradisum] written
paradisium Me   22 rubicundabatur] rubicundibatur R   23
pudorem] dolorem Ma   29 moritur] morritur Me   30 eum]
om. Ma   32 [reputari]] om. Me; given in Ma R

(M. 358) In hijs duob*us*, | *in* quib*us* tota *con*sistit *pen*itencia, lete-
mini *et* gloriemini, q*uia con*tr*a* hec duo *pre*parant*ur* vob*is*
duo gaudia. *Con*tr*a* pudore*m*, honor. *Con*tr*a* pena*m*,
delectat*io* *et* qu*ie*s sine fine. Ysa*ie* lx[j°]: In *ter*ra sua   **Ysa. 6[1]**
5 dupplicia possidebunt,—*con*tr*a* duplex malu*m* q*uo*d hic
paci*un*t*ur*, duplex gaudiu*m*. 'In *ter*ra,' inq*ui*t, 'sua,'
q*uia* sic*ut* mali nulla*m* *par*tem hab*en*t in celo, ita boni
n*u*llam *in* *ter*ra. Super Ep*ist*olam Iacobi: Mali nichil
hab*en*t in celo, boni uero nichil *in* *ter*ra. V*n*de dicit, '*in*
10 *ter*ra sua,' q*ua*si diceret, 'Non mirent*ur*, lic*et* hic int*er*
f. 153 b ex*t*raneos *in* *ter*ra peregrina | paciant*ur* pudore*m* *et* pena*m*,
q*uia* sic m*u*lti nobiles sustin*en*t *in* *par*tib*us* peregrinis.'
O*por*tet ex*t*ra laborare *et* domi quiescere. Et no*n*ne est
stolid*us* miles q*ui* quietem querit in pugna *et* edia*m* in
15 area ? Iob vjj°: Milicia est vita ho*min*is super *ter*ra*m*.
Sed post hanc miliciam, si bene militemu*s*, restant nob*is*
domi *in* *ter*ra *pro*pria, hoc *est*, *in* regno celoru*m*, honor
et qu*ie*s. Videte quomo*do* Saluator *cer*titudinal*iter* hoc
testat*ur*, Mat*thei* xix°: Cu*m* sederit Fili*us* ho*min*is in   **Mt. 19. d**
20 sede maiestatis sue, sedebitis *et* uos iudicantes, *et* cetera.
Bernard*us*: In sedib*us* quies i*m*p*er*turbata, in iudicio   **Bernardus**
honoris emine*n*cia no*n* vltra *com*mendat*ur*; q*uia* in ses-
sione quies significat*ur* *et* edia *con*tr*a* labore*m* q*ui* hic e*st*;
j*n* actu iudicij significat*ur* honor *et* sublimitas *con*tr*a*
25 pudore*m* *et* vilitatem que hic *pro* amore Dei *san*cti humi-
lit*er* paci*un*t*ur*.
N*on* restat igit*ur* ni*si* gaude*n*t*er* pati, q*uia* de ip*s*o Deo   **No*ta* bene**
scriptu*m* est q*uo*d per pena*m* ignominiose passio*n*is
(M. 360) peruenit ad gloria*m* resurrectio*n*is. | N*on* est ergo miru*m*   Christ suffered
                                                                  pain and
30 si nos miseri peccatores tollerem*us* hic penas, si uelimu*s* in   ignominy on
die iudicij resurgere gloriosi; *et* hoc possumu*s* per sua*m*   earth.
graci*am*, si nos ip*s*i velimu*s*. Roma*n*oru*m* vj°: Quonia*m*   **Rom. 6**
si *c*omplantati fu*er*imu*s* similitudini mortis eiu*s*, simul *et*

1 *con*sistit] consistat Ma   letemini] letamini Ma   4 6[1],
lx[j°]] *originally* 60, lx°; -1, -j° *written in different ink* Me   8
n*u*llam] nulli Ma   9 uero] *om.* Ma   19 xix°] xxix° Me
22 non vltra] *om.* Ma   23 qui] que Ma   30 tollerem*us*]
first -1 *inserted above line* Me Ma; tolleremus R

resurrectionis erimus. Hoc est dictu, si viuamus in
pudore et pena pro eius amore et quibus duobus ipse

We must suffer with him. mortuus est, similes erimus ipsius resurrectionis gloriose.
Corpus nostrum erit clarum sicut et ipsius in secula

Philip. 3 seculorum. Philippensium iij°: Saluatorem expectamus 5
qui reformabit corpus humilitatis nostre configuratum

Thim. 2 corpori claritatis sue. Thimothei ij: Si compatimur, et
conregnabimus. Nonne istud pactum est bonum? Nouit
Christus! non est bonus socius neque fidelis qui lucrum

Nota amplectitur, onus autem subire recusat. Glosa: Illis solis 10
prodest sanguis Christi qui uoluptates deserunt et corpus
affligunt. Et estne hoc mirum? Nonne Christus caput
nostrum est et nos eius menbra? Nonne quodlibet men-
brum dolet dolente capite? Non est ergo | menbrum eius f. 154 a
qui non dolet sub capite tam dolente. Quando caput bene 15
sudat et non menbrum, numquid malum signum est?
Ipse qui caput nostrum est sudauit sanguinis sudorem pro
infirmitate nostra vt nos a terrena infirmitate sanaret qua
omnes terreni laborabant et adhuc laborant multi. Menbrum quod non sudat in laboriosa pena pro eius amore in 20
sua infirmitate remanet nec restat nisi illud abscindere,
licet penale videatur, quia melius est carere digito quam
cum dolore eum semper habere. Numquit placet Deo qui
sic ab eo se ipsum menbrum abscindit, quia sudare

Luc. 24 renuit? | Luce xxiiij°: Oportebat Christum pati et sic (M. 362)
intrare in gloriam suam. Ecce quid dicit, 'sic intrare in 26
gloriam suam,' sic et non aliter. Et nos miseri peccatores
volumus cum edia ascendere in celum quod est super nos
tam sublime et tam preciosum? Et casa uel casula sine
labore leuari non potest nec duo sotulares corigiati haberi 30

Eternal joy not to be bought for a trifle. possunt nisi emantur? Vel sumus stulti putantes vili
precio sublimem emere gloriam uel illi sancti qui eam

2 et quibus] in quibus Ma   7 Thimothei] 2 inserted above
line in different ink Me   9 Christus] written above deus Me;
Christus Ma R   10 Glosa] written in margin, marked for inser-
tion in text Me; in text as rubric Ma; in text R   14 ergo] igitur
Ma   15 qui] quod Ma   23 eum] om. Ma R   27 Et]
Ecce Ma   32 f. qui . . . care] eam temere Ma

tam care emerunt. Nonne ideo sanctus Petrus et sanctus
Andreas erecti erant in cruce, sanctus Laurencius in cra-
ticula, innocencium virginum auulsa vbera, corpora rotis
dilacerata, capita abscisa ? Sed nostra stulticia apparet.
5 Ipsi autem similes erant prudentibus pueris patres habentibus diuites, qui sponte vestes suas dilacerant ut nouas
adquirant. Nostra vetus tunica est caro quam habemus ab Adam, nostro proauo; nouam tunicam recipiemus
a Deo, nostro patre diuite, in resurrectione diei Iudicij,
10 quando caro nostra fulgebit clarior quam sol, si hic
laceretur cum dolore et erumpna. De hijs qui hic suas
tunicas sic dilacerant dicitur, Ysaie xviijº: Deferetur   Ysa. 18. d
munus Domino excercituum a populo diuulso et dilacerato,
a populo terribili. Populum diuulsum et dilaceratum vocat
15 terribilem quia hostis terretur ab illis qui se ipsos dura
f. 154 b vita et austera dilacerant. Ideo | de Iob ijº, qui talis erat,   Iob 2º
conqueritur et dixit: Pellem pro pelle et, et cetera; hoc est,
dabit pellem veterem pro noua, ac si diceret, 'Non expedit
mihi ut ipsum impugnem; ipse est de populo dilacerato
(M. 364) qui veterem tunicam diuellit sue pellis mortalis | pro pelle
21 immortali que in noua resurrectione fulgebit septipliciter
clarius quam sol.' Edia et carnis quies sunt signa diaboli.
Quando videt hec signa in homine vel muliere ipse nouit   Nota bene de
quod castrum suum est et intrat audacter vbi videt vexil-   edia et quiete carnis
25 la talia erecta, sicut fit in castellis. In populo dilacerato
signum suum non inuenit sed videt in eo Dei vexillum
erectum, quod est austeritas vite et ab eo terretur, sicut
testatur Ysaias.

    Forte dicet aliquis, 'Estne nunc sapiencia quod homo   Prima
30 sic se affligat?' Et tu da mihi responsum de duobus   obieccio contra
hominibus quis sapiencior est. Ambo sunt infirmi. Vnus   penitenciam
abstinet ab omnibus que concupiscit cibis et potibus et   Bodily penance
potat amara pro sanitate recuperanda. Alter concupi-   is a medicine against sin.

    1 emerunt] emere temptarent R   ideo] om. Ma   6 diuites]
-e written above -i marked for deletion Me   16 Iob] preceded by
beato crossed out Me; beato om. Ma R   17 conqueritur et dixit]
conque, at end of line R   second et] om. Ma   22 clarius quam
sol] apparently first written clarius sole, then changed by erasing -e
of sole and adding quam in margin Me; as corrected Ma R

*scenc*ias suas sequitur *et* vitam cito amittit. *Q*uis se mag*is*
diligit ? Et q*uis* no*n* infirma*tur* ex pec*cato* ? *D*eus p*ro*
n*ostr*a infirmitate felle pota*tus* est in cruce ; *et* nos nolum*us*
aliqu*i*d amaru*m* gustare p*ro* nob*is*met ipsis ? Certe, q*ui*
seq*uitur* eum oporte*t* cu*m* pena carnis eum seq*ui* pena*m* 5
ip*sius* nec putet aliquis cu*m* edia *in* celum ascende*re*.

2. God's hatred   Forte dice*t* aliquis, 'Vultne De*us* se ita grauiter vindi-
     of sin. care de pec*cato* ?' Ita, homo! in q*uantum* odit pec*catum*.
*Q*uomo*do* vellet homo rem ipsam inuentam punire q*ui*
p*ro* ip*sius* odio ei*us* vmbram *et* quicquid ip*sius* similitudi- 10
ne*m* aliqua*m* ha*b*eret graui*ter* verberaret ? *D*eus, *P*ater
omnipoten*s*, qua*m* amare verberauit suum karissimum
filiu*m* Ihe*sum* Chri*stum*, *D*ominu*m* n*ostr*um, q*ui* numq*uam*
peccauerat se*d* solum carne*m* ha*b*uit simi*l*em carni n*ost*ri
peccatrici! Et nob*is* par*ceretur* q*ui* portam*us* in | nob*is* (M. 366)
mortem filij ei*us* ? P*ro* delictis n*ost*ris mortu*us* est, de 16
q*uibus* nich*il* | nisi v[m]bram ha*b*uit. In q*ua* quide*m* vmbra f. 155 a
ta*m* improperiose mu[t]i[l]at*us*, ta*m* aspere punit*us* est
q*uod* an*tequam* ad hoc accede*ret* p*ro* sola comminat*ione*
Mt. 26 ita horruit q*uod* patris m*isericordi*am implorauit. *M*atthei 20
xxvj°: Tristis e*st* anima mea vs*que* ad morte*m*. *P*ater, si
possibile est, tra*n*seat a me calix iste. *N*on sicu*t* ego volo
se*d* sicut tu vis. *N*ich*ilominus* carissim*us* ei*us* pater sibi
no*n* pepercit se*d* sic amare ip*sum* flagellauit q*uod* flebili
voce clamare cepit: Eloy, Eloy, lama zabathani. Hoc 25
e*st*, 'Deus meus, car*us* pater meus, vt q*uid* dereliquisti
me, vnigenitu*m* tuu*m* quem sic aspere flagellas ? ' Nec p*ro*
toto isto cessauit se*d* ita atroci*ter* eum flagellau*i*t q*uod* in
Ysa. 53. b cruce mortuus est. Ysa*ie* liij°: Disciplina pacis n*ost*re
super eum. Sic n*ostr*a verberatio super eum cecidit, q*uia* 30
seip*sum* inter patrem *et* nos *in*terposuit, q*ui* nos *v*erberare
comminat*us* est, sicu*t* mater propicia se interponit *in*ter
suum filium *et* patrem iratum volentem filium *v*erberare.

1 cito] *om.*, suam Ma   amittit] Quis horum duor*um* sapiencior est.
Quis sibi ip*s*i amicicior *added* Ma   2 Et q*u*is] Et *om.* Ma   5 *first*
eum] ip*s*um Ma   pena*m*] *et* penam Ma   9 vellet] velit Ma
11 grauit*er*] *om.* Ma   15 Et] *written over another word, probably*
ut Me ; ut Ma ; et R   16 ei*us*] qui *follows* R   17 v[m]bram]
vnbram Me   18 mu[t]i[l]at*us*] mulitat*us* Me   26 meus] *om.* R

Sic fecit Dominus noster Ihesus Christus. In se recepit
mortis ictum ut nos ab eo protegeret sue clemencie gracia.
Vbi magnus ictus est, redundat super illos qui prope
assistunt. Re uera qui prope est ei qui tam grauem ictum
5 recepit, redundabit in eum. Nec de hoc conqueretur, quia
hec est probatio quod prope eum stat; et leue est pati
redundanciam pro ipsius amore qui tam grauem ictum
recepit ut nos protegeret a baculo diaboli in pena infernali.
      Ad huc dicent multi, 'Quid prodest Deo si pro ipsius   3ª obiectio
10 amore me ipsum affligam?' Homo care, Deo placet
nostrum bonum. Nostrum autem bonum est, si faciamus
quod debemus. Hoc igitur exemplum aduerte. Si homo   He wishes us to
                                                       love Him.
esset longe peregre profectus et si diceretur quod cara eius
(M. 368) sponsa sic pro eo langueret quod sine eo | in nulla re
15 delectaretur sed quod esset ita cogitatione sollicita pro eo
quod esset macra et pallida, numquid hoc sibi magis
f. 155 b placeret quam si diceretur quod | gauderet, luderet et
stolida cum alijs fieret ac in delicijs viueret? Sic Dominus
noster, qui est sponsus anime, qui videt quicquid ipsa
20 facit, licet in sublimi sedeat, gratum habet et acceptum
quod post eum languet et tanto magis festinabit ad eam
cum dono sue gracie uel ipsam ad se totaliter adducet ad .
inhabitantem gloriam. Non sibi blandiatur aliquis nec se
decipiat pro sua vita. Non se custodiet aliquis omnino
25 mundum nec castitatem recte tenebit sine rebus duabus,
sicut sanctus Ailredus abbas sorori sue scripsit. Vnum est   De castiga-
castigatio carnis cum ieiunijs, vigilijs, disciplinis, asperis   tione carnis
vestibus, duro stratu, infirmitate, multis laboribus. Aliud
est morigeratio mentis, cuiusmodi sunt deuocio, miseri-
30 cordia, recta caritas, humilitas et alie huiusmodi virtutes.
      Forte respondebit, 'Numquid Deus suam vendit gra-   4ª obiectio
ciam? Nonne gracia gratuitum donum Dei est?' Karis-
sime sorores, licet mundicia castitatis non ematur a Deo
sed per graciam largiatur, ingratitudo obstat gracie et illos
35 tanto munere reddit indignos qui pro eo laborem nolunt

13 esset] est, a corrected form Ma   15 esset] om. R   17
gauderet] et follows Ma   26 est] om. Ma   30 huiusmodi]
om. R   31 respondebit] respondebis V¹

*su*bire libenter. Inter delicias *et* ediam ac carnis q*u*ietem
Nota bene q*u*is v*n*q*u*am castus fuit ? Q*u*is v*n*q*u*am intra se fouit
ignem qui no*n* comburebat*ur* ? Nonne op*or*tet ollam
m*u*ltum bullientem exhaurire aliquantulum aut aq*u*am
frigidam inicere seu faces s*u*btrahere ? Olla ve*n*tris ex 5
cibis *et* potib*us* bulliens est ita vicina male morigerato
me*n*bro q*u*od ei comm*u*nicat sui feruorem caloris. Sed
q*u*od dampnosum est, m*u*lti su*n*t ita carnal*iter* sapientes
et ita nimium meticulosi ne forte cap*u*t doleat, ne forsan
eor*um* corpora nimium debilitent*ur* *et* s*i*c suam seruant 10
sanitatem q*u*od sp*iritus* debilitat*ur* *et* in peccat*o* infirman-
t*ur* *et* illi qui soli deberent a*n*imas sanare cum | contricione (M. 370)
cordis *et* afflicti*one* carnis fiunt medici corp*or*is. Nunq*u*id
sic fecit bea*t*a Agatha que r*es*pondit Dei nuncio ferenti
Quare mag*is*
sit *intenden-
dum* sanitati
sp*iritus* q*uam*
carnis me|dicina*m* ex p*ar*te Dei ad sana*n*dum suas mamillas ? f. 156 a
'Medicina*m*,' inq*u*id, 'carnalem corp*or*i meo nu*n*q*u*am 16
adhibui.' Nonne audistis narrati*one*m de trib*us* sanctis
quor*um* vn*us* pro suo frigido stomacho vti co*n*suenit
Narrati*o* calidis sp*e*ciebus *et* fuit delicati*or* alijs duob*us* *in* cibis *et*
potib*us*, q*u*i, licet infirmarentur, no*n* c*u*rarunt q*u*id sanum, 20
q*u*id infirm*um* reciper*ent* ad com*m*edendum uel bibendum
sed sumpserunt q*ua*si passim ea que Deus eis misit. No*n*
curaru*n*t de zinzibere, citovale*t*, gariophilis. Dum quada*m*
die isti tres obdormirent *et* int*er* duos no*n* delicatos iaceret
terci*us* de q*u*o supradixi, venit Regina celi cum duab*us* 25
virginib*us* quar*um* vna ferebat q*ua*si electuarium, alia
coclear aureum. Dom*i*na n*os*tra cum cocleari de electuario
posuit *in* ore vni*us* *et* virgines processerunt ad illum
iacentem in medio. 'No*n*,' inquit Dom*i*na n*os*tra. 'Ip*s*e
est suus pr*o*prius medic*us*. Procedatis ad tercium.' Stetit 30
q*u*idam vir sa*n*ctus a longe *et* hoc totum aspexit. Quando
infirm*us* hab*et* ad manum rem si*bi* vtilem, ea bene potest

---

1 delicias] diuicias Ma   quietem] delicias Ma   5 inicere]
immittere Ma   12 soli] solum Ma   sanare] seruare R
15 mamillas] mamillam Ma   23 citovale*t*] *written* cito vale*t*
Me R ; cedewale Ma ; . . . valet, *first part of word illegible* V¹   Dum]
Cum Ma   24 *et*] *om.* Ma   non] *inserted above line* Me ; *om.*
Ma R ; *page torn* V¹

vti. Sed pro ea multum sollicitari, et precipue religiosum,
non est Deo acceptum. Deus et sui discipuli locuti sunt
de medicina anime, Ypocrates et Galienus de sanitate
corporis. Vnus discipulorum Christi optime instructus
5 dicit, Romanorum viij°: Prudencia carnis, mors; et Iob   Rom. 8 et Iob
xxxi[x]°: Procul odoramus bellum. Ita timemus sepe   3[9]
malum carnis priusquam ueniat, quod pululat malum
anime, et malum anime patimur ut euadamus malum
carnis, ac si melius esset pati feruorem concupiscencie
10 quam dolorem capitis uel murmur mali morigerati ventris.
Et quod horum melius est,—in infirmitate esse Dei filius
(M. 372) quam in carnis sanitate esse sub peccato seruus ? | Nec hoc
sic dico quin semper sapiencia et mensura in omnibus
conseruentur, que mater est et nutrix omnium virtutum.
15 Sed sepius vocamus sapienciam que nulla est; quia vera
sapiencia est sanitatem anime preponere sanitati corporis.
f. 156 b | Et quando non potest quis simul ambo tenere, preeligat
lesionem corporis quam per grauem temptationem ruinam
anime.
20 Nichodemus tulit ad vngendum Dominum nostrum   Nicodemus
mirre et aloes quasi libras centum. Mira et aloes sunt   brought bitter
species amare et significant labores amaros et carnis   signify bodily
afflictiones. Centennarius est numerus completus et notat penance.
perfectionem, hoc est, opus perfectum, ad ostendendum
25 quod debemus perficere carnis afflictionem quantum vali-
tudo permittit. In libra significatur mensura et sapiencia,   Nota bene
ut quilibet cum sapiencia libret quid facere valeat, ne sit ita
nimium spiritualis quod necgligat corpus nec ita deliciosus
carni ut fiat male morigeratus et spiritum efficiat seruum.
30 Nunc hoc fere totum dictum est de amaritudine exteriori; de interiori aliquid nunc dicendum est quia de istis
duabus amaritudinibus dulcedo consurgit non solum in
celo sed etiam in hoc mundo.

1 multum] non precedes both multum and est V¹   6 3[9],
xxxi[x]°] 34, xxxiiij° Me   18 grauem] grauamen R   20
vngendum] vnguendum with -u marked for deletion Me; vngendum
Ma R nostrum] om. Ma   29 morigeratus] morigerata Ma R
30 est] inserted above line Me; in text Ma; om. R

Sic*ut* nun*c* dixi, Nichodem*us* tulit vnguent*um* ad
Domin*um*. S*ic* tres Marie emeru*nt* aromata *preciosa* vt
vngerent Ih*esum*. Nun*c* diligent*er* aduerte. Tres Marie
significant tres amaritudines, q*uia* nome*n* Marie, sic*ut*
nomi*na* Meraht *et* Merariht de q*uibus* s*u*pradixi, interpre- 5
tat*ur* 'amaritudo.' Prima amaritudo e*st* in *con*tritione de
peccato *et* sati[s]facti*one* qu*ando* peccator primo *con*uertitur

Maria
Magdal*ena* ad D*e*um *et* hec intelligit*ur* per prima*m* Mariam, s*cilicet*
Magdalena*m*, q*uia* cu*m* magna cordis *con*trici*one et*
amaritudi*ne* peccata sua reliquit *et* ad D*e*um *con*uersa est. 10
S*ed* q*uia* per nimia*m* amaritudi*ne*m posse*t* quis in despera-
ti*one*m incidere, adiungit*ur* Maria Magdalena, que *inter*-
pretat*ur*, 'turris altitudo', per | qua*m* significatur spes (M. 374)
sublimis m*isericordi*e *et* celestis leticie.

Alia amaritudo est *in* lucta *et* resistencia *contra* tempta- 15
Maria ti*one*s *et* hec signat*ur* per Maria*m* Iacobi, q*uia* Iacob
Iacobi interpretat*ur*, 'luctator' seu 'supplantator.' Hec | sup- f. 157 a
plantati*o* est amara valde multis q*ui* bene processeru*nt in*
via ver*sus* celu*m*, q*uia* illi adhuc *in* temptationib*us*, que
su*nt* lucte dia*b*oli, q*uando*que titubant, *contra* quas oporte*t* 20
virilit*er* resistere, q*uia* sic*ut* dicit Aug*ustinus*: Pharao
*con*tempt*us* surgit in scandalum. D*um* popul*us* Israeliti-
c*us* fuit in Egypto s*u*b manu Pharaonis, no*n* duxit Pharao
excercitum super ip*sum*. S*ed* q*uando* fugit popul*u*s ab eo,
tun*c* cum toto suo robore persecut*us* est eu*m*. Ideo amara 25
pugna nece*ss*aria est *contra* Pharaonem, hoc est, *contra*
dia*b*olu*m*, q*uia* sic*ut* dic*it*ur, Ezechieli*s* xxxv°: Cum
sanguine*m* oderis, sa*n*guinem fugies *et* sanguis persequet*ur*
te. Fuge peccat*um et* peccat*um* subsequetur. Satis supra-
dict*um* e*st* quare bon*us* nu*n*quam est ab o*mn*ib*us* tempta- 30
tionib*us* securus. Q*uam* cito vna*m* vicerit, expectet
alia*m*.

Maria Tercia amaritudo est in langore ver*sus* celestia -*et* in
Salome tedio mu*n*danor*um*, cum quis ita s*u*blimat*us* fuerit q*uod*
habeat cordis q*u*ietem *contra* pugnam vicior*um et* est quasi 35
in portis celi *et* s*ic* amaresc*u*nt o*mn*ia mundana. Et hec

---

3 aduerte] aduertite nomi*na* Ma   7 sati[s]facti*one*] -s *om*.
Me   8 hec] hoc Ma   11 q*uia*] *om*. Ma   12 Maria] *om*. Ma

tertia amaritudo significatur per terciam Mariam Salomee,
quia Salomee interpretatur, 'pax' et qui habent pacem et
quietem serene consciencie amaritudinem habent in suo
corde de vita ista que eos detinet et retardat a gaudio quod
5 desiderant a Deo quem amant. Ecce sic in omni statu
succrescit amaritudo,—primo in principio quando peni-
tens pacificatur Deo, in processu bone vite et in vltimo
fine. Quis est tunc ex parte Dei qui in hoc mundo ediam
aut quietem affectat ?

10 Sed attendite diligenter, care sorores, quomodo amaritudinem sequitur dulcedo quam amaritudo emit. Quia
(M. 376) sicut narrat euvangelium, | iste tres Marie emerunt
aromata vt vngerent Ihesum. Per aromata que suauia
sunt intelligitur cordis deuoti suauitas. Hanc Marie
f. 157 b emunt, id est, per ama|ritudinem peruenitur ad suauita-
16 tem. Per nomen Marie semper accipe amaritudinem. Per
interpellationem Marie aqua in nupcijs conuertebatur in
vinum,—per quod intelligendum est quod per interces-
sionem amaritudinis quam quis pro Deo patitur, cor quod
20 fuit sapore aquaticum nec eorum qui Dei sunt sapidum
erat, sicut aqua ·insipida est, conuertetur in vinum, hoc
est, saporem inueniet in eo super omnia vina suauem.
Ideo dicit sapiens, Ecclesiastici jᵒ: Vsque in tempus
sustinebit paciens et post ea erit ei reddicio iocunditatis;
25 et Anna in Thobia de Deo dicit, Thobie iijᵒ: Qui post
tempestatem tranquillum facit et post lacrimationem et
fletum exultationem infundit; et Prouerbiorum [xxvijᵒ]:
Esuriens etiam amarum pro dulci sumet. Si esurias dulce,
oportet te prius amarum gustare. Cantici iiijᵒ: Ibo mihi
30 ad montem mirre et ad colles thuris. Ecce que est uia ad
suauitatem thuris,—per mirram amaritudinis; et Cantici
iijᵒ: Que est ista que ascendit per desertum sicut virgula
fumi ex aromatibus mirre et thuris ? Aroma componitur

After bitterness
comes the
sweetness of a
devout heart.

Thob. 3. f

Prouer. [27]

Cant. 4. b

Cant. 3. c

11 Quia] om. Ma   14 cordis] cordi R   18–21 per quod . . .
in vinum] om. Ma   22 inueniet] second -e inserted above line
Me; inueniet Ma R   24 erit ei] erit written twice, second instance crossed out and ei written above Me; ei inserted in different ink
Ma; erit ei R   25–7 Thobie iijᵒ . . . infundit] om. Ma   27
[27], [xxvijᵒ]] 16, xvjᵒ Me

ɪ ɯirra *et* thure s*ed* mirra pr*e*ponitur, thus subse-
quitur.

Nunc conqueritur aliquis q*u*od suauitatem de Deo
h*a*bere no*n* p*o*test nec suauitatem interi*u*s. No*n* miretur,
si no*n* sit Maria, q*ui*a op*o*rtet suauitatem em*e*re cum 5
ext*e*riori amaritudi*n*e. No*n* cum *o*mni amaritudine, q*ui*a
aliq*u*a abducit a Deo,—sic*u*t *o*mne mu*n*danu*m* nocumentu*m* q*u*od no*n* est pr*o* salute a*n*ime. Ideo in ewa*n*gelio de
Mar. 16 trib*u*s Marijs sic scribit*u*r, Marc*i* xvjº: Vt uenientes
vnger*e*nt Ihes*u*m. No*n* autem recedentes. | Illi s*u*nt (M. 378)
venientes ut vnga*n*t Ihes*u*m q*u*i paciu*n*t*u*r pr*o* Chr*i*sto 11
molli*t*er *et* suauit*er* sustine*n*tes adue*r*sa. Et no*n*ne Ch*ri*st*u*s
reclus*u*s erat i*n* ventre Marie? Hec duo p*er*tinent ad
Anachorit*a*m, artatio *et* amaritudo, q*ui*a vent*er* est
h*a*bitatio arta in q*u*o Chr*i*st*u*s reclus*u*s erat *et* nome*n* 15
Marie, | sic*u*t sepe d*i*ct*u*m est, int*er*pr*e*tat*u*r, 'amaritudo.' f. 158 a
Si ig*i*tur in arto loco paciamini amaritudi*n*em, socij estis
Chr*i*sti qui reclus*u*s erat in ventr*e* M*a*rie. Ip*s*e reclusus
erat in artis cunis, clau*i*s co*n*fix*u*s cruci, i*n* lapideo tumulo.
Venter Marie *et* iste tumulus fueru*n*t ei*u*s anachoritica 20
dom*u*s. In neutro loco fuit h*o*mo mu*n*dan*u*s s*ed* fuit q*u*asi
ex*t*ra mu*n*dum ad *o*stende*n*dum Anachoritis q*u*od nichil
cum mu*n*do debent h*a*bere commune. Forte re*s*ponde*s*,
'Exiuit ab v*t*roque loco.' Ita exeas tu a domib*u*s tuis
anachoriticis sic*u*t ip*s*e fecit sine fract*i*one *et* dim*i*ttas 25
ca integr*a*. Hoc er*i*t q*u*ando sp*i*rit*u*s exibit in fine sine
fract*i*one *et* macula de suis duab*u*s domib*u*s. Vna e*s*t
corp*u*s, altera e*s*t dom*u*s exterior que e*s*t sic*u*t mur*u*s circa
castellu*m*.

Protect your   Nouelle plantatio*n*es circumcingu*n*tur spinis du*m* sunt 30
souls with the
hedge of bodily tenere. Vos estis pla*n*tule iuuenes in orto Dei plantate.
penance. Spine s*u*nt duricie de q*u*ibus supra locut*u*s sum; *et*
nece*s*se est vob*i*s illis cingi | ut bestia i*n*fernalis mord*e*re (M. 380)
vos nite*n*s se ledat i*n* duricia *et* abigat*u*r a vob*i*s. C*u*m
Endure to be omnib*u*s istis duricijs sitis lete *et* co*n*tente si de vob*i*s 35
despised.

1 *second* mirra] *written in margin* Me; *om.* Ma; *after* preponitur
R   thus] *et* thus Ma R   5 suauitatem] *om.* Ma   13 *in*]
om. Ma   23 debent h*a*bere] haberent R   26 ea] eam Ma

parum curetur, si sitis viles, quia spina est acuta et vilis.
Hijs duobus accingimin[i]. Non debetis optare quod Nota
malum verbum sit de uobis. Scandalum est mortale pecca-
tum. Scandalum est dictum uel factum occasionem prebens Difinitio scandali
5 ruyne, hoc est, quod uere verti potest ad malum per quod
quis peccare potest, male cogitando uel male loquendo de
aliquo uel opere peccando. Sed debetis optare quod de uobis
non fiat magis verbum quam de mortuo. Sed letari corde
debetis si paciamini dangerium a mancipio lauante discos. The cook's boy.
10 Tunc estis colles eleuati versus celum. Vnde Cantici ijᵒ: Cant. 2
Venit dilectus meus saliens in montibus, transiliens colles.
Salit dilectus in montibus et eos conculcat ac in eis vesti-
gia relinquit. Qui paciuntur grauiora quibus imprimitur
f. 158 b vestigium passionis Christi. Colles inferiores | sunt quos
15 transilit dilectus. Non sic confidit in eis sicut in montibus The mountains and hills of the highest and the lower life.
pre debilitate eorum, quia non possent talem conculca-
tionem pati. Hos colles transilit, quia illis defert donec
crescant et de collibus fiant montes. Vmbra forsan tran-
silientis operit colles dum eos transilit, hoc est, aliquam
20 similitudinem vite quam passus est in terra relinquit in
eis tamquam ipsius vmbram. Sed montes ipsius conculca-
tionem in se recipiunt et in sua vita ostendunt qualis erat
vita illius, quomodo et quo iuit et in qua uilitate, in quo
dolore vitam duxit in terra. De huiusmodi montibus
25 loquitur Paulus et humiliter dicit, Corinthiorum iiijᵒ: Cor. 4
Deicimur sed non perimus, mortificationem Ihesu in
corpore nostro circumferentes vt et vita Ihesu in corporibus
(M. 382) nostris manifestetur. | Ac si diceret, 'Omnem penam et
omnem vilitatem patimur sed hec est felicitas nostra, vt
30 in corpore nostro similitudinem mortis Ihesu Christi por-
temus ut appareat in nobis qualis erat vita ipsius in terra.

---

2 accingimin[i]] *written in margin, last letter cut off* Me　　5
first quod] quando Ma　　10 versus] ad Ma　　15 transilit] transiuit Ma　　18 montes] *corrected from* montem Me; montes Ma R
19 colles] *originally* collis *with* -i *marked for deletion and* -e *written
over and above* -i Me　eos] *preceded by* eum *crossed out* Me; eos
Ma R　　21 *second* ipsius] illius R　　22 se] re R　　23 illius]
ipsius R　　25 Corinthiorum] 2 *written in margin in different
ink before* Corinthiorum Me

Nouit Deus! qui sic facit, probat dilectionem quam

Gregorius habet ad Deum. 'Diligis me? Proba hoc!' Gregorius:
Probatio dilectionis exhibicio est operis. Quantumcumque
res sit dif[f]icilis, vera dilectio eam facit facilem, suauem
et dulcem. Amor omnia facilia reddit. Quid paciuntur 5
homines et mulieres pro falso et turpi amore et amplius
vellent pati? Et quid magis mirandum quam quod amor
securus et fidelis et super omnes alios amores dulcis non
potest nobis in tantum dominari quantum facit amor

Examples of
bodily penance. peccati? Nichilominus talem noui qui simul portat 10
grauem loricam et cilicium, dure ligatum corpus et brachia
amplis et spissis vinclis ferreis, ita quod passio est sudorem
horum tolerare. Ieiunat, vigilat, laborat et nouit Deus!
conqueritur quod non grauat eum et rogat me sepe vt
aliquid eum doceam per quod grauare posset corpus. 15
Quicquid est amarum ei videtur dulce propter amorem
Christi. Adhuc | flendo dicit quod Deus eum obliuioni f. 159 a
tradidit quia ei grauem infirmitatem non inmisit. Re
uera hoc facit amor quia, sicut sepe mihi dicit, pro nulla
re quam Deus sibi male facere posset, licet cum dampnatis 20
ipsum in infernum proiceret, ut sibi videtur non posset
eum minus diligere. Noui etiam mulierem que modicum
pauciora patitur. Sed non restat nisi regratiari Deo de
fortitudine quam prestat et agnoscere humiliter propriam
fragilitatem. Diligamus eorum bonum et sic fiet nostrum 25

Gregorius proprium, quia sicut dicit beatus Gregorius: Tante virtutis est dilectio quod facit bonum alienum absque labore
nostrum proprium, sicut supradictum est. Nunc ut mihi
videtur venimus ad partem septimam, que tota est de
dilectione que facit cor serenum. | 30

Love of God
makes the heart
pure. Beatus Paulus testatur quod omnes exteriores asperi- (M. 384)
tates, omnes carnis afflictiones et corporis labores
sunt quasi nichil in comparatione ad dilectionem que

4 dif[f]icilis] -f om. Me   6 first et] written above uel erased
but legible Me; et Ma R   8 amores] om. Ma   11 corpus]
om. Ma   25 sic] om. R   26 beatus] om. Ma R   28 est]
followed by rubric, Incipit liber vij^us de serena consciencia Ma
29 tota] totum Ma   31 omnes] after this word half line left
vacant for rubric Me; liber septimus de dilectione R

serenat *et* clarificat cor. Thim*othei* iiij⁰: Excercitatio
corp*o*ris ad modicum valet; pietas aut*em* valet ad *om*nia;
et Cori*nth*ior*um* xiij⁰: Si ling*ui*s homin*um* loquar *et*
angelor*um*, *et cetera*. Si tradidero corp*us* meu*m* ut ardea*m*,
5 *et cetera*. Si dis*t*ribuero *om*nes facultates meas *in* cibos
paup*er*um, *et cetera*. Caritatem aut*em* no*n* ha*b*eam, nichil
mi*h*i prodest. Caritatem, i*d est*, dilec*t*io*n*em ad D*eum et*
ad *om*nes ho*m*ines in D*eo et* p*ro*pter D*eum*, q*ui*a sic*ut* dicit
abbas Moyses: Quicquid afflic*t*io*n*is, q*ui*cquid asperitatis
10 patim*ur in* carne, q*ui*cquid boni facim*us*, *om*nia talia no*n*
su*n*t ni*s*i quasi inst*r*u*m*enta ad colendu*m* cor. Si securis
no*n* scinderet, si vanga no*n* foderet, si aratru*m* no*n*
araret, q*ui*s hec tenere curaret ? Sic*ut* nemo diligit inst*r*u-
me*n*ta p*ro*pter se s*ed* p*ro*pter ea que p*er* inst*r*ume*n*ta fiunt,
15 s*i*c nullu*m* nocume*n*tum carnis diligendu*m* est ni*s*i p*ro*pter
hoc q*uo*d D*eu*s cicius p*er* graci*am* sua*m* respicit *et* facit
f. 159 b cor serenu*m* *et* obtuitum ha*b*ere | limpidu*m*, q*uo*d *n*ull*us*
ha*b*ere potest cu*m* *com*mixtione vicior*um* neq*ue* cum
(M. 386) carnali affectione terrenor*um*, q*ui*a hec *com*mixtio | sic
20 ocu*l*os cordis oppu*n*gnat q*uo*d D*eu*m nequ*i*d noscere
neq*ue* de ei*us* aspectu gaud*ere*.

Serenu*m* cor duo facit,—*Bernardus*—q*uo*d q*ui*cquid
facis u[t] facias solu*m* p*ro* amore D*e*i *ue*l p*ro* bono aut
comodo alt*er*i*us*. In *om*ni eo q*uo*d facis, habeas *in* inten-
25 tio*n*e vnu*m* hor*um* aut a*m*bo simul, q*ui*a postremu*m*
incidit *in* primu*m*. H*ab*eas cor ita serenu*m* *et* fac q*ui*cquid
vis. Si h*ab*eas cor t*ur*bidu*m*, nichil ti*b*i prodest. T[itu*m*] j:
*Om*nia mu*n*da *m*undis; coinquinatis *v*ero nich*i*l e*st* mun-

---

1 Thim*othei*] 1 *inserted above line in different ink* Me   3
Cori*nth*iorum] 1 *inserted above line in different ink* Me   7 mi*h*i]
om. Ma   8 *et* propter] et *om.* Ma   11 instrume*n*ta] per-
fec*t*ionis *added* Ma   13 Sic*ut*] Si *with* -c *added above in different ink* Ma   diligit] *last* -i *formed from partially erased* -e, *also* -er
sign possibly erased Me; diligeret Ma R   16 per . . . suam] *om.*
Ma   17 limpidum] limpidissimum Ma   22 *Bernardus*]
sicut d*i*cit *Bernardus* Ma   quod] *om.* R   23 u[t]] uel,
smeared with red, dot (?) *under* u-, *possibly intended to be deleted* Me;
om. Ma; uel R   27 T[itum]] *this word both in margin and
text is altered in different ink and by erasure probably from an
original* Thi͞m Me; *om.* Ma; thi͞m R

Aug. du*m*. Iteru*m*, Augu*stinus*: Habe caritate*m et* fac quicquid
vis, volu*n*tate vide*licet* rat*i*onis. Ideo solu*m* Deu*m* diligat*is et* illa *pro*pter Deu*m* que uos iuuant ad ip*s*u*m*. Illa,

**No*t*a
ef*f*ectu*m*
caritatis** dico, diligite *pro*pter Deu*m*, no*n* *pro*pter se,—sic*ut* su*nt*
alime*n*ta, vestime*n*ta, ho*m*i*n*es uel mu*l*ieres a quibu*s* 5

Aug. beneficia recipit*is*, quia sic*ut* dicit Augu*stinus*, loquens ad
Deu*m*: Minu*s* te amat qui *pre*ter te aliquid amat q*uod* no*n*

**What is a pure
heart?** *pro*pter te amat. Serenitas cordis est soli*us* Dei amor. In
hoc est vir*tus* omniu*m* religionu*m*, finis omniu*m* ordinu*m*.

Rom. 13 Roma*n*orum xiij⁰: Plenitudo legis e*st* dilectio. Gregoriu*s* 10
in omel*i*a: Quicquid precipit*ur* in sola caritate radicat*ur*.
Sola dilectio in beati Michaelis libra ponet*ur*. Qu*i* am-
pl*ius* diligunt amplius glorificabu*ntur*, non illi qui asperiore*m* vita*m* ducu*nt*, q*uia* dilect*i*o prepo*n*derat. Dilectio e*st*
senescallus celi *pro*pter sua*m* magna*m* liberalitate*m*, q*uia* 15
nich*i*l si*b*i retine*t* se*d* largit*ur* quicquid h*a*bet, *etiam* se
ip*s*am. Alioquin nich*i*l eoru*m* vellet Deus que ipsi*us* su*nt*.

**What God has
done to gain
our love.** Deu*s* meruit no*st*ru*m* amore*m* omnibu*s* modis. Multa
fecit nob*is* et maiora promisit. Magnu*m* mun*us* amore*m*
attrahit. | Totu*m* mu*n*dum nob*is* *con*tulit in primo *pare*nte (M. 388)
no*st*ro Adam. Omnia, sicut d*i*cit*ur* i*n* p*s*almo, subiecit sub 21
pedibu*s* no*st*ris, oue*s* et boue*s*, et cetera, priusqua*m*
demerer*et*ur. | *Et* quicquid est, sicut su*pra*dictum est, f. 160 a
*ser*uit bono ad comodu*m* a*n*ime. Adhuc malo seruit terr*a*,
mare et sol. Adhuc ampli*us* fecit,—no*n* solum largit*us* 25
est nob*is* sua se*d* seme*t*ip*s*um. Tam excelle*n*s donu*m*

Ephes. 5⁰ nu*n*qua*m* datu*m* erat ta*m* infim*is* miser*is*. Ephe*s*ioru*m*
v⁰: Chri*stus* dilex*it* ecclesia*m* et dedit seme*t*ip*s*um *pro* ea.
Attendite nunc diligent*er* quare ip*s*e diligendu*s* est. Ab

**Example of a
King who
wooed a lady,
and died for
her.** inicio sic*ut* procus pone. Rex dilex*it* nobile*m* paupere*m* 30
dominam extere terre; premisit nuncios suos an*te* se.
Hij fueru*nt* patriarche et prophe*t*e veteris testamenti cu*m*
literis sigillat*is*. Tandem ip*s*eme*t* veni*t*, ewangel*i*um
attulit quasi literas patentes et scripsit proprio sa*n*guine

6 recipit*is*] *first* -i *corrected from* -e Me; recipit*is* Ma R   7
*pre*ter te] *pro*pter se Ma   11 radicat*ur*] solidat*ur* Ma   13
asperiore*m*] *preceded by* amore, *both written over an erasure* Ma
16 *etia*m] et R   26 seme*t*ip*s*um] se ip*s*um Ma   32 *et*] *om.* Ma

salutem amoris amice sue quam dilexit ad amorem suum
optinendum. Ad hoc spectat narratio, parabola cooperta.
Domina quedam a suis inimicis vndique fuit obsessa, **Narratio**
terra ipsius destructa et ipsa paupercula in terreo castello.
5 Amor tamen potentis Regis ad ipsam ita in inmensum
conuersus erat quod pro suo amore habendo misit ad eam
nuncios, quosdam post alios, postmodum simul multos,
misit ei donaria multa et pulcra, succursum victualium,
auxilium sui excercitus ad castellum ipsius tenendum.
10 Ipsa admisit omnia quasi non curans et sic erat dura corde
quod ipsius amori nullatenus approximare potuit. Quid
plura? Ipsemet tandem venit, faciem suam decoram
ostendit, tanquam ille qui fuit speciosus forma pre filijs
(M. 390) hominum. Sic suauiter locutus est et | verba tam amena
15 quod mortuos resuscitare potuerunt ad vitam. Fecit
multa mirabilia et prodigia in conspectu eius, ostendit ei
suam potenciam, narrauit ei de suo regno, optulit ut eam
faceret reginam omnium que possedit. De hoc toto non
curauit. Nonne fuit hoc derisibile mirandum? Quia ipsa
20 nunquam digna fuit ut esset eius ancilla. Sed per suam
f. 160 b benignitatem | amor eum ita vicerat quod in fine dixit,
'Domina, impungnaris et hostes tui ita fortes sunt quod
non potes aliquo modo absque meo adiutorio eorum manus
effugere, quin post totam tuam erumpnam ad mortem
25 contemptibilem te perducant. Volo pro tuo amore pungnam inire ab illis te liberare qui mortem tuam querunt.
Scio tamen pro uero quod inter eos mortalia vulnera
recipiam et corditer hoc volo, ut cor tuum adquiram.
Nunc ergo rogo te, pro amore quem ostendo tibi, quod tu
30 me diligas saltem post talis facti mortem, ex quo noluisti
dum uiuerem.' Rex iste sic fecit; ipsam ab hostibus eruit
omnibus et fuit ipsemet grauiter uulneratus et tandem
occisus. Per miraculum tamen a mortuis resurexit.

---

2 parabola] *second -a corrected over original -e* (?) Me   4
castello] constituta *inserted after this word above line in different
hand* Me; constituta *not in* Ma R   9 ipsius] suum Ma
19 ipsa] *om.* Ma   21 dixit] dixerat Ma   24 tuam] *om.*
Ma   30 saltem] *om.* Ma

Nonne foret ista domina nimis ingrata si post hec ipsum super omnia non amaret ?

This King signifies our Lord.

Rex iste est Ihesus Christus, Dei Filius, qui isto modo voluit animas nostras ad suum inclinare amorem, quas demones obsederant ; et ipse tanquam nobilis procus post 5 multos nuncios et multa bona opera venit ad suum probandum amorem et per miliciam ostendit quod fuit dignus amore, sicut solent quandoque milites facere. In torneamento se posuit et habuit pro amore sue dilecte tanquam probus miles suum scutum vndique perforatum. Hoc 10 scutum, quod suam deitatem cooperuit, fuit eius preciosum corpus extensum in cruce, latum sicut scutum superius in brachijs suis extensis, strictum inferius tanquam vno pede, sicut putant homines, posito super alium. Quod scutum istud non habet | latera est ad significandum quod (M. 392) sui discipuli, qui stetisse debuerunt iuxta eum et fuisse 16 Mt. 26 ipsius latera, fugerunt omnes. Matthei xxvjᵒ: Relicto eo omnes fugerunt. Hoc scutum nobis datum est contra omnes temptationes, sicut Ieremias testatur, Trenorum iijᵒ: Dabi[s] scutum cordis laborem tuum. Nec solum hoc 20 scutum nos protegit a cunctis malis sed nos coronat in Ps. celo. Psalmista: Scuto | bone voluntatis tue coronasti f. 161 a nos. Scuto, inquit, bone voluntatis, quia voluntarie passus Ysa. 53 est quicquid paciebatur. Ysaie liijᵒ: Oblatus est quia voluit. Ad hec forte dices, ' Vt quid hoc Deus ? Numquid 25 non potuit nos cum minori grauamine redemisse ?' Immo certe, valde faciliter! Sed noluit. Quare ? ut auferret nobis omnem excusationem amoris nostri erga eum, quos tam care redemit. Faciliter emitur quod parum diligitur. Ipse nos emit suo sanguine precioso. Carius pretium num- 30 quam extitit ad nostrum amorem attrahendum ad se, quem tam care emit.

In scuto tria sunt,—lignum, coreum et color. Sic erat in isto scuto,—lignum crucis, coreum corporis Christi, color

13 extensis] extensum Ma   15–17 est . . . latera] written in lower margin Me   ad] om. Ma   20 Dabi[s]] Dabit Me   23 nos] domine added Ma   25 hoc] hec Ma   28 nobis] a nobis Ma   30 suo sanguine] sanguine suo proprio et Ma

sa-nguinis rubicundi. Post mortem proborum militum
suspenduntur scuta eorum in alto in ecclesijs ad eorum
memoriam. Sic scutum istud, ymago videlicet crucifixi,
in eminenti loco ecclesie ponitur vbi cicius videatur ad
5 memoriam milicie Ihesu Christi quam excercuit in cruce,
ut dilecti illum respiciant qualiter eorum emit amorem.
Paciebatur scutum perforari, suum latus aperiri, ad cor
suum ostendendum ut dilectis suis intimaret quam intime
eos dilexit et ad cor eorum attrahendum.

10 Quatuor amores capitales siue precipui reperiuntur in
mundo,—inter bonos socios, inter virum et mulierem,
inter mulierem et suum filium, inter corpus et animam. | Four kinds of
love, and how

(M. 394) Amor quem Christus habet ad dilectam animam hos the love of
Christ surpasses
transcendit amores, excellit omnes. Numquid bonus them all.
15 socius reputatur qui suum pignus ponit in iudaismo ut
socium suum liberet ? Deus omnipotens semetipsum pro
nobis posuit in iudaismo et corpus suum ad nos liberandum exposuit. Titum ijᵒ: Dedit semetipsum pro nobis ut Titi 2
nos redimeret.

20 Ingens amor est sepe inter virum et mulierem. Sed licet Nota bene
esset sibi matrimonialiter copulata, posset tamen sic fieri
f. 161 b peruersa et tam diu meretricari cum | alijs viris quod, licet
reuerti vellet, ipse eam nullatenus reciperet. Sed Christus
plus diligit quia, licet anima, ipsius sponsa, fornicetur
25 cum diabolo sub mortali peccato multis annis et diebus,
misericordia eius semper parata est cum reuerti voluerit
et diabolum relinquere. Hoc ipsemet dicit per prophetam,
Ieremie [i]ijᵒ: Si dimiserit vir vxorem, et cetera. Tu autem Iere. [3]
fornicata es cum amatoribus multis; tamen reuertere ad
30 me, et cetera. Adhuc tota die clamat, 'Tu qui tam male
fecisti, reuertere et suscipiam te.' Immo! Luce xvᵒ: Luc. 15
Occurrit prodigo venienti, cecidit super collum eius et

5 milicie] om. Ma   7 scutum] suum added Ma   suum] om.
Ma   15–17 ut . . . iudaismo] written in lower margin Me
18 Titum ijᵒ] Tren. 2 Ma   22 meretricari] meritricare R
28 [3], [i]ijᵒ] 2, ijᵒ Me   vxorem] suam added Ma   29 os] est
with -t partly erased Me   30 et cetera] om., dicit dominus
Ma   Tu] written above ad te crossed out Me; tu Ma R   31 te]
om. R

osculat*us* est eu*m*. Que maior m*isericord*ia ? Adhuc leci*us*
mirabile nun*c* audi. Q*uantumcumque* meretr*icata fuerit
anima cum multis mortalib*us* peccatis, cum ad eu*m* reuersa
fue*rit*, facit eam noua*m* uirgine*m*, q*uia* secu*ndum* Augu-
st*inum*: Tanta *est* dif[f]erencia in*ter con*iugium Dei *et* anime 5
*et con*iugium viri *et* m*ul*ieris q*uod con*iugium viri facit de
virgine corumpta*m*, D*eus* a*utem* de corrupta facit virgi-

Iob 12 *n*em. Iob xij°: Restituit, inq*uid* Iob, i*n* integru*m*. Hec
duo, recta fides *et* opera bona, s*unt* virginitas in a*n*ima.

3 Nunc de tertio. Si fili*us* talem infirmitate*m* ha*b*eret 10
q*uod* oporteret eu*m* an*tequam* sanare*tur* in sang*u*ine
balneari, m*ultum* diligeret eu*m* mater que vell*et* ei de
proprio sang*u*ine balneu*m* huiusmod*i* preparare. Sic fecit
nob*is* Chr*istus*, qui eram*us* ita peccatis infirmi, | ita eis (M. 396)
sordidati, q*uod* nichil nos sanare, nichil mundare potuit 15
nisi solummodo sang*u*is suus. Sic voluit. Amor suus nob*is*
de eo balneu*m* fecit. Sem*per* sit benedict*us*! Tria balnea
parauit care dilecte sue ut ea*m* lauaret, mu*n*dam sic *et*
serena*m* faceret, q*uod* digna *esset* ips*ius* mundis amplexi-

l. 2 b*us*. Primu*m* balneu*m* est baptismu*s*, aliud lacrime 20
interiores uel exteriores, si forte primu*m* fuerit inquinatum.

3 Terciu*m* est sanguis Chr*isti* sa*n*ctificans primu*m* *et* secu*n*-

Apo. j du*m*. Vnde Apocal*ypsis* j: Qui dilexit nos *et* lauit nos in
sanguine suo. Q*uod* plus nos dilexit | quam aliqua mater f. 162 a
filiu*m* suu*m* ipsem*et* dicit p[er] Ysa*iam* pr*o*phetam, 25

Ysa. 4[9] xli[x]°: Nu*n*quid potest mat*er* obliuisci filij vteri sui *et* si
illa oblita fue*rit*, ego ta*m*en tui no*n* obliuiscar; *et* subiungit
rat*i*onem: In manib*us* meis descripsi te. Hoc fecit rubore
sui sang*u*inis in cruce. Ligatur q*uando*que zona pro
memoria rei ha*b*enda. Set D*omin*us no*ster*, q*uia* no*s*tri 30
noluit obliuisci, fecit signa perforat*i*onis in no*s*tri memoria*m* in ambab*us* suis manib*us*.

4 Quarta dilectio est a*n*ime diligentis veheme*n*ter corp*us*

1 m*isericord*ia] amicicia Ma　　5 dif[f]erencia] -f *om*. Me
8 Restituit . . . integrum] *written in margin, marked for insertion
here* Me; *in text* Ma R; Iob *om*. R　　9 virginitas] uirginitates Ma
18 sic] sicut Ma　　24 quam . . . mater] *written also in lower
margin of* f. 161 b Me　　25 p[er]] -er *om*. Me　　prophetam] *om*. Ma
26 4[9], xli[x]°] 43, xliij° Me

et hoc est facile vid*ere* in sep*a*ratione, q*uia* amici cari dolent q*uando* separ*a*ntur. S*ed* Saluator noster voluntarie separauit sua*m* a*n*ima*m* a suo corpore, vt ambo n*ost*ra simu*l* venir*et* sine fine in gaudio celesti. Ecce sic amor

5 Chr*ist*i ad suam cara*m* sponsa*m*, que e*st* s*an*cta ecclesia, transcendit om*n*es *et* vincit illos q*ua*tuor amores precipuos i*n* terra rep*er*tos. Cum hijs om*n*ibu*s* tanq*ua*m procus qui procatur adhuc eam isto modo:

'Amor tu*us*,' inquit, 'aut e*st* omn*i*no largibilis aut

(M. 398) vendibilis aut p*otest* violent*er* rapi. | Si largiri debeat, vbi

11 p*otest* meli*us* collocari q*ua*m in me, Saluatore tuo ? Nonne su*m* om*n*iu*m* rer*um* pulcherrim*us* ? Nu*m* regu*m* ditis- simu*s* ? Nu*m* genere nobilissim*us* ? Nu*m* peritor*um* sapientissim*us* ? Nonne homin*u*m ydoneissim*us* ? Nu*m*

15 homin*u*m liberalissim*us* ? Sic e*n*im dici solet de liberali homine,—nichil retin*er*e nouit, q*uod* h*a*bet palmas, sic*ut* mee s*unt*, perforatas. Nu*m* rer*um* om*n*iu*m* sum suauis- simu*s* *et* dulcissim*us* ? Sic omn*es* r*a*tiones propter qu*a*s largiendus est amor rep*er*ire potes in me, precipue si

20 diligas casta*m* mundicia*m*, sine q*ua* no*n* potest q*u*is me diligere. S*ed* ipsa triplex est,—in uiduitate, in matrimo- nio, in virginitate q*ue* precellit. Si dilect*i*o tua no*n* sit

f. 162 b largibilis, q*uia* no*n* vis vt donet*ur* s*ed* ut ematur, | quo- mo*do* p*otest* emi ? aut alio amore aut aliquo alio ? Amor

25 vendit*ur* pro amore *et* sic emi debet amor *et* no*n* aliter. Si amor tu*us* vendi debeat, illum emi amore sup*er* omn*es* alios amores precipuo, q*uia* q*ua*tuor amores precipuos probaui erga te. Si dicas q*uod* no*n* ita leuit*er* curas de tuo

---

1 sep*a*ratione] anime *added* Ma amici] anime Ma 3 separauit] *written after* sua*m* *but marked for insertion before it* Me 4 venir*et*] uiuret *with* i *stroke over* -i *and* -er *sign inserted before* -r, *both in different ink* Ma; viuret (*sic*) R 6 precipuos] *om.* Ma 8 procatur] *repeated* Ma 11 Saluatore] -e *changed from* -i Me; saluatore Ma R 14 homin*u*m] honestate Ma 16 q*uod*] quis *written in margin and marked for insertion in place of* quod Me; quod *corrected to* qui Ma; q*uod* R 20 diligas] -a *written above* -i *marked for deletion* Me; diligas Ma R 21 ipsa] *written above* quia *crossed out* Me; ipsa Ma R 24 *first* alio] aliquo R 26 emi amore] eme amorem Ma 27 precipuo] precipio Ma 28 q*uod*] quia Ma

àmore *sed* ampli*us* vis h*a*bere, nomina ill*u*d q*u*id e*ss*e
debeat, pone *pre*cium amoris tui. Tu no*n* *tantu*m dices
quin ampli*us* tibi dabo. Vis tu castra, regna, toti mu*n*do
dom*i*nari ? Ampli*us* tibi volo facere,—cum hijs o*m*nib*us*
te reginam celor*um* co*n*stituere. Eris septiplicite*r* clarior 5
sole ; nullus morb*us*, n*u*llus defect*us* nocebit ti*b*i ; totum
velle tuu*m* perficiet*ur* in celo *et* i*n* terra, *etiam* in infe*r*no.
Non pot*er*it cor cogitare ta*n*tam felicitatem q*u*in *pro* tuo
amore dem i*n* inme*n*sum, i*n*equaliter, sine fine maius.
Tota felicitas Crisis, q*u*i fuit regum ditissim*us* ; Absalonis 10
clar*us* decor, cui*us* crines tonsi q*u*ocie*n*s tondeba*n*t*ur*
vendeba*n*t*ur* *pro* ducentis ciclis argenti ; Asaelis velocitas,
q*u*i cum ceruo sepi*us* co*n*tendebat ; Sa*m*psonis fortitudo,
q*u*i solus sine socio semel mille suos hostes occidit ; Cesaris
largitas, Alexand*r*i fama, Moysi sanitas,—*pro* vno istor*um* 15
nu*nq*uid daret ho*m*o q*u*icq*u*id h*a*beret ? Et hec o*m*nia
simul | i*n* co*m*para*cio*ne ad corp*us* meum no*n* valent acum. (M. 400)
Si ita sis valde volu*n*tarius *et* sic ex*tra* sensu*m* q*u*od tu
absq*ue* dampno q*u*ocu*mqu*e respuis tale lucru*m* cum
o*m*nimoda felicitate, ecce vibratum ensem teneo supe*r* 20
cap*u*d tuu*m* ad sep*ar*andum vitam *et* a*n*imam *et* ad
v*tr*aq*ue* submerge*n*dum i*n* igne inferni vt ibi sis mere*tr*ix
dia*b*oli *con*fusibiliter *et* dolenter i*n* secula seculor*um*. Nunc
respondeas *et* te si potes a me defendas aut da | mi*h*i tuum f. 163 a
amore*m* quem *tantu*m affecto, no*n* *pro* meo *sed* *pro* tuo 25
magno co*m*modo.'
   Ecce s*ic* Dom*i*n*us* n*os*te*r* procat*ur*. Nonne est corde
dur*us* q*u*i ad talem procu*m* no*n* po*tes*t suu*m* amore*m*
co*n*uert*er*e, si bene cogitet a*n*ima ista tria,—q*u*id ipse est,
q*u*id ipsa est *et* q*u*ant*us* est amor, ta*m* nobilis ad ta*m* 30
ignobile*m*, ta*m* alti ad ta*m* bassu*m* ? P*ro*pter q*u*od dic*it*
Ps*almista* : No*n* est q*u*i se absco*n*dat a calore ei*us* ; q*u*in,
videl*icet*, eu*m* op*or*te*t* amare. Ideo ver*us* sol in meridie

   3 toti] toto R   5 f. clarior sole] sole serenior R   9 dem]
deum Ma R   12 ciclis] siclis Ma   14 mille] *om*. Ma
15 sanitas] sanctitas Ma ; sanitas R   20 ensem] *written in*
margin ; gladium *in text crossed out* Me ; ensem Ma R   22 vt
ibi] vbi R   33 op*or*te*t*] oporteat Ma ·

sursum ascendit in sublimi cruce ad spargendum vndique
amoris sui radios. Sic sollicitus fuit et adhuc est ut
amorem suum accendat in corde sue dilecte et dicit, Luce **Luc. 12**
xijº: Ignem veni mittere in terram et quid volo nisi vt
5 ardeat ? Ignis in terra est amor ardens in corde terreno.
Detestatur amorem tepidum. Vnde Apocalypsis iijº: **Apoc. 3**
Vtinam frigidus esses aut calidus. Sed quia tepidus es,
incipiam te euomere de ore meo. |

(M. 402) Ecce audistis quare Deus multum diligendus est. Ad
10 vos bene accendendum colligite ligna cum paupercula de
Sarepta. Sarepta interpretatur, 'incendium'. 3 Regum **3 Regum**
17. b
xvijº: En, inquid, colligo duo lingna ; per que significatur, **Kindle love of**
'crux'. Vnum er[a]t lignum quod stetit erectum, aliud **Him within you.**
transuersale. Per ista duo ligna debetis accendere ignem
15 amoris intra corda uestra. Respicite sepe ipsa. Cogitate
quod debetis inclinari faciliter ad diligendum regem glorie
qui sic expandit brachia erga vos et quasi ad offerendum
osculum suum capud inclinat. Pro certo dico, si verus
Elyas, qui est Deus omnipotens, inueniat vos hec duo
20 lingna sollicite colligentes, conuiuabit vobiscum et multi-
plicabit in vobis suam graciam, sicut Elyas fecit cum
paupercula quam inuenit duo ligna colligentem in |
f. 163 b Sarrepta.

Ignis grecus conficitur ex sanguine hominis rubei et
25 illum ignem non potest, sicut dicitur, aliquid extinguere
nisi vrina et arena et acetum. Iste ignis grecus est amor **De igne greco**
Ihesu Christi quem debetis conficere ex sanguine hominis
rubei, qui est Ihesus Christus rubricatus proprio sanguine **Let nothing**
quench it,
in cruce et fuit naturaliter rubeus, ut putatur. Iste
30 sanguis pro vobis effusus super predicta duo ligna faciet
vos Sarreptenas, id est, accensas isto igne greco quem,
sicut dicit Salamon, aqua, id est, mundane tribulationes
uel temptationes interiores aut exteriores non poterunt

2 ut] om., hic Ma   3 accendat] accendit Ma   11 3] in
margin and text represented by three dots over Regum Me   13
er[a]t] erit Me; erat Ma R V¹   16 inclinari] final -i written
above -e marked for deletion Me; inclinare Ma; inclinari R   20
conuiuabit] commorabit V¹   24–8 et illum . . . rubei] om. Ma
29 Iste] Iste sanctus R

Cant. 8 extinguere. Cant*ici* viij°: Aque m*ul*te no*n* pot*erunt*
extinguere caritatem nec flumi*na* obruent illa*m*.

Non ergo restat ni*si* vt vos preseruetis | ab o*mn*i eo   (M. 404)
q*uo*d illum extinguit, que s*unt* vr*i*na, arena, acetum,
No*ta* de vri*na* vt predixi. Vrina est fetor pecc*ati*. Sup*er* arena*m* nichil 5
boni crescit *et* significat ocium q*uo*d frigefacit *et* extinguit
neither idleness, istu*m* igne*m*. Moueatis vos viuacit*er* semp*er* in bonis
op*er*ib*us* *et* hoc calefaciet vos *et* accendet istum igne*m*
contra feruore*m* peccati, q*ui*a sic*ut* vn*us* clau*us* fugat *et*
expellit aliu*m*, s*ic* feruor amoris Dei fugat a corde 10
feruorem amoris illiciti. Terciu*m* est acetu*m*, hoc est,
cor amaru*m* ex inuidia uel odio. Intelligite hoc v*er*bum.
no*ta* Qu*a*ndo inuidi Iudei optuleru*n*t Chr*is*to i*n* cruce potum
nor malice, illu*m* amarum, videl*i*c*et*, acetum, tunc dixit miserabile
v*er*bum, 'C*on*summatum e*st*,' ac si diceret q*uo*d 'nu*n*qu*am* 15
pr*ius* era*m* plene afflict*us*'; no*n* per illu[d] acetum s*ed* p*er*
eor*um* odiosam inuidiam p*er* acetum figuratam quod ei
optuleru*n*t. Et est s*i*mile ta*n*qu*am* al*i*qu*is* diu laborass*et*
et post diut*ur*num labore*m* tandem mercede frustr*a*retu*r*.
Sic Saluator n*os*t*er* plus q*uam* triginta duob*us* a*n*nis pr*o* 20
eor*um* amore laboraue*ra*t | *et* p*ro* toto suo duro labore f. 164 a
nichil optaui*t* ni*si* amorem pr*o* mercede; s*ed* i*n* fine sue
vite, qui erat qu*asi* vespere q*ua*ndo operarij*s* sua m*er*ces
redditur, videasq*uo*mo*do* pro pigmento mellifl*ui* amoris red-
dideru*n*t ei acetum amare inuidie *et* fel acri[s] odij. Tunc ait 25
Chr*istus*, 'C*on*summatum est. Tot*us* labor meus i*n* terra,
tota mea pena i*n* cruce, nichil me grauat in h*uius*mo*di* comparatione quod sic alloco quicquidfeci. Istud acetum quod
mi*hi* offertis, hec amara m*er*ces, complet meam pena*m*.'
Hoc acetum amari cordis sup*er* o*mn*ia alia ignem grecum 30
extinguit, hoc e*st*, amorem Chr*is*ti; *et* qui illud acetum erga
hominem uel m*ul*ierem gestat in pectore par est Iudeo
offerenti acetum Chr*is*to *et* ei*us* penam in cruce c*om*plenti.

4 illum] eum Ma   acetum] *et* acetum Ma R   5 vt predixi] *om.*
Ma; sicut predixi V¹   9 peccati] ppeccati Me   11 feruorem
amoris] amorem feruoris R   13 Quando] quomo*do* Ma
inuidi] *om.* Ma   16 illu[d]] illum Me   18 est] *om.* Ma
simile] *written* similie Me   24 videas] videatis Ma   melliflui]
felliflui Ma   25 acri[s]] acri Me   29 offertis] affertis Ma

Ignis grecus super inimicos proicitur et sic vincuntur.
Ita facere debetis quando Deus suscitat vobis de aliquo
inimico aliquam aduersitatem. Quomodo illum ignem
proicere debeatis Salomon docet, Prouerbiorum xxv⁰: Si
5 esurierit inimicus tuus, ciba illum; si sicierit, potum da
illi; sic enim carbones ardentes congeres super capud
(M. 406) eius. | Hoc est, postquam te grauauerit, da ei cibum
orationum tuarum ut Deus misereatur ipsius; da ei
potum lacrimarum, fleas pro ipsius peccatis. Sic carbones
10 congeres super capud eius, hoc est, sic cor eius accendes
ut te diligat. Cor enim in sacra scriptura per capud
intelligitur. Sic dicet Deus in iudicio, 'Quare virum uel
mulierem dilexisti?' 'Domine, quia dilexerunt me.'
Etiam dicet ipse, 'Tu reddidisti quod debuisti. Pro hoc
15 non multa tibi reddere teneor.' Si respondere possis,
'Omne malum mihi fecit nec eum diligere tenebar sed eum,
Domine, dilexi propter te.' Illum amorem tibi debet quia
ei datus erat et illum tibi volet reddere.

Vrina, sicut dixi, extinguens ignem grecum est fetens
20 amor carnalis qui spiritualem extinguit, per ignem grecum
f. 164 b significatum. Que caro in | terra ita suauis erat et ita
sancta sicut fuit caro Ihesu Christi? Et tamen ipsemet
dixit suis caris discipulis, Iohannis xvj⁰: Nisi ego abiero
paraclitus non ueniet ad vos. Si autem abiero, mittam
25 eum ad uos. Ex quo discipuli Ihesu Christi dum eum
carnaliter diligebant iuxta se, caruerunt dulcedine para-
cliti nec potuerunt ambo simul habere. Vosmetipsas
iudicate! Nonne amens est qui suam propriam carnem
nimis diligit aut hominem aliquem carnaliter ita quod
30 nimis appetat ipsius aspectu uel affatu frui? Non miretur
si sibi desit spirituale solacium spiritus sancti. Eligat nunc
quilibet de terestri solatio uel celesti, ad quod se tenere
voluerit, quia altero eum carere oportebit, quia in
duorum commixtionem nunquam serenitatem consciencie

Marginal notes:
Salomon
Prouer. 25

nor carnal love.

Ioh. 1. b

Let every one
choose now
between earthly
and heavenly
comfort.

10 congeres] coniures R   18 erat] preceded by est crossed
out Me; erat Ma R   21 erat] fuit Ma   22 fuit] erat in
Ma   Ihesu] inserted above line Me; om. Ma; in text R   30
affatu] affectu Ma   33 altero] eorum added R

poterit optinere. Hoc est, sicut prediximus, bonum et virtus
omnium religionum et in omni ordine amor facit serenum,
pacificum et mundum. Amor pre omnibus alijs dominatur,
| quia quicquid optat, ipsa ad se uertit et suum proprium (M. 408)

Deut. 11 facit. Deuteronomii xj°: Quemcumque locum calcauerit 5
Nota bene pes vester, pes videlicet amoris, vester erit. Multi vellent
rem illam care emere per quam quicquid optarent, eorum
proprium fieret. Nonne supradictum est per hoc solum
quod tu bonum diligis quod in alio est, ipsa dilectione
absque alio labore facis bonum ipsius fore tuum proprium, 10
sicut beatus Gregorius testatur? Videatis modo quantum
Love Christ and bonum amittit inuidus uel odiosus. Extendas amorem
thou hast gained
Him. tuum ad Ihesum Christum,—tu ipsum lucratus es. Tangas
eum cum tanto amore quanto aliquociens aliquem hominem
optasti,—ipse tuus est ad faciendum quicquid volueris. 15

Sed quis rem diligit qui eam pro minori quam valet
dimittit? Nunquid Deus melior est in infinitum omni eo
quod est in mundo? Caritas est illius rei que cara |
habetur. Non carum facit Deum sed vilem nimis qui pro f. 165 a
aliquo mundano amore aliquid de eius dilectione diminuit, 20
quia nichil nouit recte diligere nisi ipse solus. Ita nimis
amat dilectionem quod eam facit sibi comparem,—etiam
plus audeo dicere,—facit eam suam magistram et facit
quicquid precipit, tanquam hoc oporteret. Possumne hoc
probare? Ita certe! per sua propria verba, quia sic 25
loquitur Moysi, qui pre ceteris hominibus eum diligebat,
Numer. 14 Numerorum xiiij°: Dimisi iuxta verbum tuum. Non dicit
'preces'; quasi diceret, 'Proposui iram meam vindicare
in populo sed tu dicis quod non debeo. Verbum tuum
Love so binds
our Lord that fiat!' Dicitur quod amor ligat. Re uera sic ligat Dominum 30
He can do
nothing without nostrum quod nichil potest facere nisi per licenciam amoris.
its leave.
Ysa. 64. b Nunc probo hoc, quia mirabile videtur. Ysaie lxiiij°:
Domine, non est qui consurgat et teneat te; ac si diceret,

1 poterit] *final -t written above -s marked for deletion* Me; poterit
Ma R Hoc est] est enim Ma   2 serenum] consciencie *added*
4 ipsa] ipse Ma; ipsum R; ipsa V¹   uertit] conuertit Ma;
vertat V¹   19 pro] *om.* Ma   21 nouit . . . solus] nouit.
Iterum diligere non potest solus Ma Ita] Iterum Ma   29 in
populo] *om.* Ma

'Domine, percutere vis. Heu! bene potes, quia non est
qui te teneat. Si quis te recte diligeret, ipse te tenere
posset et ne percuteres prohiberet.' Genesis xi[xº]: Festi- **Gen. 1[9]**
na, et cetera. Non potero tibi qui[c]quam facere donec
5 ingrediaris illuc. Quando enim Dominus voluit subuertere
(M. 410) | Sodomam vbi Loth, amicus eius, erat, 'Festina,' inquit,
'egredi, quia dum inter eos es, non potero quicquam
facere.' Nunquid hic amore ligatus erat? Quid amplius
vis? Amor est ipsius camerarius, ipsius consiliarius,
10 ipsius sponsa cui non potest quicquam celare sed narrat
quicquid cogitat. Genesis xviijº: Num celare potero
Abraham que gesturus sum? Quasi diceret, 'Nullo modo.'
Ipse nouit amare qui sic loquitur et sic facit omnibus eum
intime diligentibus et in eum credentibus. Sicut gaudium
15 quod parauit illis est inequale omnibus gaudijs mundanis,
ita est inenarrabile mundanis linguis. Ysaie lxiijjº: **Ysa. 64**
Oculus non vidit, Deus, a[bs]que te que preparasti dili-
f. 165 b gentibus te; | et Corinthiorum ijº: Oculus non uidit nec **Cor.**
auris audiuit, et cetera. Habetis de hijs gaudijs aliquit
20 scriptum. Amor iste est regula que corda regulat.
Psalmista: Confitebor tibi in directione cordis, id est, in **Ps.**
regulatione cordis. Exprobratio malorum, generatio que
non direxit cor suum. Hec est domina regula. Omnes alie **Love is the**
ei seruiunt et solum eius pretextu precipiuntur alie diligi. **supreme rule.**
25 Parum curo de illis, dum tamen hec care seruetur.
Habeatis tamen illas breuiter in octaua parte.

PRius dixi quod nichil debetis promittere tanquam
ex voto seruandum de regulis exterioribus. Adhuc
idem dico nec scribo eas alijs nisi solum vobis,—quod dico

---

1 Heu] heu, heu R   3 1[9], xi[xº]] 14, xiiijº Me   4 tibi] ibi
Ma qui[c]quam] quiquam Me   5 ingrediaris] egrediaris Ma
6 vbi] nisi Ma   7 egredi] ingredi R   9 ipsius camerarius]
propter nos camerarius Ma consiliarius] commissarius R   10
ipsius sponsa] ipsius om. Ma   17 a[bs]que] asbque Me   18
Corinthiorum] 1 inserted above line in different ink Me   22
malorum] nullorum Ma   25 care] om. R   26 parte] After
this word rubric: Explicit liber septimus de uita solitaria: Octauus
omnino taceatur; rest of page (5 lines) and verso of folio left blank
Ma; space left for rubric in Me R

ne alie Anachorite dica*n*t q*uod* ego p*er* presum*p*tion*e*m
facio eis noua*m* regula*m*. Nec rogo q*uod* eas seru*en*t *et*
vos potestis eas mutare p*ro* melioribu*s* cum volueritis.
De visu, loquela *et* alijs sensibu*s* satis di*c*tu*m* est. Hec
vltima p*ar*s in septe*m* p*ar*ticu*l*as diuiditur.   5

Minu*s* cura*tur* de re sepius ha*b*ita. Ideo no*n* debetis
eukaristia*m* sum*er*e ni*s*i q*ui*ndecies in anno.

[ANCRENE RIWLE. LATIN VERSION]

[Part VIII]

British Museum, Cotton MS. Vitellius E. vɪɪ (V¹)*

The external rule	**P**rius dixi quod nichil debetis p*ro*mi*t* tere tanq*uam* ex vo[to]³	f. 45 a, col. 2, l. 30
	. . .¹	(M. 410)
		f. 45 b, col. 1
	. . .²rioribus . . .³	
	[n]²ec scribo . . .³	
	solu*m* vobi*s*. qu*od* . . .³	
	Anachorite dic . . . . . .³	15
	p*er* presump . . . . . .³	
	nouam regula*m*. nec . . .³	(M. 412
	qu*od* eas seruent. *et* vos po- testis eas mutare . . . [m]⁴,⁵elio	
	ribu*s* cum volueritis . . .⁴, ⁵	20
	loquela. *et* alii[s] . . .⁴, ⁵	
	satis dictu*m* es[t . . . u]⁴,⁵ltima	
	pars in sept[em . . . di-]⁴, ⁵	
	uidit*ur*. Minu*s* . . . at⁴, ⁵	
	de re sepius . . . ˙ideo⁴, ⁵	25
Of Holy Communion	no*n* debetis Eukaristiam	

7 anno] *rest of folio and two following folios left blank* Me ; Telos
added on next and last line R ; *text continued* V¹

* *The following numbers are used to indicate the state of the text:*
1 = *line gone;* 2 = *first part of line gone;* 3 = *last part of line gone;*
4 = *hole or tear in leaf;* 5 = *text covered;* 6 = *text charred;* 7 =
crack, parts of letters legible.

sum*er*e ni*si* quindecies i*n* anno.
videlicet in festis Natiuitatis. Epiphanie. Purifi-
ca*cio*nis. D*om*inica in medio qua-
5   dragesime. vel in festo A-
nu*n*ciaci*on*is d*om*inice. In die
Pasce. Tercia d*om*inica sequen-
te. Die Assensionis. Pente-
cost*es*. Natiuitatis S*an*cti Ioha*n*nis
10   Bapt*iste*. In fest*is* S*an*cte Marie
Magdalene. Assu*m*p*c*ionis *et*
Natiuitatis. Beate Marie.
S*an*cti Michaelis. Om*nium* S*an*ct*orum*
et S*an*cti Andree. *et* ante om*nes*
15   festiuitates p*re*di*c*t*as* debetis
[con]²fiteri. *et* aliq*uas* disciplinas

f. 45 b,
col. 2
    . . .²,³,⁴
    . . .²   [re]cipiatis . ni*si*
    . . .²   [ip]*s*as. Et aliq*uo*
20   . . .²   . . . ne*m*. Euk*a*-
    . . .²   abstineatis.
    . . .⁵,⁴   . . . ie contingat
ex al[iqua]⁴ causa (?)⁶ dictis
. . . . . . is⁵,⁶ statutis no*n* commu-
25   nicare p*ro*[xi]⁶ma d[ominic]⁶a seq*ue*nte
si co*m*mode pot*er*itis co*mmu*nicetis.
De Pascha vsq*ue* ad festum   Of eating
Exaltacionis S[ancte Cru]⁴cis
cotidie bis come[deti]⁵,⁶s fe[s-]³
30   tis feriis. Ieiuniis q*ua*tuor
temp*orum*. Rogacionu*m* *et* vi-
giliis S*an*ctor*um* d*um* taxat ex
ceptis. *et* in hiis dieb*us* nec
in Aduentu d*om*ini no*n* com*c*
35   detis lacticinis [ni*si* ?]⁶ vrgente
necessitate. A festo vero
Exaltacionis S*an*cte Crucis
vsq*ue* ad Pascha om*n*i die

ieiunare habetis excep[tis]³
dominicis. infirmitatem aute[m]³
et fleobotomiam a Ieiunio excus . . .³
pacientes. Numquam comede
tis carnes nec adipem n[i]⁴si   5
maxima infirmitas vel deb[i]⁵
litas detentet. Legumini[bus]⁵
vescimini.' libenter. Modi[co]⁵
potu.' contenti sitis. ni[hilominus]⁵
prout competit sustentaci[oni]⁵   10
. . .¹   f. 46 a,
. . .⁵, ³   col. 1
. . .⁶, ³
A . . .⁶, ⁴, ³   14
conuescuntur cum . . .   . . .³   (M. 414)
suis quod non conuenit A[na-]³
chorite que mortua e[st mun-]³
do. Frequenter enim auditum
est mortuos locutos fu-
isse cum viuis. comedisse   20
autem . . .⁶ cum vivis nusquam
inve[ni].⁶ Non faciatis conuiuia nec ad vos vocetis
aliquos ignotos pro nouis
audiendis vel ad collo-   25
quendum cum eis ad impe-
diendum contemplacionem
Of liberality   vestram spiritualem. Non con-
with other   uenit Anachorite de ele-
men's alms.   mosinis alienis se largam   30
facere. Nonne rudiculosum
esset si Mendici. aliquos
[a]²d conuiuia vocauerint. Ma-
[r]²ia et Martha fuerunt so-
[r]⁴ores. vita tamen earum.' dis-   35
crepabat. Vos Anachorite
partem marie elegistis quam
[i]⁵pse Christus commendat in euan-

gelio. dicens. Maria op-

[t]⁵imam partem elegit. *et cetera*

Martha inquit martha so-

[lici]⁵ta es. *et cetera.* Maria op-

. . .¹

. . .⁵, ⁶ ab ea. Par[s]³

[Mar]⁵,⁶the est vita actiua

. . .⁵, ⁶, ⁴ . . . onalis. Pars vero

. . .⁵, ⁶, ⁴ [con]templatiua *et*

. . .⁵, ⁶, ⁴ seculari.

. . .⁵, ⁶, ⁴ que

nec auferet[ur]⁴, ⁵ a vobis per aliquam

occupacionem secularem. Set

[se]⁵deat[is c]⁴um Maria ad pe-

des [ips]⁶um solum audi-

atis. Opus Marthe est

. . .⁴, ⁶ . . . s. cibare fame-

l[i]⁴cos *et* [. . .]⁶ opera misericordie inpen-

dere [. . .]⁶ quasi matrona. Ma-

ria autem de hiis non habet

intermittere. Si arguatur ipse

Christus eam excusat. *contra* Symonem.

Duo debitores. *et cetera.* contra

Martham. Maria optimam

partem elegit. *et cetera.* contra apostolos

murmurantes. Vt quid perdicio

hec ? bonum inquit opus. *et cetera.*

Preterea nulla Anachorita.

tenetur admittere aliquid vltra

necessariam sustentacionem suam.

Qualiter ergo efficietur larga ad

aliis exhibendum ? Ipsa. enim

viuet de elemosinis alienis.

et nichil congregabit ad dan-

dum pro fauore humano. quia

non est matrona. sed ecclesiasti-

. . .¹

. . .²ra victum suum sibi superf[luum]⁵, ⁶

Margin notes (left):

4

f. 46 a,
col. 2

10

15

20

25

30

35

(M. 416)

f. 46 b,
col. 1

Margin note (right):

An anchoress,
not a
housewife.

mittat reliquias . . .[5, 6]
no*n* *habentibus et* . . .[4, 5, 6]
q*u*andoq*ue* . . .[4, 5, 6]
specie . . .[4, 5, 6]
iste A . . . . . .[4, 5, 6]   5
indigentib*us* pro*x*imis occu[lte ?][5, 6]
q*ue* *habunt terras. et* possessio*nes*
vel *certos* reddi[tus.][4] No*n* con-
cupiscatis nome*n* large Ana-
chorit*e* nec ad hoc co*n*gregetis   10
temporalia. quia ex radice aua-
ricie. amarescu*nt* om*nes* rami pro*cedentes.* mendicare
vt det*ur. pro* appenda la*rgitatione:*
no*n* est opus Anachorite.   15

Of hospitality. Si q*uis* aute*m* si*u*e *mulieres* vel
pue*ri.* seu ip*se* Anachoritar*um*
ancille aliq*u*id vob*is* operent*ur.*
cu*m* illaritate ip*s*is satisfaci-
atis pro labore. Nullus co-   20
medat cora*m* vob*is* ni*s*i licencia
magistri v*estri* gener*ali* vel spe-
ciali. nec aliq*uem* ducatis nec
aliq*uam* ad comedendu*m* vel bi-
bendu*m* ni*s*i de lice*n*cia vt supr*a.*   25
q*u*ia d*icitur.* Leuis est licencia.
   No*n* ascultetis *kariss*ime sorores. vel narretis aliq*u*ib*us*
rumores tales. q*u*ib*us* posset
[q]²*uomodo* scandalu*m* generari. A   30
. . .² . . .[5, 6]
. . .² . . .[5, 6]
. . .² . .[5, 6]
. . .¹
. . .[2, 5, 6]   . . . ō de q[*uo*][4] suspi-   35
[ca]²,⁵tis malu*m* per *v*erba sua
[ina ?]²,⁵nia vel aliq*uem* gestu*m*
inordinatu*m* nichil om*ni*

recipiatis neque magis neque
minus. De tamen bonis et
[ho]²nestis indigentiam vestram
'exponatis. Karissime soro-

5   res. nullum. animal penes vos
retineatis nisi summa necessitate vrgente. et hoc de
consilio Magistri vestri. Mu-

9   relego dum taxat excepto.

(M. 418)   Absur[d]⁴um est nouit deus.
quod Anachorita circa huiusmodi occu-
petur. Verumptamen si necessarie
ipsam animalia habere opo[r-]³
tet.' videat summopere ne

15   cui noceant. et ne in hiis
nimis mentem apponat
Canens cum psalmista d[i-]³
.cente. Nolite cor apponere
Negociationes nulla[s]³

20   excerceatis. quia Anachor[i-]³
ta emens quicquam vt car[?]³, ⁵
vendat. animam suam com-
mercatori infernali

24   Si quid tamen man[ibus]³

f. 47 a,   . . .¹
col. 1   . . .¹
    . . .¹
    . . .¹
    . . .¹

30   . . .², ⁴, ⁵   ali . . .   . . .³
. . .², ⁵, ⁶m [custod ?]⁴, ⁵iatis. . . . [vr-]³
gente necessitate .vel . . .³
tante dominio rerum earum . . .⁵
vtpote animalium. vestium. Ca[lıcum ?]⁵

35   seu alterius rei cuiuscumque
De huiusmodi enim custodi-
is male suspiciones fre
quenter oriuntur. Intra

Keep no beast
save a cat.

Do not buy,
sell, or take
charge of
goods.

cept*a* h[ab]⁴itac*ion*is vestre
nullu*m* [per*n*]⁴octare permitta-
[tis].² Si [fo]⁴rte co*n*tingat
[u]⁴su vel necessitate. me-
[n]²i[a]⁴ vel cept*a* ve*s*tra dirui⸴   5
[tam]⁴, ⁵ de die q*uam* de nocte
se*m*per vob*i*scum habeatis ali-
q*uam* muliere*m* bone vite
et honeste don*ec* rep*a*rentur.

Of apparel De colore aut*em* vest*i*s   10
non est m*ultum* curandu*m*.
siue alb*e*. siue nigr*e*. du*m*
tame*n* no*n* n[i]⁴mis exq*ui*site.
S*ed* calide *et* bene texte siue
[f]⁴urrate si oporteat *et* tot   15
habeatis q*uo*t vob*i*s sint
necessarie. Lineis tame*n*
[a]⁵d carne*m* nulla induat*ur*.

. . .¹		f. 47 a,
. . .², ³, ⁵, ⁶	. . .	col. 2
. . .², ³, ⁵, ⁶	. . . te in lectis	21
. . .²	*et* stricte iaceatis.	
. . .², ⁵, ⁶	q*uo*d man*us*	
. . .², ⁵, ⁶	. . . e fuerit	
. . .²	[mu]lier	25
. . .², ⁵, ⁶	cingat	

[sine]² licencia confessoris.
Nec induatis⁷ cilici*um* nec
cori*um* nec d[isci]⁴plina*m* accip-
atis cu*m* stragulis nodula-   30
tis vel p[lumb]⁴acis vel vepr*ibus*
nec aliquo modo se v*er*beret
aliqua vsq*ue* ad sang*ui*nis
effusione*m* sine licencia confessoris ne forte det*er*ius in-   35
de contingat. In yeme
vtamini socularib*us* gros-   (M. 420)
sis *et* callidis. p*ro*ut necessit*as*

requirit. In estate pote*ritis*
si volueritis nudis pedib*us*
incedere vel leuib*us et* tenu-
ib*us* socularib*us* vti. In cali-
5   gis sine pedal[i]⁴b*us* dormiet*is*
calciatis num*quam* nec nisi in lec-
to. Alique vtu*n*tur femora-
lib*us* cilici*um*. Mallem tame*n*
in vobis cor humile *et* pote*ns*
10   s*u*stinere dura v*er*ba. et *pr*obro-
sa. q*uam* duru*m* cilici*um* portare.
In capit*e* vti pote*ritis* pepl[o]³

f. 47 b,
col. 1

   . . .¹
   . . .². ³. ⁵. ⁶
15   [si]²ue nigro. Aliq[ue Anacho-]³
rite no*n* min*us* peccat   . . .³
capitis cō . . .⁴. ⁵. ⁶   [se-]³
culares   . . .³
o͞m . . .⁴   . . .³
20   peplo   . . .³
de h*uiusmod*i no*n* specifica[u]⁴it . . .³
Vnde ap*ostol*us . . . [Co]rin . . .⁴. ⁵
Muluer v[elet cap]⁴·⁵ut suu*m*
velet dice . . .   [di]⁴stingu[en-]⁵
25   do. de speci[fic]⁴and*is*. Vn*de*
velare debet Anachorita
caput. *et* facie*m* ne pateat [as-]⁵
pectib*us* ho*m*inum. *et* se*m*p*er* h*ab*eat
pannu*m* v*el* muru*m* vel fe-
30   nestram clausam. contra
aspiciencium intuit*us* ne forte
ingruant scandala. Hoc
no*n* obseruat*is*. No*n* h*ab*eatis
penes vos anulos. vel fir-
35   maculos. nec Zonas. pre-
ciosas. v*el* cerocetas nec
sim*i*lia quib*us* no*n* licet vobis
vti. In estate vti pote*ritis*

superpelliciis. si libeat. Non
facietis boculos ad dand*um*
alicui. nec tenas laqueos
de serico. nec si*mi*lia sine li-
cencia. Vestes *pro*prias. *et* ecclesias-   5
[t]²icas. *et* vestes paup*erum*
  . . .¹   f. 47 b,
  . . .¹   col. 2
  . . .¹
  . . .¹   10
  . . .¹
  . . .², ⁴, ⁵   . . .³
  . . .² in vitas patrum.
[. . . er]⁵,⁶ at quida*m* Religios*us*
ad que*m* venit quida*m* Fr*ate*r   15
[. . . uis]⁵, ⁶ carnal*is* petens si*bi*
sub[sidium ?]⁴, ⁶ ab eo. que*m* ip*s*e
monuit ad ip[*sius* ?]⁶ tertiu*m* . . .⁶
  . . .⁶   iam def[unctum]⁶ sep
[ultum ?]⁵ ip*s*e respondit   20
Mortuus est. [*et* ? e]⁴go . . .⁵, ⁶
mortuus su*m*   . . .⁴, ⁵, ⁶
*er*go mu*n*dan*us* a . . .⁴ mu*n*[da-]³
na requirat. [A]⁵,⁶mictus [*et* ?]³
Of occupation   paruras si oporteat . . .⁴   25
operari. no*n* inde fac[iatis]⁴, ⁵
ostentacio*n*em quia v[ana]⁵, ⁶
glor*i*a om*n*es virtutes . . .⁴, ⁵
Victu*m* *et* vest[it]⁴u*m* v*es*tru*m* [*et* vo-]⁵, ⁶
bis deseruienciu*m*   . . .⁴, ⁵, ⁶   (M. 422)
poter*i*tis labore manum   31
v*es*traru*m* dum*m*odo aliunde
vo*b*is no*n* ha[b]⁴u*n*dat. Ociu*m*
fugiatis sicut docet be-
a*tus* Ieronim*us*. dice*n*s. Sem[per]³   35
aliquid boni facito ne
diabolus inue*n*iat oci[osos ?]⁵, ⁶
Multa eni*m* mala fec[it]⁵, ⁶

f. 48 a,
col. 1

. . .[1]

. . .[1]

. . .[1]

. . .[1]

5   . . .[1]

. . .[2] . . . nolentem l . . .   . . .[3]

. . .[2, 6] . . . ere informare. *et*   . . .[3]

de licencie magistri   . . .[6, 3]

*ve*ro. circa *con*templacionem [*et* ?][4]

10   salutem *a*nime *con*cer . . .[5, 6]

vacare debet. No*n* mit[ta-][5, 6]

tis litteras *ne*c recipietis* si-

ne licencia. *Qu*ater in an-

no facietis[7] tondi crines

15   *et* . . .[4, 5] si libeat vel

. . . [sup][4,5]ra aures tondi

. . .[2, 5, 6] v[olu][4,6]erit. *et* tociens

[f][2]leobotomari si oporte-

[at] . . .[2, 5, 6] *et* sepius. que [eo ?][5]

20   . . .[2, 5, 6] Et si qua indi-

[geat ?][2] . . .[5, 6] no*n* omittere p*otest*

. . .[2] [a][5,6]utem fleoboto-

[mate ?][2] estis *per* tres dies

. . .[4, 5, 6] no*n* assumetis

25   vob*is* aliq*uid* opus laborio-

sum. vnde *gra*uari pot*er*itis

*S*ed habere pot*er*itis colloqui-

[um c][5,6]um ancillis ve*s*tris *v*erbis

[h][5,6]onestis *et* edificatoriis.

30   hoc *etiam* poteritis facere *cum* in-

[f][5,6]irmitate*m* *v*el angustia*m*

[inci ?][2,5,6]deritis. Et ita i*n* fleo-

f. 48 a,
col. 2

. . .[1]

. . .[1]

35   . . .[2, 5, 6]   [valid ?][5, 6]ius . . .[3]

(M. 424)   . . .[2, 5, 6]   . . . tis. ffatuu[s][3]

. . .[2, 5, 6]   vnius

* -ci *inserted above line.*

Of hair-cutting
and
blood-letting

. . .[2, 5, 6]   . . . sciu*m*. x. vel
. . .[2, 5, 6]   . . . ari poteri-
. . .[2, 5, 6]   . . . e oportet
. . .[4, 5, 6]   oportunu*m*.
Nu*m*qua*m* eni*m* inuenit*ur* inmun-   5
dicie*m* deo placuisse qua*m*qua*m*
paupertas volu*n*taria *et* in-
ornat*us* exterius sibi placuerint.
Attendatis sane q*uo*d omnia
pre[di][4]*ct*a. que su*n*t de regula   10
ex[ter][4]iori nec su*n*t simpliciter
precepta nec prohibita q*ui*n commu-
tari potuerunt necessitate
urgente.[7] Bene tame*n* regula*m*
interio[rem][4] custodiat*ur*.[7] Veru*m*p   15
tame*n* sine hiis ext*er*ioribu*s*
con[t][4]ingit qu*oque* interiorem periclitari. Anachorita que no*n*
habet victu*m* ad manu*m* indiget
duabu*s* ancillis. vt vna se*m*per   20
secu*m* domi remaneat. Alia
que exeat cu*m* necesse fu*er*it
pro victualibu*s* adq*ui*rendis.
Et illa cu*m* exeat siue iuuenis siue vetula fu*er*it non   25
sit exq*ui*site ornata. in eun-
do aute*m* se*m*p*er* orando i . . .[3]
. . .[1]   f. 48 a,
. . .[1]   col. 1
. . .[2] fabulacio . . .   . . .[3]   30
[st ?][5]ando nec [sed ?][5, 6] . . . . . .[3]
mora*m* tr . . .   . . .[3]
dat nisi q . . .   . . .[3]
dat neq*ue*   . . .[3]
rit. Ali . . .   . . .[3]
sua rem . . .   . . .[5, 6]
exeat sine licencia [do*m*ine ?][4, 5, 6]
sue. nec aliq*uem* introducat

nec cum aliquo loquatur nisi licenci-
ata. Si sit illiterata per orationem dominicam et salutacionem
beate virginis dicat ho[r]⁴as
5   suas iuxta ordinacionem
domine sue libenter operetur. quod ei
precipitur sine murmuracione
et semper aures habeat⁷ aper-
tas precep[tis domine s]⁴ue in-
10   clinatas. Neutra⁷ illarum⁷
referat domine sue vana noua. vel fabulaciones inutiles
nec inter se talia loquantur. nec
videant nec ludant nec se excerce-
15   ant aliquibus secularibus gestis.
vnde quis aliquid mali poterit
suspicari. Super omnia odio
habeant mendacia et mala
verba. Crines earum tonse sint
20   et velis capitis basse sede-
ant. vt nec nimium respiciant

f. 48 b,   . . .¹
  col. 2   . . .¹
    . . .¹
25   . . .¹
    . . .²⋅ ⁵⋅ ⁶   . . .³
    . . .²⋅ ⁵⋅ ⁶   . . .³
    . . . ant.²⋅ ⁵⋅ ⁶   . . .³
(M. 426) . . .² Vestes hab[e]⁶ant . . .⁶ car-
30   . . . inatas.⁴⋅ ⁵⋅ ⁶ . . .⁶ ex sculp-
[tu]⁵⋅⁶ra c . . . īa⁶ . . . ale⁶ . . .⁶ vt ma-
nifestetur ex hoc [quod ?]⁶ modum
viuendi sibi assumpserunt
   Super omnia cau[eant o ?]⁵⋅⁶ff[en-]⁶
35   dere dominam suam   . . .⁴⋅ ⁵
forte contigerit   . . .³
comedant vel bib[ant ge-]⁶⋅ ³
nuflectendo coram s . . .⁵⋅ ⁶

[niam]⁴, ⁵ petan[t]⁴ dice[ntes]⁴
Mea culpa. *et* peni[tentiam]⁴, ³
qua*m* ip*s*is inponer[e volu- ?]⁴, ³
erit.꞉ humilite*r* recipia[nt.]³
   Q*u*od si forte co*n*t . . .³   5
inte*r* ancillas sua[s] . . .³
eas moneat. *et* cogat [al-]⁴, ⁵
terutra*m* ab alt[er]⁴utr*a* gen[u-]³
flectendo venia*m* post[ula-]³
re. *et* se inuice*m* eriger[e]³   10
et osculari. Et ip*s*a eis [ali-]³
qua*m* pe*n*itencia*m* impon[at]³
et maiore*m* magis deli[n-]³
q*u*enti. Hoc est eni*m* q*u*od . . .³
magis deo placet . . .⁶, ³   15